A WORLD LIT ONLY BY FIRE

光與黑暗的一千年

一千年

—— 中世紀思潮 ——

The Medieval Mind and the Renaissance : Portrait of an Age

大航海 與 現代歐洲 的 誕生

威廉·曼徹斯特 —— 著　　張曉璐、羅志強 —— 譯

William Manchester

目錄
CONTENTS

推薦序　讓這一千年就像一杯 Macchiato　盧省言

007

中世紀關鍵時刻

009

序言

013

第一章

中世紀思潮

018

第二章

破裂與坍塌

056

第三章

一個人擁抱地球

270

致謝

357

參考文獻

360

致

蒂姆 · 喬伊納

運動家 ◆ 同窗 ◆ 學者 ◆ 摯友

一顆子彈呼嘯而至，
是向著你，還是衝著我？
你應聲倒地，
就倒在我的腳邊，
我的心也隨之死去。

推薦序
讓這一千年就像一杯 Macchiato

盧省言

　　威廉・曼徹斯特寫了一部超濃縮歐洲千年史。

　　不是我不太能入口的 Expresso（因為太苦了），而是加了一點牛奶，提升香味，入口更溫順的 Macchiato [1]。

　　按理來說，一千年的歷史全部濃縮成文字，對大部分讀者而言多半一時間難以吸收。然而，曼徹斯特將原本的厚重枯燥轉化為愉快的閱讀經驗——一如深知客人口味而做出迎合其喜好的咖啡師。書中最令人驚喜的是，在引人入勝的文字敘述之外，搭配了許多留名歷史的繪畫，讓讀者更能身歷其境。對於喜愛藝術史的讀者，或許會覺得本書就像一部隱藏版的藝術史大全。從十一世紀令人驚嘆、描述諾曼人征服英格蘭的〈貝葉掛毯〉（Bayeux Tapestry），到出自於范・艾克（Jan Van Eyke，1390～1441）的〈阿諾菲尼的婚禮〉（The Arnolfini Portrait）再到波提且利（Sandro Botticelli，1445～1510）的〈維納斯的誕生〉（The Birth of Venus），光是這些名作背後的中世紀故事，就值得讀者們閱讀這本書了。

　　說故事是個困難的任務。我總是很佩服能用文字或話語擄獲人心的說故事者，尤其是能將歷史說得如此生動之人。曼徹斯特顯然具有此天分。前一段我所謂的「Macchiato 裡的那一點牛奶」，並不僅僅指稱那些儼然構成一部藝術史的畫作，更傑出的正是作者說史的魅力。在談到道德衰敗的教宗亞歷山大六世時，讀者絕對會被他靡爛瘋狂的生活及家族祕

---

1. 在此，我必須向所有咖啡愛好者或專家道聲歉。對於咖啡知識極為貧乏的我，在閱讀完本書後，第一個聯想就是我喜愛的 Macchiato，因此用了這個比喻。或許各位咖啡專家們會有更好、更多的咖啡種類來形容，但請容我就這一丁點的咖啡知識，讓 Macchiato 作為主角吧。

辛深深吸引，捨不得放下書本；而你可能更想知道，當所有神學家都害怕魔鬼之際，為什麼馬丁・路德（Martin Luther，1483 ～ 1546）會覺得自己一生都在與魔鬼交手；你會屏息著，為麥哲倫擔心，當他帶著錯誤資訊出海並迷航在漫無邊際的太平洋時，下一步該怎麼走。以及當眼前只剩下一堆臭水跟餅乾時，這位大航海時代的探險家如何活下去。

從許多人認為是黑暗時代的中世紀說起（當然，所謂的「黑暗時代」已被許多歷史學者駁斥），作者以輕鬆又不失嚴謹的筆觸，訴說著羅馬帝國垮臺後歐洲各地我們所謂「野蠻荒謬」的各種場景；但他同時也指出，中世紀其實擁有自己的獨特體系，在數百年間悄聲無息地進化，形成一個承前啟後的時代——她誕生於廢墟中，卻飼育著下一個改變世界的時代。

如同作者所說，他想勾勒出一個完整的歐洲中世紀樣貌。但我們必須承認，中世紀雖然令人驚奇且發人省思，卻也極度的野蠻無知。這些野蠻無知也同時存在於至高無上的宗教裡，並且造就了而後的文藝復興及大航海時代——作者筆下的「一個人擁抱地球」。

這本書什麼都談，從吃飯禮儀、穿衣風格、政教衝突，再到披在宗教外衣下的道德衰敗、科學興起⋯⋯看似五花八門，最後則同時指向一個軸心：歷史是由一個個因果關係組成，如果未能知曉過去，就無法看見現在。因此，一旦不理解中世紀的世界觀，就無法了解日後的大航海時代、科學革命，乃至於今日社會。

歷史的發展從來都是一環扣一環。如果不去解開前面的環，那麼我們所面對的，永遠都是一道解不開的謎。我在閱讀本書時，就像在解謎，讀進了許多不曾發現的歷史因果。而作為一位歷史學者，我必須汗顏地說，在木馬文化邀請我寫推薦序之前，我並沒有讀過這本書。但走過路過，幸好沒有錯過。希望各位讀者也不要錯過這本超濃縮歐洲中世紀以至近代早期史，一杯值得愛史者一飲的 Macchiato。寫於驚嘆本書各種珍貴迷人的圖片中，2019 年 2 月。

（本文作者為英國倫敦大學博士候選人、故事專欄作家）

中世紀關鍵時刻

410 年　西哥德人攻陷羅馬

426 年　聖奧古斯丁寫出《上帝之城》

476 年　西羅馬帝國滅亡

496 年　克洛維一世皈依基督教

663 年　不列顛國王亞瑟王戰死

800 年　查理曼在聖彼得大教堂加冕

1000 年　萊夫・艾瑞克森登陸美洲

1096 年　十字軍東征開始

1123 年　規定神父必須獨身

1215 年　教宗的權力達到頂點

1218 年　成吉思汗在西方拓展帝國邊疆

1247 年　羅賓漢逝世

1284 年　「花衣魔笛手」殺害 130 名德國兒童

1298 年　馬可・波羅口述回憶錄

1347 年　黑死病第一次大範圍流行

1381 年　牛津大學開除威克里夫

1387 年　《坎特伯雷故事集》問世

1400 年　文藝復興出現第一次高潮

1414 年　揚・胡斯被捕，隔年處以火刑

1433 年　因航海王子亨利支持，葡萄牙遠洋航海探險活動蓬勃發展

1453 年　君士坦丁堡陷落

1455 年　古騰堡印製聖經

1475 年　紅衣主教波吉亞之子切薩雷・波吉亞出生

1478 年　羅馬教宗思道四世在聖母百花聖殿大彌撒時密謀殺害梅迪奇家族成員

1480 年　切薩雷之妹盧克雷齊亞出生

1483 年　托爾克馬達被任命為宗教裁判所大法官

1485 年　《亞瑟之死》問世

1487 年　星室法庭在英格蘭成立

1488 年　蘇格蘭國王詹姆斯三世戰死迪亞士繞過非洲最南端

1492 年　紅衣主教波吉亞賄選教宗職位，成為教宗亞歷山大六世哥倫布發現巴哈馬

1495 年　梵蒂岡妓女裸體狂歡，梅毒首次在那不勒斯爆發

1497 年　盧克雷齊亞被指控三重亂倫亞歷山大六世長子胡安被謀殺薩佛納羅拉點燃「虛榮之火」

1498 年　馬努堤烏斯出版 5 卷本《亞里斯多德》
　　　　人文主義興起
　　　　薩佛納羅拉在刑柱上被燒死
　　　　盧克雷齊亞生下「羅馬之子」

1499 年 探險家亞美利哥‧維斯普奇發
        現新大陸
        米開朗基羅完成〈聖殤〉

1501 年 歐洲有超過 1 千所印刷車間
        亞歷山大六世承認是其女之子
        的父親

1502 年 所有挑戰教宗權威的書籍被下
        令焚燬

1503 年 儒略二世成為「戰爭教宗」
        包括維滕貝格大學在內的一些
        新大學成立
        達文西完成〈蒙娜麗莎〉

1505 年 俄國第一位沙皇伊凡三世去世

1506 年 聖彼得大教堂破土動工

1507 年 切薩雷‧波吉亞戰死
        馬丁‧路德被授予天主教神職

1508 年 托馬斯‧肯皮斯的《效仿基
        督》英文版問世

1509 年 18 歲的亨利八世成為英格蘭國
        王，為都鐸王朝第二任國王
        人文主義者伊拉斯謨的《愚人
        頌》問世，引發人們對羅馬教
        廷的批評
        美洲興起奴隸貿易
        《猶太明鏡》問世，反猶主義
        興起

1510 年 達文西發現水力渦輪機的原理
        英格蘭下議院 2 名發言人被處決
        達文西完成〈解剖筆記〉

1512 年 米開朗基羅完成西斯汀小堂穹
        頂壁畫

1513 年 巴爾博亞看見太平洋
        龐塞‧德‧萊昂抵達佛羅里達
        馬基維利受切薩雷‧波吉亞啟
        發寫出《君主論》

1514 年 哥白尼在《天體運行論》中提
        出「日心說」，被視為人文主
        義者對上帝的褻瀆

1515 年 拉斐爾被任命為聖彼得大教堂
        首席建築師
        托馬斯‧沃爾西成為紅衣主教
        和大法官

1516 年 湯瑪斯‧摩爾寫出《烏托邦》
        日後的「血腥瑪麗」出生
        拉斐爾完成〈西斯汀聖母〉

1517 年 沃爾西將 60 名五朔節暴動分
        子處以絞刑
        土耳其人攻陷開羅
        利奧十世售賣贖罪券
        馬丁‧路德譴責特澤爾是騙子
        馬丁‧路德將《95 條論綱》貼
        於教堂大門之上

1518 年 馬丁‧路德公然反抗紅衣主教
        卡耶坦
        提香完成〈聖母升天〉

1519 年 馬丁‧路德與厄克辯論
        伊拉斯謨拒絕支持馬丁‧路德
        神聖羅馬帝國皇帝馬克西米利
        安一世去世
        西班牙國王卡洛斯一世成為神
        聖羅馬皇帝查理五世
        麥哲倫的環球探險啟航

1520 年 胡安‧卡塔赫納叛亂

麥哲倫發現「麥哲倫海峽」

羅馬教廷對路德下達通諭《上主興起》

馬丁‧路德發表《致德意志基督教貴族公開書》

馬丁‧路德遭開除教籍

阿萊安德羅對伊拉斯謨展開政治迫害

亨利八世與法蘭索瓦一世在金縷地會盟

伊拉斯謨成為歐洲最受歡迎的作家

德國軍械技師發明了來福槍

希皮奧內‧德爾‧費羅發現了一元三次方程的解法

1521 年 沃木斯議會召開；馬丁‧路德受迫害逃亡；支持路德的過程中，德國國家雛形初現

麥哲倫橫跨太平洋，最後死於菲律賓

1522 年 第一次環球航行結束，證明了哥白尼的理論

新教席捲北歐

1523 年 濟金根戰死

1524 年 德國農民起義

1525 年 廷代爾翻譯出版《新約》

雅各布‧福格二世去世，家產600 萬荷蘭盾

1527 年 羅馬二度淪陷；文藝復興結束

1528 年 瘟疫席捲英格蘭

1529 年 沃爾西主教垮臺，莫爾成為大法官

1533 年 亨利八世和凱薩琳離婚，和懷孕的安妮‧博林結婚；後生下一女，即日後的伊莉莎白一世

1534 年 拉伯雷完成《巨人傳》

馬丁‧路德將《聖經》翻譯成德語

1533 年 湯瑪斯‧摩爾因叛國罪被處死

1536 年 安妮‧博林因通姦和亂倫罪名被處死

約翰‧廷代爾在刑柱上被燒死

伊拉斯謨去世，其著作被禁

喀爾文發表《基督教要義》

序言

————————◆————————

　　本書終於完成了，實在值得驕傲和慶賀，儘管它看起來和一般的歷史著作有些與眾不同。畢竟，這只是一部「微不足道」的作品，沒有太多學術觀點。我沒有掌握關於十六世紀早期的一些最新學術成果，因此所有的資料來源都是二手，少有全新。我所言非虛，而且有鑑於此，我特意將書稿呈送到特別了解這一時期或領域的專家那裡，請他們審讀。例如，蒂莫西・喬伊納博士（Dr. Timothy Joyner）是斐迪南・麥哲倫（Ferdinand Magellan）傳記的作者，他審閱了本書有關介紹麥哲倫的篇章，並做了很多修改，對此，我滿懷感激。然而，我最想感謝的人是詹姆斯・博伊登（James Boyden）。他是研究十六世紀歷史的權威，剛開始校對本書時，他正擔任耶魯大學的歷史學教授，完成校對時，業已轉到杜蘭大學任教。他是我見過最認真的校對者，全面而且深刻地了解十六世紀的歷史。他對我提出了不少疑問——確實應該如此，而且幾乎每個章節中都有。當然，這並不意味著他或其他任何與我討論的人要對本書負責。事實上，博伊登教授對我在書中的幾處闡釋提出了異議。因此，還是由我一個人來為本書負責吧。

　　本書另一大特色在於它的創作方向是反向的。通常來說，作者只有在清楚知道自己想要表達的內容後才會動筆，而決定如何表述是最後一個步驟——當然也是最費力氣的。作者一開始會先做好準備工作：構思、研究、蒐集資料、組織架構。很少會同時進行寫作和閱讀，更幾乎不會在展開故事後再重新找尋資料。而我這一次的寫作卻是按這樣的順序來進行，這在我的創作生涯中也是獨一無二的。

　　事實上，我一開始並不打算寫這本書。1989 年夏末，我還在忙於

整理另一部作品的手稿——溫斯頓・邱吉爾傳記的最後一冊，而且我在此時身體狀態並不好。經過幾個月的住院治療，我總算痊癒出院，但身體還極度虛弱，無法處理堆積如山的邱吉爾傳記材料。醫生建議我暫時放下手中工作，到南方休養一段時間。我接受了建議。

　　儘管我的身體狀況不容許我繼續寫作邱吉爾傳記，但這並不代表我不能工作。孟肯（H. L. Mencken）曾經說過，寫作之於他，就像奶牛產奶一樣。事實上，對所有才華洋溢的作者來說皆是如此。把詞語寫到紙上對穩定他們的內心甚至情緒平衡至關重要。說來也巧，當時我正好要兌現一個學術上的「小承諾」——為一位朋友所寫的麥哲倫傳記寫前言。手稿已經寄到我在康乃迪克的家，而那時我正在佛羅里達，不過這不算什麼「大障礙」，因為我原本就沒打算寫麥哲倫，正好相反，我決定稍微描寫這位偉大航海家當時所處的歷史環境。我原以為只用幾頁，最多十多頁，就能完成。

　　一開始我的確是這樣認為的。

　　之所以失算，是因為我沒有意識到自己之前作品的狹隘性。事實上，之前我寫的十七本書都和當代有關。現在，時間整整向前推了5個世紀，我面對的是一個完金不同的世界，那裡沒有鐘錶、警察和通訊工具；人們信仰魔法和巫術，殺害那些與他們不同信仰或冒犯他們信仰的人。

　　對較早時期的十六世紀我並不完全陌生，作為一個受過該時期教育的人，我還算得上熟悉那時的重要人物、戰爭、文藝復興、宗教改革和航海探險。甚至即便不標明當時德意志眾多公侯國的邊界，我都能親手畫出一幅當時的歐洲地圖；但對那個時代的精神，我所知甚少，那個時代的語言對於我來說也很陌生，我不知道如何身臨其境地回到過去，去親眼看看、聽聽、觸摸甚至是聞一聞。而且由於我從來就沒有想過那個時代的任何細節，因此我也不了解當時人們的思維模式，以及每個事

件是如何環環相扣、相互引發。

　　然而從經驗來看，這樣的因果關係脈絡不僅存在，而且仍在等待人們發現。舉一個較近發生的事件為例：在甘迺迪總統任期的第一年，發生了4件看似互不關聯的事件：4月，美軍在古巴「豬玀灣事件」中失敗；6週後甘迺迪與赫魯雪夫在奧地利交鋒；8月，柏林圍牆建立；12月，第一批美軍地面部隊被派往中南半島，然而每件事都直接引發了後一個事件。赫魯雪夫將美軍在古巴的失敗看成是年輕總統甘迺迪軟弱的證據，於是他在維也納繼續恐嚇甘迺迪，並自以為嚇退了美國，建立起柏林圍牆。甘迺迪很快作出回應，派遣400名特種部隊前往東南亞，並向身邊的人解釋說：「我們現在必須要證明自己的實力，而越南就是一個最佳地點。」

　　十九世紀時，發生了一個更微妙、更具進步意義的連鎖反應。1847年，老舊、遲緩、昂貴的平臺印刷機，在理查・霍（Richard Hoe）的高速輪轉印刷機前顯得過時，第一個安裝這種印刷機的是《費城公共紀實報》（Philadelphia Public Ledger）。霍將平版印刷和活字印刷結合，其中有些技術已在法國申請專利，進一步設計一臺捲筒紙印刷機，可以實現同時雙面印刷，1小時能印1.8萬頁。很快地，新的印刷機對廉價的柔軟紙張需求開始激增。在1950年代，聰明的德國人想到了解決辦法：用木漿造新聞用紙。尷尬的是，報紙有了，但社會中具備讀寫能力的人卻少之又少。1870年，國會通過了福斯特（W. E. Forster）的《義務教育法》，西歐其他國家和美國很快地也相繼制定了類似法律。1858年，英軍新招募的士兵中只有5%會讀寫，到二十世紀初時，這一比例已經上升到85.4%。1980年代，出現了免費的圖書館，緊接著是新聞業和二十世紀大眾文化的蓬勃發展，這給西方文明帶來了深刻變化。

　　儘管十六世紀初期的歐洲一片混亂，但也有振奮人心之處。十字軍東征失敗、教廷腐敗、梵蒂岡墮落以及寺院紀律瓦解，使得大主教的權力逐漸衰退。儘管如此，馬丁・路德（Martin Luther）的反抗起初看起

來仍毫無希望，直到他放棄用拉丁語印刷著作，開始用德語向德國民眾演說和佈道。這帶來了兩個深遠而不可預測的影響。由於印刷機的發明和歐洲民眾識字率提高，路德的聽眾愈來愈多。與此同時，興起的民族主義不僅加快了民族國家的出現，很快就會取代腐朽的神聖羅馬帝國，也讓更多德國人選擇支持路德，這時他們的理由已經和宗教無關。最終，路德贏得了歷史性的勝利，英格蘭也隨即在亨利八世的號召下，取得了類似的成功。

每次當一系列互相聯繫、具有因果關係的事件輪廓清晰地顯現出來時，我就會停筆，大幅修改先前的寫作。有時候這需要放棄所有現成的手稿，從頭開始——儘管這是一種效率極低的寫作方式，還是令我感到興奮。對我來說，這一時期就像一個萬花筒，每次我用手一搖，就可以看到新的畫面。當然，我看到的以及我在本書中所描述的，不可能讓所有人信服。不同的作家，用不同的萬花筒觀看，會看到不同的畫面。事實上，這就是亨利・奧斯伯・泰勒（Henry Osborn Taylor）的經歷。1911 年 1 月，虔誠的泰勒完成了兩卷《中世紀的思維》（*The Mediaeval Mind*）後，對中世紀的教堂、崢嶸歲月、浪漫史、宗教熱情，尤其是對基督福音的解讀，充滿了欽佩。他坦率解釋道：「這本書不是要論述中世紀隨處可見的野蠻、無知和迷信……事實上，我提到中世紀時，大腦裡想到的大多不是這些。在這本書中，那些詞象徵著中世紀發人深思和具有建設性的精神。」

但不論我怎麼搖我的萬花筒，都看不到泰勒所看到的場景。其中原因之一，是我的視角比他的更寬廣。我同意他的觀點，即「要理解支配中世紀人們的思維和感受，以及他們的訴求和理想，就必須認識到基督教信仰的力量和重要性」。但我認為，如果我們不仔細研究中世紀的野蠻、無知和欺騙，這不僅僅存在世俗之人的生活中，也存在於高高在上的基督教聖壇間，又怎麼能夠真正理解中世紀？基督教能從中世紀倖存下來，不只是因為有這些基督徒的存在，如果無法理解這一點，將

永遠不可能理解中世紀。

　　只有對中世紀全盤的深思熟慮後，才能形成一個完整的中世紀輪廓，而其結果通常很令人驚奇。就我個人而言，最讓我震驚、也是本書最精采之處，就在於重新評價了傳奇人物麥哲倫（他的傳記已被我留在新英格蘭）。我原本愚蠢地以為，是麥哲倫生活的時代將他推上了歷史舞臺，然而後來我意識到，要想理解中世紀，就無法避開麥哲倫不提，他是打開那個時代的一把鑰匙，也是到達中世紀頂峰的必經之路。整本書所要講述的故事，就是我得出這個結論的過程。

威廉・曼徹斯特

康乃迪克州，米德爾頓鎮

1991 年 12 月

AMBROSIVS · LAVRENTII · DESENIS · hIC P

★義大利畫家安布羅焦‧洛倫采蒂（Amhrogio Lorenzetti）創作於1338年的濕壁畫〈善政及惡政的效應〉（The Allegory of Good and Bad Government）局部圖。

T · VTRINOVA

　　直以來，歷史學家經常稱中世紀期間的鼎盛時期，即西元五世紀到十一世紀的 600 年間為「黑暗時代」，然而現在一些歷史學家已經不再這樣稱呼。他們認為，「這種稱呼很容易讓人將中世紀與野蠻落後等負面觀念聯想到一起」，不過，這個稱呼並不指涉任何人，也不一定帶有歧視。現代人並不太了解所謂的「黑暗時代」。當時人們的文化和教育水準普遍不高，即便像查理曼這位中世紀最偉大的皇帝，也是目不識丁。事實上，在整個中世紀，即查理曼之後的 700 多年間，文學的地位都大不如前，甚至受到貶抑。在一次著名的宗教會議上，一位紅衣主教指出西吉斯蒙德（Sigismund，查理曼後的第四十七任神聖羅馬帝國皇帝）發言的語法錯誤時，這位羅馬皇帝粗魯地回答道：「我是羅馬王，我就是語法。」，作為「羅馬最高統治者」，他認為自己「凌駕於語法之上」。然而，如果僅憑這一點就妄下結論，那麼我們一定會認為中世紀就是愚昧和落後的。而現存的史料也的確為我們描繪了這樣一幅中世紀畫面：無休止的戰爭、貪汙腐敗、草菅人命、宗教迷信和愚昧無知。

　　自五世紀西羅馬帝國滅亡後，歐洲陷入了長期混戰。羅馬帝國的覆滅有很多原因，例如羅馬人公民意識淡化、官僚主義盛行，不過導致其最終滅亡的一連串事件早在一個世紀前就已經開始浮現。當時羅馬士兵負責守衛帝國的漫長邊境，而從古羅馬歷史學家塔西佗[1]，所處的時

---

1. 普布利烏斯·科爾奈利烏斯·塔西佗（Publius Cornelius Tacitus，約 55-120），古羅馬最偉大的歷史學家，在西方歷史學史上第一次明確提出「抽離自我，超然物外」的客觀主義寫史原則。

代（即西元一世紀前後）開始，事關帝國興亡的北部地區（即靠近多瑙河—萊茵河一帶）就一直動盪不安，眾多日耳曼蠻族部落居住在這一帶的森林沼澤地中。雖然這些部落有的比較溫順，但大多數都覬覦帝國的財富，只是由於過去百年間，羅馬帝國在多瑙河部署了強大的兵力，才讓他們望之卻步。

現在他們再也不用擔心羅馬人，因為在他們身後出現了更為凶殘的對手：驍勇善戰的匈奴人。在匈奴人的鐵蹄下，羅馬人猶如驚弓之鳥。這些來自蒙古高原的蠻族人居無定所，不善農耕，卻個個精通騎射、嗜好殺戮，從小就被訓練成冷酷的殺手，將戰爭看成一項事業。他們在草原上馳騁，令人聞風喪膽。據說，「他們的國家就長在馬背上」。四世紀初，他們在中國北方的長城下遭遇了更厲害的中國軍隊，受到重創，可是這對歐洲來說卻是個不幸。之後，匈奴人開始向西遷徙，355 年進入俄國，372 年渡過窩瓦河，375 年入侵烏克蘭境內的東哥德王國（The Ostrogothic Kingdom）。匈奴人擊潰東哥德國王赫爾曼納里克（Ermanaric）後繼續前行，進入東歐，隨後在羅馬尼亞境內的聶斯特河與西哥德王國（The Visigothic Kingdom）軍隊交手。在匈奴人的瘋狂屠殺下，倖存下來的八萬多西哥德軍隊逃到了

★這幅查理曼的版畫作品是由德國藝術大師杜勒（Albrecht Dürer）創作於 1512 年。因救護教宗有功，教宗利奧三世於 800 年在羅馬為其加冕。

多瑙河，進入羅馬帝國境內尋求庇護。羅馬皇帝瓦倫斯（Flavivs Ivlivs Valens）命令駐守邊境的將領先解除這支部隊的武裝，為了解決勞動力不足和擴充軍隊，他接收了這些避難者，並派遣各種勞役給他們。378 年，西哥德人不堪忍受羅馬的壓榨和剝削，開始反抗、起義，羅馬帝國不得不從其他蠻族部落招募傭兵鎮壓。接下來發生的場景，如果凱撒還活著，他看到後一定會痛哭流涕。這些傭兵紀律渙散、驕傲輕敵。根據當時古羅馬最知名史學家、希臘貴族出身的阿米阿努斯·馬爾切利努斯（Ammianus Marcellinus，塔西佗的繼承者）的描述，這場戰役是羅馬帝國自坎尼會戰[2]失利後 600 年來遭受的最大失敗。

在蠻族部落和匈奴人組成的哥德聯軍猛烈進攻下，羅馬帝國設於多瑙河—萊茵河一帶的防線全部崩潰。哥德聯軍所向披靡、長驅直入，一直打到羅馬帝國腹地，甚至開始籌畫進軍義大利。400 年，一支由哥德人、匈奴人和逃跑的羅馬奴隸組成的 4 萬軍隊，在宗教狂熱者、受羅馬文化薰陶的西哥德國王亞拉里克[3]的率領下，翻越朱利安阿爾卑斯山脈（Julian Alps）入侵義大利。儘管羅馬人堅持抵抗了 8 年，三分之二的羅馬士兵英勇戰死，還是未能抵禦這些能征善戰的遊牧民族。410 年，亞拉里克率領士兵席捲羅馬，8 月 24 日攻入羅馬城。

這是 800 多年來這座永恆之城第一次落入敵人之手。經歷了 3 天的燒殺搶掠後，羅馬城變得面目全非。亞拉里克有意饒恕羅馬公民，但手下的匈奴士兵及以前的羅馬奴隸卻失去控制。他們屠殺富人、姦淫婦女，損毀價值連城的雕塑作品，為了獲取金銀，甚至熔掉許多藝術品。然而，這還僅僅只是開始。66 年後，另一位日耳曼首領廢黜了西羅馬帝國的最後一位皇帝羅慕路斯·奧古斯都（Romulus Augustulus），

---

2. 坎尼會戰（Battle of Cannae）發生於西元前216年。戰役中，迦太基將軍漢尼拔以少勝多，擊潰羅馬軍隊。此戰因漢尼拔戰術運用高超，被譽為軍事史上最偉大的戰役之一。

3. 亞拉里克（Alaric，約395~410）西哥德王國的創建者，曾在羅馬帝國軍隊中服役遠征波斯，一度毀滅波斯王城巴格達。

★羅馬城被攻陷後，成千上萬的哥德士兵衝進宮殿和富人住宅，尋找所有值錢物
品。所有寺廟的神像被搗毀，基督教堂遭洗劫一空，皇宮也燃起了熊熊大火。

★這是德國在 1663 年出版的一本關於匈牙利歷史上偉大領袖圖書中的插圖，刻畫了西元五世紀的匈奴人領袖阿提拉。

並宣布自己為帝國的最高統治者。同時，貢德里克[4] 領導的汪達爾人，克洛維[5] 領導的法蘭克人，還有最可怕的、由新首領阿提拉[6] 領導下的匈奴人——阿提拉殺害他的兄長，奪取了王位——席捲了遠到巴黎南部的整個高盧，稍作停頓後又殺入西班牙。再之後的幾年，哥德人、阿蘭人、勃艮第人、圖林根人、弗里斯蘭人、格庇德人、蘇維匯人、阿勒曼尼人、盎格魯人、撒克遜人、朱特人、倫巴底人、赫魯利人、夸迪人和馬扎爾人也趁火打劫，加入蹂躪羅馬文明的行列之中。這些少數民族在被征服的土地上定居，從此，這片支離破碎、戰火頻繁的大陸開始被黑暗籠罩。其間經歷了 40 代人，黎明才再次降臨這片大陸。在此之前，歐洲人飽嘗了悲慘的命運。

---

4. 貢德里克（Gunderic，379~428），汪達爾王國國王。
5. 克洛維（Clovis，466~511），法蘭克王國的創建者，一生做出最大影響的行動有：統一法蘭克、征服高盧和皈依羅馬天主教。
6. 阿提拉（Attila，約406~453），古代歐亞大陸匈奴人的領袖和皇帝，史學家稱之為「上帝之鞭」。

　　在「黑暗時代」，萬事萬物都了無色彩，失去生機。這一時期，爆發了多次的饑荒和瘟疫，特別是黑死病和流行病，導致人口銳減，倖存下來的人也飽受佝僂病的折磨。異常的氣候變化引發風暴和洪水，帶來了巨大的災難，這是因為帝國的排水系統跟其他大部分帝國的基礎建設一樣，已經無法再發揮作用。據說直到 1500 年，中世紀有大半時間，道路的修建不受重視，以至於由羅馬人修建的道路仍是歐洲大陸最好的道路；其他大部分道路都損毀嚴重，無法正常使用。歐洲所有港口的狀況也是如此，這種情況一直持續到商業開始復蘇的八世紀。藝術也未能獨善其身，比如在建築領域，10 個世紀以來，德國、英格蘭、荷蘭和斯堪地納維亞半島，除了教堂，再沒有修建任何石造建築。農業生產方面，農奴的基本農具是鎬、叉、鐵鍬、耙子、長柄鐮刀。由於極度缺乏鐵，農奴缺少帶犁壁的犁頭。在歐洲南部，缺乏犁不是個大問題，因為那裡的農民可以輕易踩碎鬆散的地中海土壤；但在歐洲北部，因土壤較硬，農民不得不用手分開、挪動和翻動土壤，雖然有馬和牛，但牠們的作用有限。直到 900 年，籠頭、馬具、馬鐙才出現，而在此之前，根本不可能讓兩匹馬共軛勞作，農民們不得不終日面朝黃土背朝天，寒耕熱耘，往往比牲畜更精疲力竭。

　　他們的周圍是廣闊、陰森甚至無法通行的赫爾西尼安森林（Hercynian Forest），經常有野豬、熊、令人生畏的巨狼（中世紀起開始出現在神話傳說裡），以及幻想中的魔鬼出沒，有時還有現實社會中的亡命之徒——因為很少被追捕，他們變得日益猖獗。雖然被殺死的人數是意外死亡人數的兩倍，但據英格蘭的死因裁判官紀錄顯示，每一百名殺人犯中只有一名受到法律的懲處。此外，那些僅有一技之長卻沒有土地的騎士，將綁架勒索贖金視為一種謀生手段，以上種種危險帶來的後果之一是：人們緊密地聚集、生活在一起——他們與同村的人通婚，生活範圍狹小，以致相隔幾英里的人便互相聽不懂彼此的方言。

　　日常生活中的暴力——啤酒館內因爭吵鬥毆而引發死亡，連踢

★克洛維一生中有三項行動影響甚巨：統一法蘭克、征服高盧和皈依羅馬天主教。第
　一項行動使克洛維擁有了比作為一個地區性首領更大的能量；第二項行動奠定了法
　國的基礎；第三項行動則使克洛維與教宗結成同盟並成為天主教會的保護者。圖為
　克洛維在接受洗禮。

足球或摔跤也會導致死亡——令人毛骨悚然。中世紀的比賽也與馬洛禮（Thomas Malory）、司各特（Sir Walter Scott）和柯南‧道爾書中的浪漫描述截然不同。這些比賽是邪惡的戰鬥，由大批武裝齊備的騎士參加，表面上是場為娛樂和鍛煉的聚會，實際上則是綁架和暴力的場所。1240年，於杜塞道夫附近舉行的比武大賽上，就有 60 名騎士被砍死。

雖然生性殘暴——可能是因為他們繼承了匈奴人、哥德人、法蘭克人和撒克遜人的基因，但他們都是虔誠的基督徒，這真是充滿了矛盾：教會取代羅馬帝國成為歐洲疆界的守衛者，但傳教士發現，要將耶穌的旨意教給這些異教徒，幾乎是一項不可能的任務。不過，讓他們信仰耶穌卻很容易。儘管蠻族部落征服羅馬帝國的速度很快，但天主教席捲這些部落的速度更快。早在 493 年，法蘭克人首領克洛維便接受了基督教的神性和洗禮，儘管現在的牧師認為他捍衛基督教的方式令人難以理解，甚至難以接受。幸運的是，克洛維得到了與他同時代的都爾教會主教格列哥里（Gregory）的支持。考慮到法蘭克人性格中的暴力傾向，因此格列哥里在其著作中，將這位基督教信徒描繪成一位大英雄，並將其勝利歸根於神的指引。他引以為榮地記載了這位部落首領如何處置一名士兵的故事：在蘇瓦松鎮分配戰利品時，一名士兵當眾揮舞斧頭砸爛了一只花瓶，而這個被打碎的花瓶深受主教的喜愛，而且本來打算要送給教會。克洛維將這件事看在眼裡，記在心上。之後不久，他看準時機，用斧頭劈開了這名士兵的顱骨，並大叫：「誰教你在蘇瓦松這樣對待那只花瓶！」

為了信仰，即便血流成河，中世紀的基督徒也不會為其所動。有數百項違法行為被判定為死刑，尤其是針對財產的犯罪。死刑成了一項威脅的利器，甚至被用於宗教皈依上，而中世紀的處罰從來就不是紙上空談。查理曼是一位公正、賢明的帝王——至少在當時如此，他對教會無比忠誠，儘管有時他是用特殊的方式來證明。查理曼平定撒克遜人的反叛後，給了他們兩個選擇：一是皈依基督教，一是立即被處死。當他們

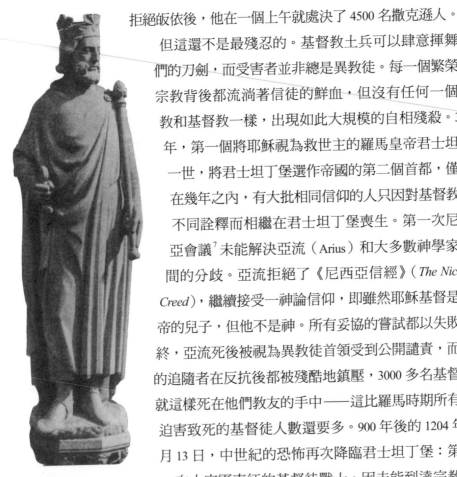

★法蘭克王國奠基人、國
王克洛維一世位於法國
巴黎聖克羅蒂德聖殿的
立像。

拒絕皈依後，他在一個上午就處決了 4500 名撒克遜人。

但這還不是最殘忍的。基督教士兵可以肆意揮舞他們的刀劍，而受害者並非總是異教徒。每一個繁榮的宗教背後都流淌著信徒的鮮血，但沒有任何一個宗教和基督教一樣，出現如此大規模的自相殘殺。330 年，第一個將耶穌視為救世主的羅馬皇帝君士坦丁一世，將君士坦丁堡選作帝國的第二個首都，僅僅在幾年之內，有大批相同信仰的人只因對基督教有不同詮釋而相繼在君士坦丁堡喪生。第一次尼西亞會議[7] 未能解決亞流（Arius）和大多數神學家之間的分歧。亞流拒絕了《尼西亞信經》（The Nicene Creed），繼續接受一神論信仰，即雖然耶穌基督是上帝的兒子，但他不是神。所有妥協的嘗試都以失敗告終，亞流死後被視為異教徒首領受到公開譴責，而他的追隨者在反抗後都被殘酷地鎮壓，3000 多名基督徒就這樣死在他們教友的手中——這比羅馬時期所有被迫害致死的基督徒人數還要多。900 年後的 1204 年 4 月 13 日，中世紀的恐怖再次降臨君士坦丁堡：第四次十字軍東征的基督徒戰士，因未能到達宗教聖地而懷恨在心，於是轉而進攻君士坦丁堡，城破後他們燒殺搶掠，毀壞神廟，屠殺當地居民。

---

7. 西元 325 年，第一次尼西亞會議（Council of Nicaea）在羅馬皇帝君士坦丁的召集下召開，這次會議是天主教歷史上第一次世界性主教會議。會議主要是為了解決亞歷山大教會中關於耶穌與天父關係理解上的分歧，即耶穌天父的同質還是類似，亞歷山大教會內一部分主教認為耶穌與天父同質，另一部分則認為耶穌與天父類似。最終的決議以《尼西亞信經》為基礎，否定了耶穌次於天父的觀點，最後只有幾個人支持亞流教派。

在《馬太福音》（28：19-20）中已經明確提出基督的教會戒律，但在耶穌被釘死在十字架後的最初幾百年裡，人們對耶穌的信仰出現動搖。到六世紀左右，基督教被正式確立為羅馬帝國的國教，德意志人、凱爾特人和斯拉夫人開始大規模改信基督教，不過這些都只是表面，他們雖然皈依基督教，卻對基督教信仰幾乎一無所知。一些異教學說──斯多葛學派、柏拉圖主義、犬儒主義、密特拉教以及本地宗教──繼續侵蝕著人們的心靈，不僅是在蠻族部落中，甚至在雅典、亞歷山大、伊茲密爾、安提俄克和羅馬城，這裡曾經誕生過許多智者，凱撒和聖徒彼得也曾在此駐足。君士坦丁大帝曾試圖勸阻異教儀式和獻祭，但他並未公開宣稱它們是非法的，因而這些學說得以繼續傳播。

這激怒了基督教信徒，雖然他們因對很多問題見解不同而分裂成不同派別──興起於半個多世紀前的亞流派就是其中之一，但他們仍堅決主張將異教徒神廟夷為平地，沒收他們的財產，並讓他們嘗嘗基督徒在地下墓穴中遭受過的迫害，例如用基督徒去餵獅子，而這種發洩私憤的行為與福音書的主張是相違背的。儘管基督教不願承認，但中世紀的基督教與異教有許多共同點，例如使徒保羅和約翰就曾深受新柏拉圖主義的影響。羅馬教宗格列哥里一世在六世紀提出了七個基本美德，只有三個是基督教的信仰（信仰、希望、慈愛），而其他四個（智慧、正義、勇氣、節制）都是從作為異教學說的柏拉圖主義和畢達哥拉斯學派吸收來的。一些異教學說的哲學家認為，福音書中說的自相矛盾（雖然他們的行為也前後矛盾），並指出《創世記》就信仰多神論。然而，這些虔誠的基督教信徒對理性、思考嗤之以鼻。克雷爾沃的聖伯爾納鐸（Saint Bernard of Clairvaux，1090~1153），是那個時代最有影響力的基督徒，他極度不信任知識分子，並宣稱，除非帶有神聖的使命，否則追求知識都屬於卑鄙邪惡的異教徒行為。

諷刺的是，中世紀基督教最偉大哲學家的傑作，正是受到一個虛假謠言的刺激而完成的。該謠言稱，西哥德國王亞拉里克之所以洗

劫羅馬城，是身為異教徒的他為了向其所崇拜的神報仇而做出的野蠻之舉（這是不準確的。實際上，亞拉里克和大部分西哥德人都是亞流派基督徒）。受此影響，大部分人將羅馬的滅亡歸罪於基督教信徒。人們認為，羅馬接受了新的宗教信仰，惹怒眾神，導致羅馬城失去神的庇護。一位來自希波（Hippo）的天主教主教——奧勒留·奧古斯提奴斯（Aurelius Augustinus，354~430），即後來的聖奧古斯丁（Saint Augustine）——認為這是對基督教的挑戰。他用 13 年的時間將自己對此的回應寫進《上帝之城》（The City of God）一書，這是塑造和界定中世紀思想的第一部巨作。聖奧古斯丁首先宣稱，羅馬之所以受到如此懲罰，不是因為接受了新信仰，而是因為長久以來一直存在的罪惡：市民的淫蕩放縱和政治人物的貪汙腐敗。他在書中描述了異教神如何引誘羅馬人享受性愛——「處女之神解開處女的腰帶，蘇比格斯將她放在男人的腰下，普里馬壓住她的身體……普里阿普斯按照宗教儀式的命令，負責喚起和激發新娘的性慾。」

　　按聖奧古斯丁自己所說，這些是根據個人經歷所寫。在他的《懺悔錄》（Confessions）一書中，他描述了自己在皈依基督教前，是如何將青春年華用在肉體享受和墮落上，不過，他寫道，這是一種原罪，是亞當接受了夏娃的誘惑時就犯下的原罪。他認為，作為亞當的後代，所有人都應承擔亞當的罪過。懷孕時，性慾汙染了每一個孩子——交合就是一種巨大的沉淪。然而，即便大多數人在子宮內就受到詛咒，但還是有一些人能獲得聖母瑪利亞的祝福而得到拯救。聖母瑪利亞之所以擁有這種力量，是因為她懷上基督是無罪的：「因為一個女人，我們差點就毀滅；因為一個女人，我們獲得了救贖。」聖奧古斯丁旗幟鮮明地認為，舊信仰和新信仰的主要區別在於對性的態度上。異教徒之所以接受賣淫，因為他們認為這是一夫一妻制的一種調劑。耶穌的信徒則強烈反對，主張要貞潔、守身如玉，對丈夫及妻子保持絕對的忠誠，女性非常贊同這個強有力的聲明。聖奧古斯丁——他是除使徒保羅之外對基督教

★西元 410 年羅馬被攻陷後不久，聖奧古斯丁寫出了不朽著作《上帝之城》，這是最具影響力的基督教作品之一。以上便是十五世紀早期出版各版本《上帝之城》中的一幅插畫。

影響最大的人——是第一個告訴中世紀的人說，性是邪惡的，只有通過聖母瑪利亞的代祈禱，人類才可能得到救贖。

　　當然，聖奧古斯丁還是有一些精闢的觀點。他說過一個最精闢的比喻就是：將所有創造物分成上帝創造的和世俗創造的，每個人都不得不二中擇一，而他的選擇將決定自己如何度過此生。在《上帝之城》的第 15 章，他這樣寫道：「人可以分為兩類：一種是按照肉性生活的人，另一種是按照靈性生活的人；這被我們神祕地稱之為『雙城』：一座是注定與上帝同在的永恆之城，另一座則是和撒旦一起永受詛咒和折磨的世俗之城。」他還寫道，就個人而言，每個人一生都是游離在兩座城之間，命運將由末日審判決定。聖奧古斯丁將教會與上帝之城聯繫在一起，明確暗示政教合一的必要性，即象徵世俗之城的世俗權力必須服從於上帝賦予的神權。教會以此作為理論依據，將聖奧古斯丁的理論上升為一種意識形態的工具，並最終成為與歐洲國王、皇帝鬥爭的武器。

神權壯大與貴族階級興起

　　教廷與歐洲日益強大的君主間鬥爭是歷史上最漫長的鬥爭之一，426 年聖奧古斯丁完成他的巨作時，聖雷定一世（Celestine I）是當時的羅馬教宗，到了 1076 年——其間又經歷了 100 多位教宗，教廷與君主之間的鬥爭仍舊持續著，居住在梵蒂岡——羅馬皇帝尼祿昔日建造的古競技場就在附近——的神父們還在與神聖羅馬帝國皇帝鬥爭，試圖終結世俗君主插手主教任免的特權。最終，教宗格列哥里七世被激怒，運用教宗的絕罰（破門律），將皇帝亨利四世開除教籍，最終迫使亨利四世向教宗屈服。為了乞求獲得赦免，年僅 26 歲的亨利四世帶著妻子和孩子前往義大利北部的卡諾莎城堡（Castello Canossa），佇立在大雪中等了三天三夜後，終於得到教宗的寬恕。卡諾莎事件成為世俗權力屈服於神權的象徵，但委曲求全的亨利四世很快就出爾反爾，重新發動攻擊。在受到第二次開除教籍的處罰後，亨利四世將格列哥里七世驅逐出羅馬。遠走他鄉的教宗痛苦寫道，因為他「熱愛正義，痛恨邪惡」，所以他將「在流放中死去」。就這樣又過了 1 個世紀，教宗竭力持續從德意志王室中爭取獨立，雙方依舊衝突不斷。直到十三世紀初，教廷的威信和權力在教宗依諾增爵三世（Innocent III）在位期間達到歷史頂峰，才解決了這些衝突。

　　儘管如此，在整個中世紀，基督教還是獲得了極大的發展和壯大。隨著菁英在鄉間崛起，國王和王子們愈來愈將合法性寄託在神的授予上，而騎士的扈從在神壇前整夜祈禱就能成為騎士。君主為了迎合大眾喜好，多次發動十字軍東征前往耶路撒冷。大齋期間吃葷即處以死刑，褻凌神靈要判處監禁——教會成了歐洲大陸最富有的群體，並且支配著人們生活的方方面面：洗禮、婚嫁、葬禮都由教宗、紅衣主教、總主教、閣下、大主教、主教、神父負責。據說，人死後靈魂要去往何處，牧師也能投下決定性的一票。

　　然而……

　　狡猾卻仁慈的異教神——在基督教神學家的想像中，祂們任性、頑固，於是千方百計想抹黑祂們——仍得以保留下來。羅馬帝國屈服於野蠻人，野蠻人又屈服於基督教，反過來基督教義不斷受到異教滲透，甚至在很大程度上被顛覆，而基督教原本是要摧毀異教的。中世紀的人們很難拋棄雷神索爾、畜牧之神荷米斯、眾神之王宙斯、婚姻與母性之神朱諾、大地之神克洛諾斯、農神薩杜恩等。多神信仰解決了教會無法滿足人們的心理需求。人們生活在人跡罕至的沼澤和一望無際的森林，時刻擔心會遭受各種災難，而來自異教的儀式、神話、傳說和奇蹟正好迎合了人們這方面的需求。此外，異教信條從未認為——正如奧古斯丁教義認為的那樣——生育是邪惡的。異教徒讚美愛與美之神維納斯、性愛之神厄洛斯、婚姻之神許門、愛神丘比特，因為祂們縱情享樂。因此那些皈依基督教的人的忠誠度並不純粹，但人們並不認為這是反復無常或者表裡不一，兩面下注似乎是明智之舉，畢竟，羅馬之所以陷落還有一種可能性：即羅馬皇帝不再認可異教神，異教神也就不再守護羅馬城。然而，對遠古神靈進行象徵

★在羅馬天主教會，聖奧古斯丁被封為聖人和聖師。他的著作《懺悔錄》被稱為西方歷史上第一部自傳，至今仍被傳誦。聖奧古斯丁有兩個重要觀點：一是命中注定，一是兩性關係（他曾寫道：「迴避兩性關係比迴避什麼都重要。」）圖為聖奧古斯丁（右）在與異教徒辯論。

性的供奉有什麼危害呢？如果人們參加彌撒，遵守誡命，遵守謙卑、仁慈、親切和善良的承諾，這些新的耶穌追隨者就不會復仇。另一方面，那些舊的神靈，從不原諒任何人和行為，正如希臘人所言，上帝的骰子都是動過手腳的。

因此基督教教堂都是建在原來的異教寺廟上，果園的名字也都以《聖經》聖徒的名字來命名。在耶穌誕生前，這些果園被認為是神聖的。人們仍然大為喜愛異教的一些節日，於是教會通過吸收轉化將其變為基督教的節日：五旬節[8]取代了福羅拉麗亞節[9]，諸靈節[10]取代了另一個祭奠死者的節日，農神節[11]，這個連奴隸也能獲得自由的節日，變成了聖誕節。阿提斯（Attis）復活日則成為基督教的復活節。歷史是任人打扮的小女孩，演進過程中掩藏著許多祕密。當時沒有人知道耶穌誕生於哪一年——或許是西元前 5 年，更別說具體日期了。但大約在 336 年，羅馬的基督徒開始慶祝耶穌的誕辰。東羅馬帝國一開始把 1 月 6 日視為耶穌誕辰日，後來又在四世紀時，把這一天定在 12 月 25 日。不難看出，這一日期定得很隨意。耶穌的復活日期也沒有正式記載。早期的基督徒相信耶穌很快就會復活，於是在每個星期日都慶祝復活節。3 個世紀後，他們又都一致認為耶穌還未復活。為了將復活節與受難日相聯繫，他們計畫將復活節定在逾越節，這一天猶太人會慶祝西元前十三世紀時他們的祖先從埃及逃出。最後，在 325 年，經過漫長的激烈爭論後，第一次尼西亞會議將復活節定在春分後滿月的第一個星期日。此一決定並沒有任何歷史依據，但仍足以安慰那些重視傳統節日的人。

---

8. 五旬節（Pentecost），也稱聖靈降臨節，是為紀念耶穌復活後差遣聖靈降臨而舉行的慶祝節日。根據《聖經》，耶穌在復活後第 50 天差遣「聖靈」降臨；門徒領受聖靈，開始佈道，據此，教會規定每年復活節後第 50 天為「聖靈降臨節」。
9. 福羅拉（Floralia）是古羅馬宗教信奉的女神，福羅拉麗亞為向福羅拉獻禮的節日。
10. 諸靈節（All Souls' Day），天主教節日，人們在這一天透過彌撒和慶祝活動來紀念已故之人。根據天主教義，在世信徒的祈禱有助於亡魂的滌罪，使他們得以有資格觀見上帝。
11. 農神節（Saturnalia）是古羅馬在年底為祭祀農神的大型節日，羅馬帝國基督化後，農神節的許多習俗被轉用於聖誕節，例如聖誕樹即來自於農神節的豐收樹。

　　隨著大規模的洗禮活動在教眾中開展，教會進一步放任那些皈依基督教的人，在默許古老儀式存在的同時，也試圖改變它們，並希望它們能夠逐漸消亡，但這一點從未實現過。生育儀式和占卜被嚴格限制，牛的獻祭也受到限制。異教以活人獻祭的儀式被基督教象徵性的彌撒儀式取代後，聖禮的儀式就變得更加重要。和異教的牧師一樣，基督教牧師也站在信徒面前，為豐收和家庭祈禱，甚至祈求萬能的上帝保佑社區免受火災、瘟疫和敵人入侵，這當然是人們的美好心願，不過中世紀的人從未得償夙願。大火、疾病和外敵入侵總是不定期降臨。伴隨著反教權主義的爆發，在黑死病肆虐之後，甚至經常出現像鞭笞贖罪這樣的極端派別。然而作為超自然力量的來源，神聖遺跡的朝拜者仍舊絡繹不絕，基督教的奇蹟故事不斷將異教品格賦予在聖徒身上。

　　耶穌和他的門徒都沒有提到聖徒。聖徒的說法出現在西元 2、3 世紀後，那時羅馬帝國開始迫害基督徒。地下墓穴[12]的倖存者認為，那些殉道者已經直接上天堂，在那裡替他們祈禱求情。他們將這些殉道者尊為聖人，不過從來沒有像聖像那樣崇拜。早期基督徒鄙視聖像崇拜，特別是代表異教神的雕像。特別值得一提的是亞歷山大的克萊門特（Clement of Alexandia，150~220），這位神學家及導師認為雕像是對神明的褻瀆，因為神明是創造者，而不是被創造之物。然而，隨著聖徒數量愈來愈多，中世紀人們益發渴望能給祂們確定的身分，同時希望能擁有祂們的畫像、聖母瑪利亞的肖像，以及耶穌被釘在十字架上的複製品。埃及的天空之神荷魯斯（Horus）、守護之神伊西斯（Isis），被重新命名為耶穌和瑪利亞。基督徒希望能親吻神靈，拜倒在祂們面前，為祂們進獻鮮花，為此，工匠還創作了許多塑像和圖畫。大約在 500 年，香進入基督教教堂，隨後蠟燭也被教堂所使用。每當遇到危難時刻，每個

---

12. 早期的基督徒相信肉體復活，所以死後一般採取土葬，在羅馬城外形成了一道道地下墓穴。隨著羅馬帝國不斷迫害基督徒，基督徒被迫開始在這些地下墓穴中進行祕密集會、舉行宗教儀式等活動。

中世紀的社區都會試圖喚醒其守護神或聖物的神力。

聖奧古斯丁譴責聖徒崇拜，但牧師和教民都相信可以通過喚醒聖徒的力量或十字架的標誌驅趕魔鬼，於是中世紀湧現大批占星家和魔法師。顯然這一切都滿足了人們內心深處的需求，但同時也讓一些人感到憂慮。最早於八世紀時開始出現對聖像崇拜的反擊。利奧三世（Leo III）是位極其虔誠的拜占庭皇帝，他認為自己有責任捍衛正統的基督教，不讓任何人褻瀆。他認為異教徒的方式是在褻瀆神靈，他尤其對彌撒儀式期間崇拜聖蹟和宗教圖畫的行為感到憤怒。他援引了《申命記》（Deuteronomy）第 4 章第 16 條——禁止崇拜「聖像」或「任何類似的人物、男性或女性」，在 726 年頒布了一項嚴屬的法令。按照他的命令，士兵們移除教堂裡所有耶穌和聖瑪利亞的圖畫及代表物，塗抹掉所有壁畫、牆畫和圖案。

這讓利奧三世成為歷史上最著名的聖像破壞者，但他的行為激怒了他的子民。基克拉迪群島（Cyclades Islands）的居民率先起來反抗；威尼斯和拉文納（Ravenna）的人們開始驅逐帝國官員；希臘則乾脆另外選出一位皇帝來對抗，並且派出船隊抓捕利奧三世。利奧三世擊沉了船隊，但是當他的軍隊試圖執行命令，卻在教堂門口遭到憤怒教民攻擊。不過他並未被嚇住，730 年他正式宣布搗毀聖像為帝國國策。此時，教會開始介入。其實底層的神職人員從一開始就反對破壞聖像，隨後主教、君士坦丁堡的大主教先後加入反對陣營，最後，在教宗格列哥里二世的號召下，成立了主教理事會。利奧三世的命令最終未獲執行。直到他於 741 年去世時，下令銷毀或遮蓋的大部分藝術品仍然保持原樣，直到 64 年後召開第二次尼西亞會議，教會才正式宣布廢棄他所頒布的命令。畢竟，羅馬作為昔日帝國浪漫的多神論中心，擁有眾多地方特色的神靈，雖然現在被重新命名為聖徒，但祂們依舊出現在各種神話故事和傳說中。

從四世紀開始，異教的一些文化傳統開始體現在基督教藝術作品

★尤弗拉西蘇斯聖殿位於克羅埃西亞波雷奇，建造時間可追溯到西元 553 年。在其半
　圓形後殿的馬賽克裝飾畫中，有現存年代最久、以天主之母形象出現的瑪利亞。

★反映中世紀聖像破壞運動的圖像紀錄。

中。最早建於330~360年的聖彼得大教堂，從外觀、構造到圓形廊柱風格，都是模仿異教傳統建造。432年教宗聖思道三世（Sixtus III）在附近建造的聖母瑪利亞大教堂，原先就是座異教神廟。

❖

中世紀的文明能與之前的羅馬或現代文明相提並論嗎？如果文明是以社會是否已經取得了相對較高的文化和技術成就為標準，那麼答案就是否定的。在羅馬帝國統治的漫長期間，其威望和影響力遍及帝國境內所有領土——西起大西洋，東到裏海，北達英格蘭的安東尼長城（Antonine Wall），南抵埃及尼羅河上游。受過良好教育的羅馬人擔任教師、立法者、建築師和官員。羅馬人取得了前所未有的藝術和知識成就，他們的城市已然成為羅馬天主教會的物質和精神寄託之所。

而羅馬之後的中世紀則沒有取得任何相關領域的成就。地中海曾經被視作羅馬的內湖，如今在地中海開展貿易卻危險重重，汪達爾海盜及隨後的其他海盜在這個重要的海上航線大行其道。農業和運輸效率低落，人們缺衣少食。貨幣經濟取代了之前以物易物的經濟，因為有權有勢、靠掠奪和征服一夕暴富的貴族，需要一定形式的貨幣來支付戰爭費用、贖金、十字軍東征、兒子的騎士軍餉和女兒的嫁妝。皇室的財務官員缺乏基本技能，只能依靠從阿拉伯人那裡學來的算術知識。當時也開

始出現「exchequer」一詞，因為他們在計算稅收和貨物時，把一種方格子圖樣的布作為算盤使用[13]。可以說，他們的社會很多元、豐富多彩，但從另一個角度看就是混亂無序、缺少規章制度、毫無公平可言。

但不管怎麼說，中世紀還是擁有獨特的體系和機構，並且在幾個世紀裡悄無聲息地進化、完善。中世紀是一個承先啟後的時代，它誕生於一個衰老虛弱的帝國廢墟中，最後又隨著歐洲成為一個獨特的文化體而消亡，對於空想派、重理性，以及運氣不好的人來說，這段權力真空期是最痛苦的，不過對於健康、強壯、精明或幸運的人來說，則可以大展身手。

新的貴族階級開始統治歐洲，他們高貴，而且最重要的是有帝王氣魄。推翻羅馬帝國後，蠻族部落通過各種方式將自己標榜為新的統治階級。任何人，只要擁有大批由自由人組成的追隨者，都可以成為領袖。追隨者愈多，權勢就愈大，在義大利，這些首領來自羅馬帝國的議員，他們通過與哥德人或匈奴人聯姻而得以倖存。正如古羅馬詩人奧維德（Ovid）所寫的，如果一個蠻族人有足夠多的錢，他也可以成為領袖。其他貴族階層則來自於擁有封地的領主，他們有眾多奴隸為他們耕作，還擁有自己的私人軍隊。在英格蘭和法國，貴族來自盎格魯、撒克遜、弗蘭克、汪達爾、東哥德首領的後裔。許多德國大主教都出自當地的古老家族，長久以來備受敬重，因而其他貴族都能接受他們。由於這段時期戰火不斷，大部分貴族都是憑藉在戰鬥中的出色表現而崛起。然而隨著建立功勳的人去世，其繼任者日益平庸，不過子承父位的世襲傳統在當時已很普遍，於是世家體系形成。

各種新頭銜隨之相繼誕生：公爵（duke），來源於拉丁語「dux」，意指軍隊指揮官；英格蘭的伯爵（earl），來源於盎格魯—撒克遜語「eorla」或「cheorl」（以和鄉下人區別）；歐洲的伯爵（count 或 comte），

13.「chequer」意為方格圖案，「exchequer」即是衍生詞。現在「exchequer」意為國庫、金庫。

來自拉丁語「comes」，意指偉大人物的同伴；男爵（baron），來自於日耳曼語「beron」，意指勇士；神聖羅馬帝國的侯爵（margrave），來自荷蘭語「markgraaf」；而法國的侯爵（marquis）來自拉丁語「marca」，意為邊界或邊疆。為這些貴族服務同時也是貴族階級最底層的，則是騎士（knight，法語為「chevalier」，德語為「Ritter」，義大利語為「cavalière」，西班牙語為「caballero」，葡萄牙語為「cavalheiro」）。最初「騎士」一詞的意思是自由出生的農場工人。到十一世紀時，騎士已專指生活在堅固城堡中的騎兵，每一位騎士都有自己的貴族稱號。所有騎

★這幅插圖出自一本寫於 1170~1184 年間、關於第一次十字軍東征的編年史史書，描寫的是法蘭克騎士戈弗雷（Godfrey）率領軍隊征戰的事蹟。戈弗雷屬於幸運的「貴族」，由於是次子，本來並不具繼承優勢，但無子嗣的叔叔去世後，將公爵爵位傳給了戈弗雷。在第一次十字軍東征中，幸運又站在了戈弗雷這邊，他在 1099 年攻占耶路撒冷時功績突出，被任命為耶路撒冷國王。

士——至少在理論上——必須接受充滿理想主義的騎士法典的引導，並且向公爵、伯爵、男爵或侯爵宣誓效忠。作為回報，這些貴族會定期贈予他們禮物，包括駿馬、獵鷹，甚至武器。

❖

　　皇冠要用榮耀來澆灌，然後再披上充滿魔法的神祕外袍。國王是眾人的國王，是招待歸附其下的公爵、伯爵、侯爵、男爵的主人，是戒指、黃金、土地的授予人。最初的中世紀統治者都是蠻族人，所以後來歐洲君王有很多習俗都源於他們。像亞拉里克、阿提拉和克洛維這樣的首領，都是憑藉其出色的領導能力取得多次勝利，從而成為成功的領袖。這些人都是由士兵選出，士兵們先將其放到盾牌上，然後抬到異教神廟或聖石前，向他歡呼。塔西佗就曾指出，首領最信任的副手是他的衛隊（未來的貴族），衛隊要對首領保持絕對忠誠。少數部落成員則是因獲得了戰利品而對其心存感激，儘管他們聲稱自己的忠誠是與生俱來。

　　他的隨從中總會有異教牧師，有時他自己就是一名異教牧師，他被認為受到神的護佑或是神的子嗣。當基督教傳教士成功讓部落首領皈依基督教後，部落成員自然也會乖乖接受洗禮。之後，基督教牧師又被賦予了

★教宗德範二世為矮子丕平三世加冕。

為其繼任者加冕的權力。雖然五世紀就有大主教為法蘭克人首領加冕的紀錄，但直到 754 年，教宗德範二世（Stephen II）為法蘭克的新國王——查理曼的父親矮子丕平三世（Pepin the Short）——加冕時，才制訂出威嚴的儀式流程。儀式是根據《舊約》中所羅門和掃羅王的登基儀式來舉行：教宗給丕平三世戴上皇冠，莊嚴地授予他象徵皇權的權杖，並要求他宣誓，保證捍衛教會、窮人、弱者和無助之人，之後就宣布他是上帝選定的君王。

國王世襲制一如貴族世襲制，很大程度上是由中世紀創造發明。的確，一些蠻族部落的次要人物是按照血統世襲，而非任命；而部落首領則是從優秀者中挑選出來。早期的國王只有在世時才是國王，去世或犯了重大過錯後就不再是國王。由於教宗反對長子繼承制，世俗政權當權者於是竭力營造一種假象，即所有君王都是選舉出來的——法國卡佩王朝（Capetian Dynasty）的宮廷禮儀規定，引述國王的話時都必須提到國王是由臣民選舉出來，而事實上，連續 329 年，國王都是由父傳子繼承而來。到中世紀末，就連這種虛偽的掩飾也被棄守了。在英格蘭、法國和西班牙，王子繼承王位已是不容置疑的事實。1356 年後，只有神聖羅馬皇帝是由 7 個指定的選帝候選舉出來，而且正是由於梵蒂岡堅持此一立場，皇帝的人選必須從基督教信徒中選出。即便如此，從 1437 年開始，哈布斯堡家族就牢牢掌握了神聖羅馬帝國的帝位。

教宗在國王加冕儀式中扮演了重要的角色，國王反過來也大力宣揚君權神授，這是教會主導中世紀歐洲的一個特徵，王室認同來自羅馬教廷的宣言——也叫詔書，用鉛密封以凸顯莊重。同理，教規和教廷（羅馬教會中樞機構）的判決也是用鉛密封處理。另一方面，歐洲強國為擺脫梵蒂岡的控制一直在鬥爭，並獲得了一些成績。十二世紀，英格蘭亨利二世和坎特伯里大主教多次發生爭執，最終以坎特伯里主教被刺身亡而告終。而神聖羅馬帝國皇帝腓特烈一世（Frederick Barbarossa，也稱作紅鬍子腓特烈）因致力於使德意志在西歐居主導地位，而與多任教宗發

生衝突。

　　不過，讓梵蒂岡聲望受損最大的還是來自於梵蒂岡自身。1305 年，義大利爆發騷動和要求取締天主教聖殿騎士團的運動，教宗克萊門特五世受到驚嚇，於是將教廷遷往現在法國東南部的亞維儂。雖然弗朗切斯科‧佩脫拉克[14] 和瑟納的聖凱瑟琳（Saint Catherine of Siena）等人呼籲將教廷遷回羅馬，但之後的七任教宗都將教廷設在那裡。1377 年，教宗格列哥里十一世將教廷遷回羅馬時，法國人已經控制了紅衣主教團。格列哥里十世在隔年去世後，紅衣主教團徹底四分五裂。多數紅衣主教希望一位法國人擔任教宗，而由羅馬暴民支持的少數紅衣主教則要求由義大利人擔任教宗。紅衣主教團受到恐嚇，於是向暴民妥協，選舉那不勒斯的普里尼亞諾（Bartolomeo Prignano）為新任教宗。持異議的法國主教們則潛逃至法國，重新選了一位教宗，其結果是在近 40 年間裡，基督教由兩位教宗統治，一位是羅馬教宗，另一位則是亞維儂教宗。

　　如果在其他時代，教會如此巨大的分裂一定會在信徒間引起危機，但中世紀不允許存有懷疑，懷疑主義根本就不曾出現。在希臘語中，天主教是「萬能的」（universal），自二世紀開始，神學家就用它來區別基督教與其他宗教。340 年，耶路撒冷的聖西里爾（Saint Cyril of Jerusalem）曾這樣推論：所有人都相信的一定是真理，真理一旦被認定，信仰的純潔性就取決於其完整性和堅定性，正如早期天主教教士所說的：「在羅馬教宗神聖系統之下，所有信仰耶穌的人都是團結的」。任何不是教會成員的人今生和來世都將被驅逐，並擁有最悲慘的命運，例如從古代開始，日耳曼部落就遭流放，用他們自己的話來說就是：「猶如被拋棄在聖殿上的狼」。沒有信仰的人將接受末日審判。第五次拉特蘭會議（Fifth Lateran Council，1512~1517）重申了三世紀迦太基主教聖西普里安（Saint Cylprian）的名言：「教會以外沒有救贖。」

---

14. 弗朗切斯科‧佩脫拉克（Francesco Petrarc，1304~1374），義大利詩人、學者、早期人文主義者。被認為是人文主義之父。

★教宗克萊門特五世位於法國亞維儂的宮殿。

因此天主教竭盡全力阻止任何變革。聖若翰·喇沙（Saint Jean-Baptiste de La Salle） 在 1703 年創作的《基督徒的職責》（Duties of a Christian）中，將天主教定義為「一群信仰忠誠的人聚集到同一群體，接受神父的指導，而耶穌是他們看不見的領袖—教宗是聖彼得的繼任者，是祂在凡間的代表」。萊蘭的聖文森（Saint Vincent of Lérins）在 430 年創作的《備忘錄》（Memoranda）中寫道，教會已經成為「教規忠實和警覺的守護者。教會不允許有任何人改變任何教規，不得有所增添，不得有所刪減。」後來羅馬教廷的發言人將這一條廣義化，以上帝的名義宣告，教廷有權阻止有其他信仰或無信仰的人帶來的任何變革。當時對天主教和教廷的膜拜已經到了無可復加的地步。一位羅馬神學家指出：「天主教認為，就算讓全世界人都因飢餓而痛苦……也不能讓一個靈魂犯下一個輕微的罪行，更遑論迷失。」一位教宗曾經這樣說道：「教會獨立於任何世俗權力，而且可以任何合適且必要的手段，來達到合法目的。」另一位教宗也贊成這種說法，宣稱上帝讓梵蒂岡「分配王權，並且授予其特權，不用為任何錯誤而受罰」。一位紅衣主教甚至寫道：「不滿教會的聲音而提出控訴」也

是「叛國罪」,「因為這聲音是神聖的,控訴這種神聖的聲音即是異端;正因為這聲音有主的幫助,是完美無缺的。」另一位紅衣主教說得更直接:「教會不能容忍任何人修改任何教義。教會是上帝化身創造的,和所有上帝的造物一樣,也是完美的,因此不用接受任何改革。」

隱形和沉默是中世紀人心態中最令人困惑、難以捉摸,但在很多方面又是最重要的。表現之一便是中世紀人完全缺乏自我意識,即便是那些擁有創造力的人也是如此。所有中世紀雄偉壯觀的教堂,作為傳承下來的寶貴遺產,都是耗時 3、4 個世紀才完成:坎特伯里座堂歷經 23 代竣工,沙特爾主教座堂——曾經是德魯伊教(Druid)的中心——歷經 18 代建成。然而我們對建築師和建造者卻一無所知,他們崇拜上帝,對他們來說,他們的身分無關緊要。只有貴族才擁有姓氏,但只有不到百分之一的基督徒出身高貴,剩下的——將近 6 千萬歐洲人——都被稱為漢斯、雅克、薩爾、凱瑞斯、威廉,或者是威廉的妻子、威廉的兒子、威廉的女兒,如果這些名字還不夠用或會引起誤會,他們就會另外再取個暱稱。大多數農民一生都沒有離開過出生地,所以除了獨眼、紅頭、金髮這樣的暱稱,基本上沒有必要再取其他名字。

基於同樣原因,他們居住的村莊也多是沒有名字。如果一個人在戰爭期間離鄉背井,哪怕離開的路程不

★ 1356 年,神聖羅馬皇帝查理四世頒發了一道被稱為金璽詔書(GoldenBulll)的法令,主要內容是確定羅馬皇帝選舉法和規定諸侯權限等。圖為詔書專用的黃金印璽。

★位於英國肯特郡的坎特伯里大教堂，在中世紀時是主要的朝聖地。這座大教堂創建於 597 年，並在十一世紀初至 1834 年之間反復重建和擴建，但只有少數建造者的名字被保留下來。這張照片約拍攝於 1890 年。

遠，他也幾乎不可能再回到這個村莊。因為他無法辨認每個村莊，也幾乎不可能獨自找到回家的路，每個小村莊都是與世隔絕的，村民們對當地熟悉地標（一條小溪、一座磨坊或是一棵被閃電擊過的樹）之外的世界一無所知，他們也沒有報章雜誌可得知近期發生的重大事情，偶爾會有小宣傳本送到他們手上，但這些冊子也都與神學相關，而且和《聖經》一樣，都是用他們不懂的拉丁文寫成。1378 年到 1417 年間，身在亞維儂的教宗克勉七世和本篤十三世相繼簽署教令，將羅馬教宗烏爾班六世（Urban VI）、朋尼非斯九世（Boniface IX）、依諾增爵七世和格列哥里十二世逐出教會，羅馬的教宗們也立即反擊，宣佈將亞維儂的教宗驅逐出教會。然而，那些辛苦勞作的農民對教廷的爭端一無所知。誰會告訴他們呢？鄉村牧師都不知道，而其上頭的主教也竭力封鎖相關資訊。教徒在受洗、懺悔、做彌撒、參加聖餐儀式、結婚和參加葬禮時，

從未想過他們對這些重大事情應享有知情權，更不用說在教會中發聲。他們澈底默不作聲，也絕對地接受教會的一切。

後來，當身分識別變得愈發必要時，這些人的後代若不是採用當地領主的姓氏——英國黑奴在獲得自由後也採用了這種方式，就是把本分的職業當作姓氏（如米勒、泰勒、史密斯等）。他們甚至在拼寫姓氏時都很隨意，在十六世紀 80 年代，德國歷史上最著名的軍火企業創始人曾將姓氏拼寫成「Krupp」、「Krupe」、「Kripp」、「Kripe」和「Krapp」等不同形式。與缺乏自我意識相伴隨的是對隱私的忽視，在夏季，農民們甚至經常赤身裸體外出。

中世紀人們的腦中也缺乏時間觀念，更不用說要去掌握時間。二十世紀的人能自然地意識到過去、現在和未來，在任何指定時刻，只要看一眼手錶，就能很快說出當下時間——何年何月何日，並具體到每分每秒。中世紀的人很少意識到，也沒有理由試圖了解他們所處的世紀。1791 年的人與 1991 年的人在日常生活上有著天壤之別，但生活在 791 年的人與生活在 991 年的人則幾乎沒有任何差異。那時人們的日常生活就是圍繞著季節更替、宗教節日、慶祝豐收和地方節日等事情，整個基督教世界沒有手錶、時鐘，甚至除了附近教堂或寺廟的復活節日程表，就沒有和日期有關的東西[15]。一代又一代人就這樣毫無意義地延續著，沒有清晰的時間界限，在他們眼裡，整個歐洲就是整個世界，寒來暑往，幾乎未曾有過任何改變。教宗、皇帝、國王去世了，之後又有新教宗、新皇帝、新國王繼位；開戰，分配戰利品，再開戰，戰爭循環往復；社區遭受到自然災害，之後又恢復重建。但這些對大眾生活的影響微乎其微。這種因循守舊的情況持續了幾百年，大約從 1066 年諾曼王朝征服英格蘭開始，一直持續到二十世紀初期，這種惰性讓社會變得更加僵固，任何創新都被認為不可思議，任何創新的暗示都會招來質疑，

---

15. 復活節日期的計算方法過於複雜，日程表能方便確定未來每年慶祝日的日期。反過來說，確定復活節日期，也等於決定了基督教日曆上其他每年不變的節日日期。

★這件貝葉掛毯（Bayeux Tapestry）是一件刺繡作品，製作於 1070 年前後，主要記錄了黑斯廷斯戰役及圍繞諾曼征服的一系列歷史事件。圖為這件刺繡作品的局部，描畫了全副武裝騎在戰馬上的貴族和騎士。

而且他們將被判有罪，除非他們能通過常人難以忍受的折磨來證明自己是無辜的——例如火刑、水淹、鞭刑等，因此一旦受到質疑，往往就意味著死亡。

即使在大分裂時期，互相對立的教宗之間的爭執已經公諸於眾，教廷的影響力仍然強大。1215 年，第四次拉特蘭會議在一座羅馬宮殿舉行——在被羅馬皇帝尼祿沒收之前，這裡一直是拉特蘭家族的居所，正是在這次會議上，教宗的影響力達到鼎盛。這次會議代表了整個基督教，因此場面相當壯觀。這次會議宣布的法令影響深遠，涉及懺悔、復活節儀式、教士和僧侶改革和聖餐變體說，即麵包和酒在經祝聖後變成耶穌的身體和血。這次會議還以史無前例正式和華美的語言稱頌了牧師，也明確規定教宗在神學上、在可能出現的政治爭端上的權威。十三世紀後期，聖湯瑪斯·阿奎那[16] 讚美了聖蹟與理性和諧一致。1302 年，教宗頒布聖諭，宣稱教宗的至高無上。即使在亞維儂流亡期間，教會也在努力加強集權，建立更複雜的管理機構。中世紀的機構似乎比以前更

★〈三博士來朝〉（Adoration of the Magi）創作於 1475~1476 年間，是義大利文藝復興代表人物之一波提且利的作品，被認為是「燦爛奪目、滿懷虔誠」的傑作。

加強大了。

　　然而，然而……

　　颶風起於青萍之末，儘管跡象甚微，但依舊預示了風暴即將到來。第一股陣風颳向了平信徒（laity），作為中世紀重要制度之一的騎士制度，正在消亡。其實早在騎士制度達到鼎盛時，騎士精神就已經落伍，並將面臨淘汰。騎士的生活方式已經脫離現實，鎖子甲被鎧甲取代，儘管鎖子甲的防禦效果更好，卻也更笨重，能夠負載這股重量的馬匹難以取得，而且馬的費用再加上昂貴的鎖子甲費用，是一筆很大的開

---

16. 湯瑪斯‧阿奎那（Thomas Aquinas，約 1225~1274），中世紀經院哲學的哲學家和神學家，他把理性引進神學，天主教會譽為歷史上最偉大的神學家，有「神學界之王」之稱。

銷。更糟的是，馬背上的騎士再也不能主宰戰場，他可能被英格蘭的長弓手、熱那亞的十字弓手、輕裝部隊或中士領導的長矛兵打敗或擊落。歐洲的新式軍隊由訓練有素、裝備精良的職業步兵組成，他們能夠在整場戰役中堅持下來，並時刻準備投入戰鬥。由於只有大國才能供養這樣一支軍隊，所以未來將掌握在強大的君主專制國家手中。

到 1500 年，歐洲已經有很多封建王朝，其中最具代表性的是英格蘭亨利七世、法國路易十二世、俄羅斯的伊凡三世、斯堪地納維亞半島的約翰一世、匈牙利的烏拉斯洛二世、波蘭的約翰‧亞伯特（John I Albert），以及葡萄牙的曼努埃爾一世（Manue I）。此外，另一個重要角色也正在崛起：1492 年，格拉納達的陷落標誌著摩爾人的勢力被澈底趕出伊比利半島，西班牙人終於收回自己的領土。阿拉貢的斐迪南二世和卡斯提亞[17]的伊莎貝拉女王的聯姻結合了兩個主要王國，從而奠定現代西班牙的基礎，隨後他們開始一起鎮壓難以駕馭的附屬國。然而，德國和義大利還要晚些時候才能加入新歐洲。這兩個阿爾卑斯山脈的鄰居都因為內部繼承權爭執不下而延誤形成集權國家。因此，不久的將來，義大利人將生活在城邦和教宗國中，而德國仍由眾多小國國王統治。不過這種分裂不會持續太久，人們的國家認同感開始崛起，並形成一股強大的凝聚力。這種凝聚力開始重新塑造歐洲版圖，對統一的基督教世界形成一大威脅。

十五世紀接近尾聲時，還有其他事情困擾著教宗。在反教廷主義的煽動下，知識階層開始在歐洲崛起。他們的情感是可以理解的，不過，在教宗看來卻不可原諒。1215 年的拉特蘭改革並不澈底，愈來愈多行為不端的牧師、修女和教士。上個世紀神學家取得的和諧局面已經被打破。新的唯名論（nominatism）哲學證實了反智主義者克雷爾沃的

---

17. 卡斯提亞（Castile，1035~1837），伊比利半島中部卡斯提亞地區封建王國，由西班牙西北部的老卡斯提亞和中部的新卡斯提亞組成，之後逐漸與周邊王國融合，形成西班牙王國。現在的西班牙君主即與卡斯提亞王國一脈相承。

聖伯納德所提出的懷疑。唯名論否認普遍性的存在，宣稱理性與聖蹟之間的鴻溝無法逾越——童貞女性生子和耶穌復活都是完全沒有理性的。試圖挑戰他們的信教者，如托馬斯・肯皮斯（Thomas à Kempis），似乎也陷入了某種神祕主義的迷霧裡。

　　與此同時，歐洲開始興起一種微妙但強韌的嶄新精神，實際上，這種精神在處心積慮顛覆中世紀社會，尤其是教會，但因為這是由虔誠的天主教徒所領導，所以當時沒有人這麼認為。在教宗依諾增爵三世在任期間（1198~1216），人們曾將從亞里斯多德學說中獲得的新發現——辯證邏輯、自然科學和形而上學——與傳統的基督教教義相結合。現在，隨著古希臘和羅馬文化遺產重見天日，也愈形突顯出兩者融合的問題，並且開始對現有解決方式發出挑戰。在義大利，這種運動被稱為「Rinascimento」。法國人將動詞「復蘇」（renaître）與陰性名詞「出生」（naissance）結合在一起形成「復興」（Renaissance）一詞。

引領文藝復興的「邪惡之龍」

　　要確定文藝復興開始的具體時間幾乎不太可能，但大多數學者認為其萌芽可以追溯至十五世紀初。當時，但丁、佩脫拉克、薄伽丘[18]、亞西西的聖方濟各[19]、畫家喬托（Giotto）——他們似乎被注入了這種新精神——雖已過世，但人們仍然將他們視為這場復興運動的先驅。如果放到歷史長河中來看，作家、學者、哲學家、教育家、政治家和獨立的神學家是影響最大的文藝復興人士。然而，他們在當時的影響力雖然巨大，卻一直到後世才被察覺。首先湧現的是藝術家，代表人物是一群燦若星河的畫家、雕塑家和建築家。他們取得了巨大的成功，最讓人印象深刻的莫過於義大利人的作品，尤其是佛羅倫斯人。他們

---

18. 但丁、佩脫拉克與薄伽丘並稱為「佛羅倫斯文學三傑」，文學史上稱他們為「三顆巨星」。
19. 亞西西的聖方濟各（Saint Francis of Assisi，1182~1226），天主教方濟各會的創始人。傳說其身上曾顯現耶穌受難時承受的五傷，是迄今為止羅馬教廷唯一官方承認的聖痕。

的作品光彩奪目、非常虔誠，因而受到教宗熱情的祝福和贊助。這些不朽人物包括義大利人山德羅・波提且利（Sandro Botticelli）、弗拉・菲利普・利皮（Fra' Fillippo Lippi）、皮耶羅・德拉・弗朗切斯卡（Piero della Francesca）、貝利尼（Bellini）家族、喬久內（Giorgione）、盧卡・德拉・羅比亞（Luca della Robbia）、提香（Titian）、米開朗基羅、拉斐爾（Raphael）。當然，除了義大利，還有來自歐洲其他地方的一些藝術家，如魯本斯（Rubens）、布勒哲爾（Bruegel）父子、杜勒（Durer）、霍爾拜因（Holbein）等。其中最偉大的人物當屬李奧納多・達文西（Leonardo da Vinci），但達・文西不僅僅是藝術家，在本書後面，他將會帶著耀眼的光芒閃亮登場。

　　今天，我們回顧 5 個世紀之前的文藝復興時，其影響是顯而易見的。然而令人驚訝的是，在當時，沒人知道這場復興運動將通往何處，沒人能預測出在前方下一個轉彎處會出現什麼，遑論更遙遠的未來。

★十六世紀的佛羅倫斯被認為是文藝復興的誕生地。

當時缺乏現代人看事物的視野，也沒有一面能看到未來的鏡子。與所有時代的人一樣，他們每天也要時刻面對現實，而現實往往是忙亂的，交織著各種重要的、瑣碎的、深刻的、愚昧的事物。教宗、皇帝、國王、主教、教士和從戰亂中脫穎而出的貴族，這些人掌握統治權力，只願意相信他們想要相信的，同時接受對他們權力和信仰有利的事物，其餘的則視而不見。但即使他們當中最聰明的人也處於絕望的境地，因為他們唯一的導師是過去式的，這對迎向對新事物時不僅無用，甚至會形成阻礙。此外，他們還受制於另一個不利條件：中世紀的人在狹小空間裡已經生活了1千多年，他們看待世界的視角是變形且失真的。

　　整個中世紀沒有取得任何實質性的發明和創造，除了九世紀發明的水輪機和十二世紀發明的風車，再沒有其他重要發明。當時沒有出現任何一鳴驚人的新思想，也沒有在歐洲之外開拓新領土。滄海桑田，但歐洲幾乎沒有任何變化，一切都還是老樣子。人們了解的只有歐洲——這

★〈路德一生與宗教改革中的其他英雄〉（Life of Martin Luther and heroes of the reformation），這幅作品約創作於 1874 年，描繪了中世紀宗教改革中的一些「惡龍」。圖中央的是馬丁‧路德，他正在焚燒教宗的通諭。

裡是托勒密宇宙體系的中心，以及其周圍的巴勒斯坦與北非地區。太陽每天繞著地球轉。天堂就在地球上空的某處，沸騰的地獄則在人們腳下。國王按照上帝的喜好來統治，其他人則按照國王的旨意行事。耶穌是上帝的兒子，被釘死在十字架後又復活，並即將重現人間，任何人都無法阻擋，每個人都崇拜祂。在聖彼得去世後的 1436 年裡，先後出現了211 位教宗，他們都是經由上帝挑選的完美無缺的人。教會是不可分割的，來世是確定的。人們已經掌握所有知識，所有事物不會再改變。

然而一場狂風暴雨即將來臨，歐洲人不僅沒有察覺到，甚至堅信根本不會有這場暴風雨。這些可憐、容易聽信花言巧語的無知者，在無知、恐懼和迷信的驅使下，邁著笨拙和蹩腳的步伐，彎腰駝背地跋涉到

了十六世紀。他們臉上布滿天花遺留下來的斑點，一臉茫然，自以為了解未來，盲目往前衝，結果捲入一場漩渦，最終被吞噬。自從 1 千多年前，亞拉里克率領西哥德人和匈奴人聯軍穿越阿爾卑斯山降臨羅馬城，熄滅了知識之燈以來，這場漩渦是最強大的，它既難以捉摸又勢不可擋。

　　中世紀的製圖師畫到他們所了解的世界盡頭時會寫道：「當心！惡龍就潛伏在外面。」他們說得沒錯，不過惡龍不是標在地圖上，而是標在日曆上。威脅來自於時間，而不是空間。對中世紀思維打擊最致命的威脅正潛伏著等待出擊。一部分威脅已經開始滲透到社會，只不過人們還未察覺到，而且還沒有帶來破壞。這些龍有些是和藹甚至聖潔的，有些則是凶惡的。然而，對於那些希望維持現狀的人來說，所有的龍都是邪惡的。在他們眼裡。這些「邪惡之龍」包括：約翰尼斯・古騰堡（Johannes Gutenberg）、切薩雷・波吉亞（Cesare Borgia）、若望・特次勒（Johann Tetzel）、德西德里烏斯・伊拉斯莫（Desiderius Erasmus）、馬丁・路德、雅各布・富格爾（Jakob Fugger）、弗朗索瓦・拉伯雷（Franceis Rabelais）、吉洛拉莫・薩佛納羅拉（Girolamo Savonarola）、尼古拉・哥白尼（Nicolaus Copernicus）、焦爾達諾・布魯諾（Giordano Bruno）、尼可洛・馬基維利（Niccolò Machiavelli）、威廉・廷代爾（William Tyndale）、約翰・喀爾文（John Calvin）、巴斯寇・努涅茲・德・巴爾柏（Vasco Núñez de Balboa）、查理五世、亨利八世、托馬斯・德・托爾克馬達（Tomás de Torquemada）、盧克雷齊亞・波吉亞（Lucrezia Borgia）、威廉・卡克斯頓（William Caxton）、傑拉杜斯・麥卡托（Gerardus Mercator）、吉羅拉莫・阿萊安德羅（Girolamo Aleandro）、烏爾里希・馮・胡滕（Ulrich von Hutten）、馬丁・瓦爾德澤米勒（Martin Waldseemüller）、湯瑪斯・摩爾（Thomas More）、阿拉貢的凱薩琳、克里斯多福・哥倫布（Christopher Columbus）、瓦斯科・達伽馬（Vasco da Gama），以及最厲害的斐迪南・麥哲倫——他徹底摧毀了製圖師所繪製的舊世界。

2

第二章

破裂與坍塌
The Shattering

★這幅由老彼得‧布勒哲爾於1563 年創作的〈巴別塔〉，描述了《聖經》中的一個故事。以前世界上所有人的口音、語言都一樣，他們齊心協力準備建造一座通天塔。上帝知道後，便分歧他們的語言，使彼此不能溝通並散布世界各地。由於《聖經》中的許多故事往往具有多層象徵意義，因此在16 和 十七世紀成為許多藝術家取材的源泉。

他的名字在歷史峽谷中穿梭了 500 年──之所以說穿梭，是因為他一生波濤洶湧，跌跌撞撞，卻又游刃有餘、足智多謀，且令人難以捉摸。我們甚至不能確定他的名字。在葡萄牙文記載中，他的名字是斐迪南‧德‧麥哲倫（Fernão de Magalhães）或斐迪南‧德‧麥哲海斯（Fernão de Magalhais）。麥哲倫出生在一個沒落的騎士家族，30 多歲時離開葡萄牙前往塞維亞，化名斐迪南‧麥哲倫。他有時將名字拼寫成麥哲倫，有時又寫成麥佳倫（Maghellances）。1519 年 9 月 20 日，他離開桑盧卡爾─德巴拉梅達港口，開啟一場偉大的航行前，以赫爾南多‧德‧麥哲倫（Hernando de Magallanes）簽署了遺囑。地圖製作者用拉丁語把它翻譯成麥加洛斯（Magellanus）──還有一位德國印刷商將之印成瓦加洛斯（Wagellanus）──英文翻譯過來則成了麥哲倫（Magellan）。然而麥哲倫到底應該算是哪國人呢？他的那次歷史性航行，是在卡斯提亞王國和阿拉貢王國的資助下開展[1]。今天的葡萄牙自豪地說：「他是屬於我們的！」──不過這只能算是一廂情願。

縱觀麥哲倫一生，他都被自己的葡萄牙同胞視為叛徒──他被稱作背叛者。

人們想當然爾地會認為這樣一個成功的探險家，一定很敏感、驕傲，很容易為這種誹謗所困擾。事實上他並沒有受到任何影響，在我們看來，他的這種性格是難以理解、令人困惑的；然而，與他同時代

---

1. 卡斯提亞和阿拉貢在歷史上是兩個獨立的王國，1469 年，兩國聯姻，為西班牙最終形成一個統一國家奠定了基礎。

的人卻不這麼認為，因為他在
1519~1521 年擔任航行船隊指揮
官，很大程度上是那個時代的必
然產物。他的謙遜源自他的信
仰。十六世紀初，只有國王才有
資格對自己所取得的成就感到驕
傲，因為人們相信國王由神的光
芒所籠罩，作為一個凡人和虔誠
的基督徒，麥哲倫將自己所取得
的成就歸功於聖母瑪利亞的庇佑。

★荷蘭出版商在 1598 年出版的一本書籍中使用的麥哲倫畫像的版畫。

　　當時他也許低估了這些成
就，這是很容易理解的，作為一
名探險家，他的一生都在探索未
知世界，因而他所發現的都是新事物。他對這些新事物的價值有一些認
識，但又缺乏精確的衡量標準。事實上，在發現新事物之前，他甚至並
不確定自己在找尋什麼。或許正是由於他沒有明確的目標，才讓他恰好
取得了驚人的發現。

　　不過，贊助他的西班牙人可沒有這樣的使命感，他們的目的是財
富，而不是冒險。麥哲倫對此似乎不予理睬，甚至經常在地理航向上
誤導他們。他從未提到要去環遊世界，即使是在遊說西班牙國王卡洛
斯一世時也守口如瓶，卡洛斯一世當時還是神聖羅馬帝國皇帝查理五
世，他在隨後的宗教改革中扮演了重要角色（儘管他自己並沒有意識
到）。這場宗教改革導致了基督教的分裂，也標誌著中世紀的結束。卡
洛斯一世之所以派麥哲倫去航行，是為了前往一座群島上宣示主權，而
當時這個群島在對手葡萄牙國王曼努埃爾一世手中。這個群島被稱為
「香料群島」（Spice Islands）——摩鹿加群島（Moluccas）位於西里伯斯
島（Celebes，現名蘇拉威西島）與新幾內亞之間，現在是印尼一個默默

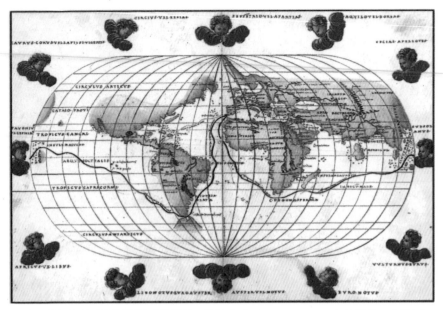

★十六世紀的熱那亞製圖師巴蒂斯塔‧阿格內塞（Battista Agnese）繪製的一幅地圖，
　上面標注了麥哲倫環遊地球的線路圖。

無聞的群島，甚至在很多地圖上都沒有被標記出來。不過在當時，人們
認為這個群島上藏有無數財富，而且國王對這位船隊司令也做出了正式
承諾，激勵他去航行。他將獲得其中兩個島嶼作為私人領地，還可以獲
得島上收益的 5%，這足以讓他一夜暴富。

　　不過正如一部麥哲倫傳記中所說的，「摩鹿加計畫」是一場災難。
事實上，身為這趟探險船隊的領袖，麥哲倫在還沒到達目的地之前就被
殺了。不過，他還是到了菲律賓，這一點非常重要，因為葡萄牙人早在
9 年前就通過向東的航線開始勘察香料群島。因而，他在菲律賓與葡萄
牙人的航線重合後，實現了東經 123°與 124°之間地域的連接，從而完
成了環球之旅。

　　然而他取得的成就並沒有引起重視。死亡總是不幸的，至少對那
些不得不面對死亡的人來說。麥哲倫就是屬於這種，作為一個奉獻出生
命的發現者，他在那個時代並未獲得尊重。即便是由麥哲倫發現並以他

名字命名的海峽，也沒有獲得重視。只有像他這樣最優秀的航海家，才可能穿越能見度低、危機四伏、長達 350 英里的麥哲倫海峽。在他死後的許多年，多支遠征探險船隊試圖按他的航線航行，但是都失敗了。他們當中有的船隻失事，或是按原路返回，只有一位成功穿越了麥哲倫海峽，但最終仍在太平洋遇難。因而這些航海家都很沮喪，認為麥哲倫的航行是不可能的，是虛構的。直到將近 60 年後，另一位偉大航海家法蘭西斯·德瑞克爵士（Sir Francis Drake）率領「金鹿號」（Golden Hind）帆船成功穿越這條曲折迂迴的海峽，才證實了這個「傳說」的真實性。

如果是衝著財富和摩鹿加群島的總督職位去探險，那麼在麥哲倫看來，他自己是個失敗者。不過他航行的初衷還是充滿疑雲。為了拚命尋找航行的贊助人，他可能假裝對香料群島感興趣，但對此我們沒有確鑿的證據，除非有文字證明。如果事實真是如此，他也不會對任何人透露，麥哲倫一直是一個最神祕的人，而且人的真正動機往往隱藏在內心最深處。不管麥哲倫的想法是否真有那麼複雜，他的目的絕不僅僅是財富。而且最終，他證明了地球是圓的。

事實上，麥哲倫的貢獻遠不止如此，他還為文藝復興時期的人提供了重要支持。哲學家、學者、教會中受過教育的人開始質疑腐朽的中世紀學說，其中就包括羅馬教義中關於地球的形狀、大小、位置和在宇宙中的運動學說。麥哲倫讓世人清楚了解地球大小、海洋和陸地分布。其他人提出問題，而麥哲倫提供了答案，並且他的答案還勢必將引申出更多問題——這種質疑到了二十一世紀也仍在持續著。

西班牙國王並不滿意這次航行的結果，他原本希望西班牙國旗能在摩鹿加群島升起，從而打破葡萄牙對東方香料（丁香、肉豆蔻、肉桂和胡椒）貿易的壟斷。香料可以製成珍貴的防腐劑，但販賣香料也帶來一些其他不好的影響，比如香料有時被用來掩蓋變質肉類散發出來的氣味。當局鼓勵和支持香料貿易，實際上也是在毒害自己國家的人民。這是探險帶來的負面影響。此外，中世紀的歐洲人對疾病幾乎沒有抵抗

★這幅〈死亡之舞〉（Dance of death）由德國製版名家瓦格莫特（Michael Wolgemut）繪製，出自 1493 年德國舊版的《紐倫堡編年史》（Nuremberg Chronicle）一書中的木版畫。死亡之舞，或者骷髏之舞，是中世紀文藝作品中一個常見的主題，當時人們的生活非常艱苦，壽命也很短，死亡隨處可見。死亡對當時的人來說是最大的平等，每個人都虔誠地活著，等待著那一天的到來。

力。探險者和船員將歐洲病菌帶到遙遠的地方，傳染給當地人。他們返航後，在未做任何檢疫下又帶回外面的疾病，傳播給整個歐洲。

有時人們可以迅速確定流行病的源頭。斑疹傷寒以前從未在歐洲出現，隨著西班牙軍隊在賽普勒斯打敗摩爾人回國後，傷寒席捲了阿拉貢王國。然而，更多疾病的源頭無從查起。沒有人知道 1495 年首次在那不勒斯爆發的歐洲梅毒的起源，以及同年英格蘭遭受的嚴重「汗熱病」的來源——「一旦患上這種疾病，存活率只有百分之一。」十六世紀的史學家拉斐爾・霍林斯赫德（Raphael Holinshed）寫道——也沒有人知道黑死病的具體起源。這種病由 1347 年 10 月由熱那亞船隊帶回來，當時船隊從東方回到墨西拿港，所有船員很快都染上一種結合淋巴炎、肺炎及敗血病等多種病症的疾病，而且最終都不治身亡，之後歐洲每 20 年就會經歷一次黑死病爆發。但可以肯定的是，十五～十六世紀的歐洲人都籠罩在瘟疫的陰影中，隨時有喪命的危險，而這恐懼也在一定程度上打消了探險者去探索未知世界的念頭。

疾病死亡人數一直在增加——每天晚上，挖墓人的馬車都會經過街道，車夫邊趕車邊叫喊：「把斷氣的人抬出來！」當時的歷史學家這樣寫道，德國所有城鎮似乎都變成了被遺棄的墓地，哀鴻遍野——所有

★這幅〈死亡的勝利〉（The Triumph of Death）由老彼得‧布勒哲爾於 1562 年左右創作，反映了中世紀歐洲對黑死病的恐懼。圖中，死亡之神騎著骨瘦如柴的戰馬，率領著一群骷髏兵向人類進攻。畫面背景是一片燒焦的荒涼之地。

跡象表明，整個社會似乎已經迷失了方向。就某些方面來說，這是人類有史以來最糟糕的時代——一個充滿了背叛、綁架、手足相殘、墮落、野蠻和虐待的時代。在英格蘭，根據國王頒布的法令，星室法庭[2] 把無罪的人送上絞刑臺，這些人臨死之前都不知道自己冒犯了誰、犯了什麼罪。在羅倫佐‧德‧梅迪奇（Lorenzo de' Medici，同時代佛羅倫斯人稱為「偉大的羅倫佐」）的封地佛羅倫斯，當地商人獲得從事非洲奴隸貿易的許可，之後第一批「烏鴉」抵達義大利各個港口。來自多明尼加的傳教士托馬斯‧德‧托爾克馬達，主持了西班牙宗教法庭——由卡斯提亞的伊莎貝拉女王發起成立，專門折磨異教徒，直到他們招供。

托爾克馬達的酷刑揭露出中世紀一個最駭人聽聞的特徵：人對人

---

2. 星室法庭（Star Chamber），1570 年，英格蘭女王伊莉莎白一世將司法委員會改組為直屬女王的皇家出版法庭，即「星室法庭」，以加強其封建統治。它以濫刑專斷而聞名於世，1614 年被廢除。

★宗教裁判所的審判制度最早由天主教會於 十二世紀開始實施。1478 年，西班牙宗
教裁判所設立。在公開審判中，異教徒將被控告、宣判，並且通常會被立即處決。
右圖為西班牙畫家佩德羅．貝魯格特（Pedro Berruguete）所繪〈在宗教裁判大會中
的聖道明會會士〉（Saint Dominic Presiding over an Auto-da-fe）。圖中高臺上頭頂月光
環之主持者為聖道明（Saint Dominic），他是聖道明會的創立人。聖道明會自稱為主
的看守犬，立志走遍歐洲撲滅異端與無知。貝魯格特應該是親眼目睹了這次宗教審
判大會，之後才創作出這幅作品。

的殘酷無情。鋒利的鐵架讓受刑者無法睡覺、躺下，甚至坐下。他們的腳底被火盆燒烤，四肢被綁在絞刑架上，胸前掛滿石頭，最終被折磨至死。在德國，一提到可怕的「鐵處女」，就令人毛骨悚然，這種刑具用鐵製、帶刺的「胳膊」緊緊地束縛犯人，鬆開後又將他推到一個裝滿旋轉刀片的地下洞室，如此一來，犯人全身被刺傷後，不僅大量流血，而且所有骨頭都會被碾碎，慢慢痛苦死去。

　　猶太人是比較幸運的——這當然是相對於黑人來說。如果說當時對猶太人的屠殺沒有納粹大屠殺臭名昭著，那也僅僅是因為當時的反猶主義者缺少二十世紀的技術。但是他們同樣擁有這樣邪惡的念頭。1492年，也就是哥倫布發現新大陸的這一年，西班牙命令境內所有猶太人在3個月內接受基督教洗禮，否則就要離開。不過即使是那些受過洗禮的猶太人也得不到歐洲人的信任。伊莎貝拉將目光對準改信基督教的猶太人，她把他們稱作「瑪拉諾」（Marranos）——因為懷疑他們會再次背叛信仰，於是在 1478 年為他們作上標記，重新安置。最終還是有 3 萬到 6 萬猶太人被驅逐。與此同時，葡萄牙國王也認同西班牙的這項法令，下令驅逐所有葡萄牙裔猶太人，甚至命令士兵殺害那些推遲或不願離開的猶太人。僅在 1506 年的一個夜晚，就有近 4 千名猶太人在里斯本被殺害。3 年後，德國也開始有組織地迫害猶太人。

　　雖然黑人和猶太人的遭遇最悲慘，但其他少數族群也難逃暴君的魔爪。在莫斯科，伊凡三世‧瓦西里耶維奇宣布自己是俄羅斯第一任沙皇，之後將所有德國人從諾夫哥羅德驅逐出去，並開始奴役立陶宛人。在埃及，狂熱的土耳其人揮舞著長鐮刀屠殺阿拉伯人，整個開羅血流成河，之後又在麥加大肆搶掠。十六世紀初，弗朗西斯科‧希梅內斯‧德‧西斯內羅斯（Francisco Jiménez de Cisneros）——他日後將成為西班牙新任宗教法庭大法官——為歐洲提供了一個史無前例的種族屠殺範本。他下令所有格拉納達的摩爾人必須接受基督教洗禮。然而西斯內羅斯的目的並不是要他們改變信仰，而是希望激起他們的反抗，一旦他們

反抗，他就能毫不猶豫地消滅他們。任何異常、任何缺陷都受到歧視。殘疾人不會獲得同情，反而被恐懼和痛苦所折磨，正如約翰・司佈倫格（Johann Sprenger）和海因里希・克雷默（Heinrich Kramer）在其《女巫之槌》（*The Witches' Hammer*）中所述，精神病患者應該受到禁錮和火燒。

　　這些受害者是無助和受壓迫的，而且沒有人真正安全。1500 年，教宗的女婿、著名的阿拉貢的阿方索（Alfonso d'Aragona），被自己妻子的兄弟殺害。7 年後。殺害阿方索的凶手成了納瓦拉³ 國王的妻弟，又死於勒林伯爵（Count of Lerín）派出的刺客之手。歐洲各國王室充斥著陰謀詭計，社會各階級都試圖消滅各自的敵人。當時殺人的技術還處於起步階段——一直到 1520 年，德國人科特（August Kotter）才發明了來福槍，所以死者的死狀往往都很恐怖。中世紀最出名的犯罪就發生在倫敦塔上：1483 年，英格蘭的兩位王位繼承人都在此地被殺害。人們一般認為這是格洛斯特公爵（Duke of Gloucester）的犯行，他後來成為國王理查三世。此外，其他一些皇室謀殺案也很撲朔迷離。蘇格蘭國王詹姆斯三世在他 34 歲那年被殺，當時凶手偽裝成神父，聆聽完詹姆斯三世的懺悔後，抽出匕首將其殺害。另外，奧斯曼蘇丹拜耶齊（Bayezid）擔心王位受到威脅，一繼位便下令處死自己的哥哥。

　　暴君遇到反抗時，會以牙還牙，一定會想方設法讓人加倍償還他們所失去的。在法律溫和時期，改革者和抗議者至少名義上還有一次公平的聽證會，但當時連這樣的聽證會也沒有。1510 年，英格蘭下議院兩位議員與議會在稅收問題上爆發激烈爭辯，他們爭論的具體內容並不明確，但議會解決爭論的手段則非常清楚：在 8 月最炎熱的一天，將這兩人斬首示眾。6 年後的 5 月，人們走上倫敦街頭遊行，表達對現狀的不滿。隨後，紅衣主教托馬斯・沃爾西（Thomas Wolsey）下令將 60 人處以絞刑。

---

3. 納瓦拉（Navarra），西班牙北部的自治區，前身是獨立王國。1515 年，上納瓦勒與西班牙合併；1589 年，其國王繼承法國國王王位，為亨利四世，下納瓦拉與法國合併。

墮落的教宗與失控的梵蒂岡

在當時任何的特定時刻，教宗都是歐洲最危險的敵人。教宗被如此看待，似乎很不可思議，不過 5 位在麥哲倫時代統治教廷的教宗，都是最不像基督徒的人，他們缺乏最基本的虔誠、嚴謹、悲憫與純潔。作為中世紀的獨裁者，他們追求的只有權力和個人利益，將神聖的宗教用於敲詐勒索。依諾增爵八世在位時（1484~1492），聖職買賣已經成為一種制度，並成立了一個專責委員會來推銷恩惠券、贖罪券，偽造教宗詔書——甚至之前只授予名人的梵蒂岡圖書館館員職位也被公開售賣，教宗每次可以獲得 150 達克特[4]（約 3750 美元[5]）的收入。部分人士反對兜售赦免券，但一位很有影響力的樞機主教解釋：「上帝不想祂的子民死掉，祂希望他們活著並為自己贖罪。」

事實是，教廷所有東西都可以拍賣，包括教宗職位。西班牙紅衣主教羅德里哥・波吉亞（Rodrig Borgia）接替依諾增爵三世，成為亞歷山大六世（1492~1503 在位），他通過收買其他主要候選人成為波吉亞家族的第二位教宗（前一任為卡利斯圖斯三世）。當時他送給他最直接的競爭對手阿斯卡尼（Ascanio）的樞機主教斯福爾扎（Sforza）四車黃金。

梵蒂岡對殺人犯的寬容態度是有一定根源的。教宗的宮殿裡就收留了很多殺人犯和他們的同夥。教宗、樞機主教僱用刺客，嗜好酷刑，而且對血腥場景情有獨鍾。弗朗切斯科・圭恰迪尼（Francesco Guicciardini）在他的《義大利史》中記載了「大祭司，基督教的神父」儒略二世的例子，他看到基督徒互相殘殺非常「興奮」。「教堂中，除了名字和長袍，什麼都沒留下。」出身阿爾薩斯的約翰・伯查德（Johann

---

4. 達克特（ducat），舊時流行於歐洲各國的貨幣。
5. 這只是一個粗略的轉換，將當時的貨幣與現代等價物做連結很困難。我們現在的一些基本消費品——例如糧食、油和酒類——隨著現代農業生產效率的提高，變得愈來愈廉價。在十六世紀，至少有 20 種不同的達克特同時流通，而且每一種價值都不同，此外還有相同數量的弗羅林（florin，一種 1252 年在佛羅倫斯發行的金幣）、荷蘭盾、利弗爾（liver，法國十九世紀前貨幣）、英鎊等。弗羅林和流通量最大的達克特等價，因此我們可以簡單地粗估 1 達克特約等於 25 美元。

Burchard）從 1483 年到 1506 年擔任教宗的司儀。他是歷史學家讚美過的少數幾種人：寫日記者。在他的日記中，他按時間順序逐條記錄了教宗的日常生活，在其中一頁他寫道：「在梵蒂岡的一場宴會上，教宗的私生子將被趕進地下室的犯人一個個殺害，而教宗在一旁觀看。」

前述的例子多少有一些娛樂性質，而阿方索的樞機主教佩圖奇（Petrucci）被紅色綢緞勒死──行刑者是一名摩爾人，但梵蒂岡的教規禁止基督徒殺害樞機主教──就很嚴重了。原來，佩圖奇認為自己被教宗利用，於是他在 1517 年，和幾個樞機主教策畫了一個陰謀：趁著為教宗切開膿腫時將毒藥注入其臀部，將之剷除。然而一名僕役出賣了他們。之後，佩圖奇的同夥在繳納了巨額罰款後獲得赦免。這筆高達 15 萬達克特的贖罪款，則是向前教宗的侄孫、拉斐爾樞機主教理阿瑞歐（Riario）敲詐來的。

這些駭人聽聞的事都明確記載在當時的日記中，至於發生在羅馬下層的屠殺則缺乏詳細文字記載，但這樣的屠殺確實發生過，派駐在羅馬的大使也證實了這一點。倫巴底的使臣這樣寫道：「無數人被殺害……聽到的只有哀嚎和哭泣。自從人類有記憶以來，教會從未如此令人恐懼。」幾年後威尼斯大使寫道：「每天晚上都有多名主教、教長等人被謀殺。」如果這樣的屠殺已令人震撼，那麼羅馬很快就將這些屠殺拋之腦後的做法，則更加讓人不可思議。當殺人凶器上的血液已經凝固乾涸，墳墓已經填滿，屍體從台伯河上打撈完畢，羅馬人又繼續縱情享樂。利奧十世在給兄弟的信中這樣寫道：「上帝把教宗職位授予我們，那就讓我們享受它吧。」當時的教長們都貪圖逸樂。根據一份記載，彼得羅紅衣主教里安瑞奧曾舉行「狂歡喧鬧的宴會」，「有燒烤好、架起來的整頭熊，剝了皮的雄鹿，蒼鷺和孔雀的羽毛，和……」，這種宴會以後還有更多，「參加宴會的賓客模仿古羅馬人的瘋狂行徑」。

幾個世紀前，基督教獲得了很大發展，前任教宗出於對上帝的感恩，建造了聖彼得大教堂，然而現在教宗們已經不再流行祈禱了。亞歷

★義大利雕塑家巴喬‧班迪內利（Baccio
Bandinelli）於 1494 年為利奧十世作的
雕塑，現存放於佛羅倫斯的維琪奧王宮
（Palazzo Vecchio）。

歷山大六世在就任第一年就抓
住這種新精神，他得知卡斯提
亞的天主教打敗格拉納達的摩
爾人時，這位西班牙裔教宗在
聖彼得廣場上安排了一場鬥牛
大賽，為了慶祝，還當場屠宰
了 5 頭牛。里阿瑞歐的宴會上
和波吉亞教宗的慶典上的菜單
說明了，此時的基督教眼裡只
有自己，嚴重違背了耶穌的教
義。當然，坐在聖彼得廣場要
比跪在祭壇前舒適，其他娛樂
活動也比聖餐來得有趣。賭博（和作弊）、作些低俗的詩公開吟誦，觀
賞樂隊演奏，這些娛樂活動都充滿了誘惑力。而教長們則沉溺於山珍海
味和戲劇演出。這讓教宗的司儀忙著塗改教宗起居日記，一直到第二天
黎明，他們酒後頭痛發作，抱怨上帝的無情報復。

　　波吉亞家族的教宗亞歷山大是第一位禁止出書批評教宗的人。他
可能不知道伯查德有這樣一本日記，或是並不在意；不過還有另一種可
能，那就是他可能沒有看懂這本日記。人們習慣接受自己所處時代的觀
點，反對任何不同觀點。多年來公正無私、強大、聖潔的制度，也不可
能一夜之間就變得腐敗。邪惡或美德，都是長期形成的。在基督教崛起
後的 1300 多年，教會已經迷失了方向，因為錯誤的準則滲透到教會，
褻瀆取代虔誠，醜聞代替崇拜。永恆的恩惠也轉為對權力的追求。

❖

　　諷刺的是，基督教聖潔的形象最終毀於它的傳播擴大。隨著基督教吸收進大量其他信仰的人，不斷壯大，傳教士們也放鬆了佈道的要求，以使佈道內容適應愈來愈多的人。慈善原本是教會最令人稱道的優點，如今成了另一個墮落根源。忠誠基督教信徒的捐助從四面八方湧來，未花完的餘額留在了教會裡，日積月累，愈聚愈多，之後又被用於享樂，揮霍無度的教會成員很快就將錢消耗殆盡，於是又想方設法索要更多錢財。這時，一種危險的生財之道出現了，而且一經採用就一定會被濫用。這個方法源於德國一個古老的傳統：凡是犯過罪的人，可以選擇接受懲罰，但如果他們夠富裕，也可以繳納罰款。交錢贖罪對當時的教會來說還很陌生，因為這實際上是在褻瀆神明。早期的基督徒通過懺悔、寬恕、苦修來贖罪，現在可以通過購買贖罪券來替自己贖罪，教宗希望在《聖經》上找出這樣的先例，終於在《馬太福音》16 章 19 節找到，耶穌告訴彼得：「我要給你天堂的鑰匙：凡你在地上所捆綁的，在天上也要捆綁；凡你在地上所釋放的，在天上也要釋放。」

　　憑藉這條牽強的理由，教廷成立了一個專門委員會，教宗將彼得的這項權力委託給主教，主教又把它交給神父，神父派出牧師去尋找贖罪者，牧師可以自己決定贖罪金額，並從中抽取一定傭金。在羅馬，這種捐獻大受歡迎，一開始，捐獻所得資金被用在醫院、教堂和十字軍東征上；然而，人們在捐獻時卻逐漸偏離了最初的目的。教宗允許那些觸犯上帝戒律的人出錢將自己從煉獄中贖回，但這麼做將觸犯懺悔的聖禮。

　　同時，中世紀的無序和混亂──尤其是九世紀後，貴族崛起，教宗統治瓦解──導致教會人士開始與世俗統治者合作，並試圖讓他們臣服。羅馬教宗首先對世俗統治者的行為作出規範，然後建造雄偉的教堂作為他們世俗權力的象徵，捲入政治紛爭，最後向敵人宣戰。

❖

★義大利畫家美洛佐・達・弗利（Melozzo da Forli）的這幅作品中，思道四世正在任命巴托洛米歐・普拉提納（Bartolomeo Platina）為梵蒂岡圖書館首位館長。思道四世以任人唯親和推動西班牙宗教裁判所而知名。

最初的牧師們遠離世俗和誘惑，現在他們遠離高尚的信仰。以前他們認為苦行修煉是神聖的，甚至放棄婚姻和同居。而今，昔日堅守獨身主義的牧師們大多都已經開始金屋藏嬌，修道院也成了荒淫之地。

按照戒律，教宗應該獨自就寢。這個戒律是在 1123 年及 1139 年間召開的拉特蘭會議上確立的，在經歷了 900 年的遮遮掩掩後，終於在十六世紀初開始動搖，如今只剩下碎片和補丁。最後一位認真執行該戒律的教宗在 1471 年去世，但即便是他，年輕時擔任第里雅斯特主教期間也多有犯戒。20 多年後，聖彼得教堂的教宗們開始公開承認自己的私生子，並授予其爵位或贈送嫁妝。

梵蒂岡的教宗們任人唯親。思道四世（Sixtus IV，1471~1484 在位）一登上教宗寶座，就任命他的兩個侄子——兩個行為放蕩的年輕人——為樞機團成員。後來，他另外三個侄子和侄孫也獲得此一職位。此外他還分別任命一個 8 歲男孩和一個 11 歲男孩為里斯本大主教和米蘭大主教，儘管他們還是孩子，而且沒有受過任何宗教教育。1484 年依諾增爵八世接替思道四世，他極度溺愛他的私生子齊博（Franceschetto Cybo）。依諾增爵無法任命齊博為樞機主教——當時的制度還未墮落至此，而那名年輕人對此也沒興趣，他對每晚與狐朋狗友在羅馬街上閒逛、輪姦年輕貌美的女子更感興趣。他不僅整天遊手好閒，而且還揮霍無度。為了滿足兒子，依諾增爵八世大大抬高了買賣聖職的價格。他為兒子物色到一位名叫梅迪奇的新娘時，他不得不抵押教宗皇冠和國庫以支付禮金。之後他又任命他兒媳婦的兄弟擔任樞機主教，這位新樞機主教當時只有 14 歲，後來他成為教宗利奧十世（1513~1521 在位）。

利奧十世並沒有子嗣，但他依舊特別照顧自己的親戚。他在 1513 年看中了嫡親表弟朱利奧·德·梅迪奇（Giulio de' Medici）。這位表弟是其母親在受難週上醉酒嬉戲、與人偷情後所生，這在羅馬城早已不是祕密。私生子擔任樞機主教的先例早已有之：亞歷山大六世曾將私生子切薩雷·波吉亞任命為主教。利奧十世還為表弟制定了更宏偉的計畫，

因此他親作偽證，發誓其表弟的父母已
經祕密結婚。然後他又任命另外 5 名
家人、3 個姪子和 2 個親表兄弟為
樞機主教。同時，教宗對朱利奧的
期望就像慢慢長大的朱利奧本人一
樣，開始開花結果。這位小樞機主
教長大成人後先是擔任教長為教宗
服務，1523 年，他自己也成為教宗。
然而，利奧十世還是沒能活著看到自己
的夢想成為現實。朱利奧後來成為帶給教會
巨大災難的克勉七世。

★同時代的一名義大利雕塑家
製作的刻有薩佛納羅拉頭像
的銅質獎章。

❖

　　教宗們缺乏虔誠而放縱無忌，他們當中的大多數人之所以沒被
歷史淹沒，要歸功於他們在那個時代的殘酷政爭中表現的高超手腕。
只有真正有實力的人，即義大利的幾大名門望族——斯福爾扎家族、
梅迪奇家族、帕奇家族、阿拉貢家族——敢挑戰教宗。十五世紀末，
佛羅倫斯聖馬可教堂的吉羅拉莫・薩佛納羅拉是亞歷山大六世最出名
的反對者。他是聖道明會的修道士，也是極富魅力的理想主義者，在
佛羅倫斯擁有大批追隨者並成立了一個民主清廉的政府。薩佛納羅拉
對教宗的荒淫和臭名昭著的淫穢收藏大為不滿。這位修道士以每年的
「虛榮之火」（Bonfires of the vanities）來抗議——在佛羅倫斯市政廣場的
狂歡節上，他將淫蕩圖片、色情文學、私人收藏的教堂裝飾品和賭桌
扔到火堆中。他對追隨者大喊：「教宗和主教在嘴上譴責情慾，實際上
他們身上的每一個毛細孔無不散發著這種氣息。」他說教宗宮殿已經
成為藏汙納垢之地，妓女「坐在所羅門王座上指引路人。只要有錢，
就可以進入教廷並且為所欲為」。

薩佛納羅拉還指控教宗買賣聖職，要求他退位。亞歷山大六世一開始反應溫和，只是下令禁止他再發表這類言論，但他還是繼續挑戰。他宣稱，教宗「已經不再是基督徒。他是個十足的異教徒，不能再擔任教宗」。教宗企圖用樞機主教的頭銜收買他，薩佛納羅拉義正辭嚴地拒絕了。他嚷著：「紅帽子？不如給我一頂血帖！」──亦即拿走他的生命。於是亞歷山大六世將他逐出教會，然而他依然挑戰教宗權威，繼續慶祝彌撒、舉行聖餐儀式。最終，薩佛納羅拉被教宗以裂教及異端分子的罪名絞死，並在市政廣場焚屍，

當時的羅馬教宗簡直無所顧忌，甚至在教堂對敵方下手，把對手的侍衛打得措手不及。教宗思道四世與帕奇家族結成聯盟，共同對付佛羅倫斯的羅倫佐・德・梅迪奇家族──偉大的羅倫佐，密謀刺殺羅倫佐和他英俊的弟弟朱利亞諾（Giuliano），思道四世選擇了他們最放鬆戒備的時刻，趁他們在佛羅倫斯聖母百花聖殿參加大彌撒儀式時下手。舉揚聖餅儀式的鐘聲一響起，殺手立刻動手。朱利亞諾從祭壇上摔下來受了重傷，但所幸羅倫佐毫髮未傷。他拔出長劍，逃到聖器收藏室，堅持抵抗，等待援兵。

不論是教宗的襲擊還是接下來羅倫佐的復仇，都得以讓我們一窺那個時代的陰暗。在羅倫佐的指示下，帕奇家族的同黨在西諾利亞廣場被吊死，其餘則在閹割後拖到大街上斬首，最後將屍體扔進阿諾河。以中世紀的標準來看，羅倫佐的復仇並不算過分，而且與 1520 年初入侵瑞典的丹麥國王克里斯蒂安二世相比，簡直是小巫見大巫。1520 年 1 月，瑞典人的領袖老斯頓・斯圖雷（Sten Sture）在對抗丹麥人的戰役中身亡，之後瑞典人又繼續抗戰了半年，直到斯圖雷的遺孀投降。克里斯蒂安二世答應她赦免所有人，不過國王的話並不算數。他很快以令人震驚的方式出爾反爾。先是兩名瑞典主教在斯德哥爾摩的公共廣場於 11 月 8 日深夜被處決，80 多個教民被迫觀看行刑過程，之後也全部被當場殺害。接下來，丹麥國王又挖出老斯頓・斯圖雷的屍體。他的遺體已

★ 1498 年 5 月 23 日，薩佛納羅拉和他的兩名追隨著以偽預言家、宗教分裂者和異端的罪名遭到絞死及焚屍。關於他的功績，各個時代、各種人物以及教會內部都有不同評價。有的把他尊為聖名，有的僅把他當作宗教狂熱者，有的稱他作宗教改革家，有的則視其為人民起義領袖，褒貶不一。直到 1952 年薩佛納羅拉誕辰 500 週年時，評價依然分歧。

經埋在墳墓裡 10 個多月，早已無法辨認。屍體雖已腐爛，爬滿蛆蟲，散發出令人作嘔的惡臭，但仍被焚燒。再接下來，丹麥國王將斯圖雷的小兒子活生生扔進了火堆。更殘忍的是，他還下令讓斯圖雷的遺孀親眼目睹這些悲劇，並讓她一生充作軍妓。

城牆內的中世紀生活

　　如果世界被上述這樣的人統治，將會變成什麼樣子呢？——首先在他們看來，他們生活的世界就是唯一的世界，太陽每天繞著這個世界運行。單憑想像，我們就能重構當時的歐洲景象。如果一個現代歐洲人可以穿越時空回到 500 年前的歐洲，並且坐在朱爾‧凡爾納（Jules Verne）在小說描述的熱氣球上，懸浮在空中，他將幾乎認不出腳下這片土地就是歐洲。因為他往下看時會好奇：人都跑哪兒去了？從俄羅斯向西到大西洋的歐洲大陸，到處都是人跡罕至的原始森林，與 1500 年前的羅馬時代相比沒有任何改變。根據塔西佗的《日耳曼尼亞志》（De Germania）記載，尤利烏斯‧凱撒從波蘭步行到高盧，整整花了 2 個多月才走出暗無天日的原始森林。凱撒和他之後的 70 多個執政官率領的羅馬軍團之所以一直未能征服萊茵河以東、多瑙河以北的地區，交通不便是一個重要原因，與其他已被羅馬征服過的地方不一樣，那裡沒有道路。

　　事實上在十六世紀時，那裡已經有很多人居住了。在密密麻麻的落葉林樹冠下面，居住著 7500 萬人，雖然這一數字尚不及現代歐洲人口的十分之一。大部分人日出而作、日落而息，他們開創了歐洲的雛形和習俗，並流傳至今。其中 2 千萬人生活在所謂的神聖羅馬帝國——按照古人的話，它既不神聖，也不在羅馬，更不是帝國。這片區域實際上位於中歐：德國及其周圍部分地區[6]。法國人口達 1500 萬，是當時歐洲人口最多的國家；義大利境內有 1300 萬人生活，是當時人口最密集的地方；西班牙人為 800 萬，而英格蘭和威爾斯人口加起來也只有 450

萬──只相當於費城二十世紀 90 年代的人口數。

　　回到過去歐洲的時空旅人如果想欣賞高聳的現代建築，那他可能會失望。因為從 200 多年前的工業革命開始，歐洲才開始出現各種現代建築。十六世紀，歐洲最大的三座城市：巴黎、那不勒斯和威尼斯，人口都在 15 萬左右；其他人口超過 10 萬的三座城市──塞維利亞、熱那亞、米蘭──都位於海邊、河邊或貿易中心，則與現在的內華達州的雷諾、俄勒岡州的尤金或德克薩斯州的博蒙特規模相當；甚至在著名的帝國自由城市中，也只有科隆人口超過 4 萬；其他城市人口都差不多：比薩 4 萬、法國南部最大直轄市蒙佩利爾 4 萬、佛羅倫斯 7 萬、巴塞隆納 5 萬、瓦倫西亞 3 萬、奧格斯堡 2 萬、紐倫堡 15 萬、安特衛普和布魯塞爾均為 2 萬；當時英格蘭最大的城市倫敦，居住著 5 萬人，而第二大城布里斯托的人口只有 1 萬。

　　二十世紀現代都市的交通四通八達，各種高樓大廈林立。相比之下，當時的城市則相形見絀許多。沿著泥濘小路，從森林中走出，首先映入眼簾的是陰冷的城牆和炮塔。從炮塔向外眺望，可以看到富有人家的三角形屋頂、小教堂的尖頂，不過它們在眾多主教堂面前則顯得黯然失色。

　　如果說主教堂是社區的精神支柱，那麼矗立在廣場的城堡主樓則是社區世俗權力的核心。在主樓屋頂，有守衛 24 小時看守，以便在敵人攻擊或火災發生時第一時間敲響警鐘。樓頂下方則是議事廳，德高望重者聚集於此，商議城中大小事務。議事廳之下是檔案室，再往下則是地下室、地牢和劊子手的起居所──當時的劊子手比現在的同行們要忙碌得多。十六世紀時，沒有人相信犯罪者可以改過自新，所以也就沒

6.　德意志神聖羅馬帝國，這一名稱開始於十五世紀中期，也被叫作德意志第一帝國，它是由 300 多個大小不一的獨立國家組成的聯合體，是文化概念上的國家。普魯士在 1870~1871 年的普法戰爭中獲勝，隨後俾斯麥建立了德意志第二帝國，它是一個單一民族國家，一直由霍亨索倫家族（Hohenzollerns）統治，直到 1918 年覆滅。而德意志第三帝國（1933~1945），就是阿道夫·希特勒統治下的納粹德國。

有改造他們的機構或場所。事實上，當時根本不存在今天所謂的「囚犯」。致殘和鞭笞是常見的刑罰，重罪犯則往往被處以絞刑。

　　城堡主樓是城市的最後一道防線，而起著第一道防線作用的城牆，才真正決定了城堡內的肌理尺度。城牆周長愈小就愈安全（當然造價也愈低），因而城牆內的土地都很寶貴，一寸都不能浪費；彎曲的街道只有人的肩膀那麼寬，以至行人經常彼此碰撞受傷；所謂的街道沒有鋪設柏油且高低不平，髒亂的店舖就直接開在街道旁；人們直接從窗戶向外傾倒糞便、尿液和垃圾。

　　人在這樣的城市很容易迷路。陽光幾乎無法照到地面，因為每座樓房的第二層都會突出來擋住第一層，第三層又擋住第二層，第四層和第五層又擋住了下面的樓層。在接近城牆高度的最高樓層，人們甚至能夠相互握手。幸運的是，雨滴很少會落在行人臉上，不過光線和新鮮空氣也與他們無緣了。城市的夜晚令人畏懼。守更人會在街上巡邏，每次敲響鐘聲時就喊道：「一個小時過去了，一切正常。」路口設置有大量的鐵鍊，用來截堵小偷，不過還是偶有盜賊埋伏在陰暗角落。

　　在那些內行人看來，委身在彎曲小巷內的街區，顯示出一個跡象：即過時的封建勢力正在逐漸褪去。這裡有屠宰場、造紙廠、皮革廠、補鞋店、馬鞍廠，甚至還有小書店，這些店家的意義在於商業興起，歐洲誕生出一個新的階級：商人。中世紀的商業中心是威尼斯、那不勒斯與米蘭等，其中只有少數城市的人口超過 10 萬。佛羅倫斯的梅迪奇家族已經進軍銀行業。最後，德國的漢薩同盟（Hanseatic League）應運而生，並取代其他勢力，統治該地區的貿易長達 200 多年。

　　漢薩同盟是十三世紀時由 70 多個以不來梅、漢堡和盧貝克為中心的城市結成的同盟，最初旨在打擊海盜、消除貿易壁壘。隨著新一代外貿商人和銀行家登上舞臺，漢薩同盟也達到鼎盛，其中最著名的是富格爾家族。

　　富格爾家族一開始只是在奧格斯堡（非漢薩同盟城市）的鄉下從

事紡織業，後來進軍銀礦、銅礦和汞礦事業。他們靠放高利貸累積大量財富，並控制西班牙海關，將勢力擴展到西班牙全部海外領地。他們的勢力從羅馬到布達佩斯，從里斯本到但澤，從莫斯科到智利。他們發揮貸款者的角色，將數百萬金幣放貸給國王、樞機主教和神聖羅馬帝國皇帝，資助戰爭、支持教宗和從事新探險——例如，贊助卡洛斯一世，還有派遣麥哲倫開展環球航行。

　　十六世紀初，富格爾家族的掌舵者是雅各布・富格爾二世，他因在 1505 年祕密收購了勃艮第公爵（大膽的查理）的王冠珠寶而一鳴驚人。雅各布一開始是基希貝格（Kirchberg）和魏瑟爾—霍恩（Weisser-

★ 1493 年，德國出版了《紐倫堡編年史》，書中收錄許多設有城牆的城鎮和城市的手繪圖稿，圖中描繪的便是當年的紐倫堡。到 1500 年時，大約有 1.5 萬名居民生活在這座城市的城牆內。

Horn）的伯爵，1514 年，皇帝馬克西米利安一世——最後的騎士——任命他為首席財務贊助官，期間長達 30 年，而且還賜予他世襲的神聖羅馬帝國騎士爵位。1516 年，雅各布與英格蘭展開關於貸款的繁瑣談判，最終與國王亨利八世結成合作夥伴。一年後的第五次拉特蘭會議取消了基督教古老的高利貸禁令，這是富格爾家族巨大影響力的又一證明，同時也反映了遍及全球的貿易成長。

　　每個歐洲城鎮，不論大小，都有一個袖珍版的「富格爾家族」。這些商人的房屋建於市集，高大雄偉，有橫梁支撐屋頂，上頭覆蓋灰泥、砂漿、金屬絲網；儲藏室堆滿了昂貴的東方地毯和容器裝的香料粉，出納坐在高凳上記錄帳本；老闆和老闆娘雖出身農民，卻都穿金戴銀，甚至穿上了只有貴族才能穿的皮革。商人以領主的風度與尊貴的客戶討價還價，似乎彼此間是平等的。落魄的騎士仇恨商人，於是埋伏在森林深處伏擊他們，並砍掉他們的右手。這種殘酷的行為注定徒勞無功，最終商人存活下來，騎士則被淘汰。事實上，這些對手根本不值一提，商人真正的對手是教會的神職人員。儘管過程緩慢，資本家還是不可避免地取代了神父在歐洲權力結構中的位置。

　　然而，熱絡的城鎮並不能代表整個歐洲。十六世紀初期，人們可能在森林裡連續走上好幾天都看不到任何人煙，80% 至 90% 的人口（即農民，農奴制已經被廢除，只有德國偏遠地區還保留著）居住在農村，這些村莊人口不到 100 人，彼此相隔 15 或 20 英里，四周是漫無邊際的森林，「他們的生活空間狹小、擁擠，幾乎沒有隱私可言，工作地點——整個家庭成員，包括孕婦和孩童都要工作——就位於房屋和森林間的草地上。雖然這樣的勞動很辛苦，但為了將豺狼拒之門外，這是絕對必須的。小麥必須用收割農作的連枷打出來；並非每個家庭都有犁頭，那些沒有犁頭的人家只能找人借或租用，如果借不到，就只能用笨

拙的鋤頭來掘土。

而騎士的生活是另一番景象。在他們的城堡裡，或者叫新莊園，由於大炮出現，城堡已經過時了，他們玩起了雙陸棋、象棋和跳棋。狩獵、馴鷹和放鷹捕獵則是他們熱中的戶外運動。在二十世紀的人看來，他們的房屋可能一點都不舒適：潮濕、寒冷和極原始衛生條件下散發出的陣陣臭味——當時還不知道排汙管為何物。但在其他方面，這些房屋又是富有吸引力和寬敞的——木製的天花板、鋪滿瓷磚的地板（當時連地毯都才剛剛開始流行）、掛毯覆蓋的牆壁和玻璃窗戶。破爛城堡入口處的中央大廳被前廳所取代，順著前廳就到了起居室，裡面設有巨大的壁爐，起居室後方是用於私密談話的接待室，或是一般會談和用餐的空間。

餐桌上，暴飲暴食的惡習也蔓延到了權勢之家。貴族人家每天餐桌上的菜多達 15 到 20 道。英格蘭沃里克伯爵一次晚宴上就宴請了 500 多位賓客，用了 6 頭牛。公牛肉並不如我們想像的那麼鮮美——按照傳統，牛肉醃製好後放在密封的大桶內，再放入銅缸內油炸，即便如此，他們還是食用了大量牛肉。在一些重大場合，壁爐上會燒烤起整隻鹿，烤捲後再抹上香油，用刀切成幾大塊，蘸上熱氣騰騰的辣椒粉，用大盤子裝盛上桌。

一個富足的農民家庭，除了壁爐外，再沒有其他的便利設施。他們的房屋位於狹窄、泥濘的巷子末端，雜亂無章，用茅草、籬笆和棕色的木頭製成，淹沒在堆積如山的糞堆中，這些糞堆就堆放在屋子前院。這些房子很寬敞，因為不僅僅是用來住人。房子的屋頂是下垂的，屋頂下方最外面是豬舍、雞舍、牛棚、玉米倉、稻草和乾草房，最後才是住家，實際上只是一間房屋，牆壁和木頭都用煤灰粉刷。參觀過這些房屋的荷蘭中世紀哲學家伊拉斯謨曾寫道：「他們從沼澤地運來泥土和茅草，做成地板，這些地板很少翻新，甚至 20 多年都不曾更換過，上面殘留有狗的唾液、人的嘔吐物和啤酒，還有魚骨頭及其他說不出來的髒東

★這幅圖描繪的是漢薩同盟期間,商船在港口卸載貨物的場景。背景中可以看到巨大的紅磚倉庫。商船高揚的旗子上,繪有一隻胸前佩戴紅白盾牌的雙頭鷹,那是盧貝克特有的城市徽章。

西……因此,隨著天氣的變化,它們散發出在我看來有害健康的氣體。」

　　房屋中心是一個巨大的床架,上面堆滿了稻草,而稻草中藏匿了許多寄生蟲。全家男女老少家畜都擠在一起——祖父母、父母、兒子、孫子、母雞和豬——如果夫妻要親熱,其他人都能聽到動靜,在夏天,他們甚至會被看得一清二楚。如果一個陌生人留宿了一晚,主人會熱情地邀請他在自己熟悉的床墊上再睡一晚。即便是家中主人外出(例如去朝聖),他們仍然會這樣招待。如果因此導致了一些意外情況,例如丈夫回來後發現妻子懷孕了,那麼她會很自然地解釋道,她在睡覺時被夢魔附身了。神學家早就證實了這種怪物的存在,他們趁單身女人熟睡時與她們交合(神父們也用這個理由解釋男孩的「濕夢」[7])。即使嬰兒出生後長相神似其他人,一時謠言四起,也很少有人會站出來指控。戴綠

---

7. 指做春夢並遺精。

★這張室內市場的彩繪圖出於十五世紀出版的一本亞里士多德的著作中，説明了商業貿易中貨幣的概念。

★荷蘭畫家彼得‧阿爾岑（Pieter Aertsen，1508~1575）創作於 1565 年前後的作品。畫面中，餐桌上擺放著各種蔬果和海鮮肉食，呈現大豐收的景象。

帽子的人會成為別人取樂的對象，畢竟男人們不願意承認自己戴了綠帽子。當然，如果未婚女孩發現自己懷孕，卻以同樣的理由試圖開脫，她將會受到更多質疑。

如果你覺得這樣的家庭似乎很原始，請不要忘了，這也是富裕農民才能享有的，不是所有的農民都這麼幸運。一些人住在小木屋，周圍覆蓋著茅草或稻草，這些茅屋無法抵禦風颮雨打、風霜雪暴，甚至連煙囪都沒有，若在屋內生火，冒出的煙會經屋頂小洞排出——可想而知，這樣的茅屋會頻繁發生火災。這些房屋也沒有玻璃窗和百葉窗，一碰到風暴或寒冷天氣，只能用稻草、破布——或者任何能利用的物品——來堵住牆上的破洞。這些家庭羨慕那些生活條件更好的家庭，當然主要是羨慕他們的床。他們睡的是草席，蓋的是破毯。有些家庭沒有毛毯，甚至連草席都沒有。

通常，每三年會有一次豐收，之後就是一年的饑荒。饑荒的後果相當可怕。農民們被迫出售他們擁有的一切，包括少得可憐的衣服，以至於在一年四季都衣不蔽體。饑荒最嚴重的時候，他們啃食樹皮、樹根和雜草，甚至吃土。不知是否真有食人族存在，但陌生人和旅行者會遭人伏擊殺害、吃掉，甚至據說連絞刑臺都被拆了——20 多具屍體掛在絞刑架上，餓暈的人們爭搶新鮮的人肉。

然而，即使在豐收之年，人們也只能混個溫飽。為了避開夜晚用餐，他們通常一天只吃兩頓——早上 10 點的「正餐」和下午 5 點的「晚餐」，但在大豐收的時候，餐桌上會豐盛許多。儘管當時肉在餐桌上很少見，但還是會有大量豬腸、必不可少的黑麵包（白麵包是貴族階級的特權）和無數道湯。白菜湯、豆瓣菜、乳酪湯、「乾豌豆和鹹肉水」、剩飯剩菜做成的「窮人湯」，當然還有大齋節才能吃到的魚湯。酒則是每頓飯必不可少的；義大利人和法國人喝葡萄酒，德國人和英格蘭人喝啤酒。低濃度啤酒一直是傳統飲料，儘管十字軍從東方回來後，人們更喜歡喝「五香啤酒」。這種酒加了肉桂、樹脂、龍膽和杜松。亨

利七世和亨利八世統治時期，人們平均每天喝一加侖（約 4.5 升）啤酒——連修女和 8 歲的孩子也是如此。所以約翰‧福蒂斯丘爵士（Sir John Fortescue）才會說，英格蘭人「不喝水，除非是在宗教場合或是懺悔時才會喝水」。

中世紀人們的身形矮小，所以這樣的飲酒量通常會導致嚴重酒精中毒。當時，人們的平均身高只有 5 英尺（約 152 公分），體重也只有 135 磅（約 61 公斤）左右。女人則更矮，體重更輕。身高超過 6 英尺就會被當作巨人，是傳說的英雄人物——例如《傑克：巨人戰紀》和《傑克與豌豆》中的巨人，這類民間傳說都很血腥、暴力，因為巨人最後都慘死了。當時人們的平均壽命很短，一半以上的歐洲人通常會在 30 歲之前死於各種疾病。正如中世紀作家理查德‧羅爾（Richard Rolle）所寫的：「很少有人活到 40 歲，活到 50 歲的人就更少了。」如果一個人活過了 40 歲還很健康，那麼他很可能活過 50 歲，雖然他看上去要比實際年齡老得多。到 45 歲時，他的頭髮就會變白，腰也駝了，臉上的皺紋跟現在 7、80 歲的人一樣多，他們的妻子也是如此——一個 30 歲的女人就可能被叫作「老葛蕾泰」了．在壽命上，她們就沒有丈夫來得幸運。婦女生產時的死亡率相當高，這導致女性的平均壽命只有 24 歲。在婚禮上，按照習俗，新娘的母親會送給她一塊精美的布匹用來做禮服。6、7 年後，這塊布匹可能被用來做她的壽衣。

人們的穿著也有嚴格的等級限制。一些衣服代表恥辱。麻瘋病人被要求穿灰外衣、戴朱紅帽子；妓女必須穿紅裙子；懺悔者必須穿白長袍；獲釋的異教徒必須在衣服胸口處縫上十字架——與他們相遇時，人們必須為他們祈禱；按照法律規定，所有猶太人胸前都必須戴上巨大的黃色圓環。其他人則被分為三大等級：貴族、教士和平民。在中世紀，

★這幅圖畫出自《萬國服裝史》（Costumes of All Nations），為德國服飾專家阿爾伯特・克雷齊默爾（Albert Kretschmer）於 1882 年出版的著作。圖中展示了十六世紀中葉德國各階級的服飾。

確立人的社會身分非常重要，每個人都必須清楚自己的地位，並且相信在出生時就已經注定，一生所穿的服裝都要反映自己的身分。

當然，某些時尚是共通的。自從盛極一時的希臘羅馬滅亡後，穿衣風格已經發生巨大變化，以前流行的寬衣文化慢慢過渡為窄衣文化，大多數服裝──除了獵人的皮革手套和緊身褲、窮人穿的動物皮衣──都是羊毛製（歐洲人很少換衣服，一件衣服會穿很多天，所以當時盛行皮膚病）。牧師穿法袍；苦力穿束腰外衣、寬鬆的褲子和沉重的靴子；貴族穿金戴銀，衣著華麗，憑穿著就能看出其身分。騎士手上戴著騎士戒指，穿著毛衣，正如劍和獵鷹一樣，都是騎士身分的象徵。事實上，一些歐洲國家規定，非貴族者不得穿毛皮衣。歷史學家W・S・衛斯寫道：「很多貴族，天氣再炎熱，也會穿著破損的黑色毛皮衣，就是為了與農奴區別。」

毛皮（或羽毛）帽子是貴族的最愛，其次是帶花紋的長袍和袖口敞開的短上衣。貴族們喜歡炫耀意味地穿上帶有性別標誌的衣服，這也被認為是他們的特權。即使在中世紀名作家傑弗里・喬叟（Geoffrey Chaucer，1343~1400）去世100多年後，這種風俗依然沒變。喬叟──作為一個侍從，穿著紅或黑色的緊身褲──在《坎特伯雷故事集》中，也譴責穿著帶有下體蓋片的緊身褲習俗。不論男女都在展示自己的身分地位，而非為了取悅調情，不過據說，一旦受到挑逗，他們就會積極回應。

這時候，負起維繫社會秩序的禮儀，以及文明生活中一些微小卻重要的事物開始重新出現，就像鳳凰一樣，從中世紀的灰燼中重生。知識和禮儀一樣，開始重新受到重視。例如十五世紀末，人們終於廣泛運用「加」、「減」等運算符號；1520年左右出現了近視眼鏡；鉛筆則出現在十五世紀末到十六世紀初，同時出現的還有郵政服務（在維也納和布魯塞爾之間）。據說在1512年，彼得・亨萊因（Peter Henlein）發

★這是德國藝術家安曼（Jost Amman，1539~1591）為《百工之書》（*Book of Trades*）所做多幅木版畫中的一幅，描繪當時一家鐘錶匠的工坊。直到十六世紀晚期，小型的座鐘和手錶才開始在義大利和德國出現，而消費者大多非富即貴。

明了世界上第一只手錶「紐倫堡蛋」（Nuremberg Egg），不過現在人們認為這只是個傳言。直到十六世紀 70 年代後，義大利和德國才出現小型手錶和時鐘。據說巴塞洛繆·紐山姆（Bartholomew Newsam） 在 1585 年建造了英格蘭第一座直立時鐘。

在所有階層中，餐桌禮儀都是最嚴格的。男人們吃飯時粗野，他們通常戴著帽子吃飯，經常一邊毆打妻子，一邊咀嚼豬腸或啃咬骨頭。他們的衣服和身體都很髒。人們經常聽到這樣的故事：進城的農民經過香水店時，被陌生香味熏暈，於是有人找來一把屎讓他聞，他才再甦醒過來。十六世紀初，手帕出現，但直到十六世紀中葉才被廣泛運用。當時即便是高貴的國王也都用自己或者僕人的袖子擦嘴巴。那時還沒有餐巾，所以客人會被告知不要用餐桌布擦牙齒；此外還要提醒客人，擦鼻子時要用握刀叉的手，而非拿食物的手。

人們對餐具出現在餐桌上的時期仍有爭議。人們早就知道，刀最初是由客人們帶去的，他們把刀放入刀鞘內，繫在腰帶上。按照伊拉斯謨的記載，當時的禮儀規定，食物必須要用手指送入嘴內。叉子在十

五世紀時出現了，不過當時只用來叉菜。雖然早在 1520 年威尼斯公爵的宴會上就出現了餐具，但到了 1589 年才正式擺放在法國宮廷的餐桌上。法國絲綢商人雅克·勒賽格（Jacques Le Saige）還在日記中驚奇地寫道：「貴族們想吃肉時，他們就用銀叉叉取。」

還有一種行為也被認為很粗魯，不過與禮儀無關，而是任何違反教會規定的行為都是嚴重的犯罪。除了猶太人（當時歐洲大概有 100 萬猶太人），每個歐洲人都必須尊敬聖母瑪利亞——天主之母、天主母后、基督之母、童貞女瑪利亞、萬福瑪利亞、我們的女主——以及她的追隨者、像臣子一樣擁護她的天主教聖徒。教民每週至少要參加兩次彌撒（騎士則每天都要參加），緬懷聖蹟和聖物，之後還要齋戒。

齋戒是信徒們面臨最嚴峻的考驗，不是所有人都能做到。在布列塔尼地區的一個村莊裡，信徒們在當地神父號召領導下參加了宗教遊行，表達對齋戒的支持和忠誠。然而一位在遊行中表現得很聖潔的婦女，一結束遊行後，就跑到廚房，將羊肉和火腿加熱吃了，輕鬆破了齋戒。香味飄出窗外，被路人察覺。他們將她抓到當地主教那裡，主教罰她在大街上走，一直到一個月後的復活節。她的脖子上掛著火腿和羊肉，身上沾滿了人們吐的口水。當然還有另一個少不了的現象——這是中世紀的另一大特色，她身後時刻跟隨著一大群看熱鬧的人，

上述例子還僅僅是一個相對輕微的觸犯教規案例，如果嚴重觸犯教規，則會有更可怕的宗教懲罰。一名喝醉的騎士對教會不敬，偷走教堂的聖杯，由於被目擊拿著聖杯逃離，因此他頓時陷入大麻煩中。當地主教下令敲響只在重大葬禮時才會敲響的大鐘，大鐘發出悲傷的鐘聲，教堂主體粉刷成黑色，會眾聚集在中殿，神父們圍在主教周圍，手上握著點燃的蠟燭，全都默不作聲，安靜得令人毛骨悚然，主教則站在聖壇前大聲喊著小偷名字：「讓他在城裡被詛咒，在農田被詛咒；讓他的

★這是關於七美德（Seven virtues）的諷刺畫〈正義〉（Justice），為老彼得・布勒哲爾於 1559 年系列創作。雖名為「正義」，卻意在諷刺當時社會中存在的種種非正義。

糧倉被詛咒，他的豐收被詛咒，他的孩子被詛咒；讓他像大坍和亞比蘭[8] 被大地吞沒般，被地獄吞噬吧。除非他懺悔，否則今天我們將熄滅手上的蠟燭，就如同熄滅他的生命之火。」

當神父們扔掉並踩滅蠟燭，教民們用顫抖的聲音叫喊這名騎士的靈魂，人們知道，在如此可怕的詛咒面前，他是很難倖存下來的。倒楣的騎士成了過街老鼠，所有人都不幫助他，甚至連麻瘋病人和猶太人都沒有這麼被孤立過。這種「社會流放」是種威力巨大的武器，它讓罪犯屈服，最終，騎士花費了巨大金錢為自己贖罪。首先，他將所有財產捐贈給主教，然後身穿朝聖長袍，赤腳來到聖壇前，連續 24 小時在祭

---

8. 大坍（Dathan）和亞比蘭（Abiram）均係《聖經》中人物，因反對摩西慘遭墜落陰間。

壇前跪倒、祈禱、禁食。之後。他跪下接受 60 名牧師的棒打，每挨一棍，他都要高喊：「主啊，這是祢對我的懲罰！」直到他被打得皮開肉綻、渾身是血、失去意識後，主教才赦免了他，賜予他接吻禮。

這樣的懲罰似乎太過殘酷，因為聖杯並非由金銀製成，不算什麼貴重物品，盜竊聖杯就只是個輕微的竊盜罪。但中世紀的教會執法嚴厲，如果這樣的「重罪」不處以嚴厲懲罰，之後就會有人鬆懈、再犯甚至反叛。此外，那些罪惡比騎士更重的人，則要接受更嚴厲的懲罰，他們的贖罪就是要走完更多路，花上 6 到 10 年，甚至 12 年，而最遠的贖罪之路便是「朝聖」。

那些冒犯上帝或犯有其他罪行的朝聖者，他們的朝聖苦行實際上是坐牢的替代品。歐洲的城堡和梵蒂岡都建有地牢，但不會接收異教徒。世俗法庭的主要法定刑罰是死刑，此外還有剁耳、割舌、挖眼，對丈夫不忠的妻子則會被燒紅的鐵棒燒灼生殖器。儘管這些懲罰慘絕人寰，卻都不能拯救人的靈魂，罪犯們在死後還會「下地獄」受盡折磨。但並非所有違反法律的人都會受到這種處罰，因此，與世俗法庭一樣有著獨立法律體系的教會就開始發揮作用。

罪犯被要求剃光頭、離開家庭、長時間齋戒（一天只吃一餐）、赤足遠行；目的地因人而異，大多是羅馬，一些人甚至被流放到耶路撒冷。距離愈遠，說明其犯罪程度愈重。如果罪犯是貴族出身，那麼他必須在雙手和脖子戴上由其盔甲製成的鐵鍊，這樣做是為了告訴世人他墮落的程度。重罪犯通常要隨身攜帶由主教簽發的護照，上面詳細寫明犯罪紀錄，並要求虔誠的基督徒提供他食宿。在重罪犯看來，這種處罰方式並不合理，不過他被禁止抗辯，而教會的判決也很少有上訴的機會。

為了獲得所謂的「寬恕」，有些人忍受了常人無法忍受的折磨。著名的安茹伯爵黑富爾克[9]在犯下滔天罪行後，意識到死後要進入地獄，良心備受折磨，於是祈求得到神的寬恕。黑富爾克在過去的 20 年裡，所犯罪行無數，其中之一是他被控謀殺了他的妻子。這個指控最終沒有

成立，因為他自稱發現妻子與牧羊人在畜棚後偷情，法庭對此也毫無辦法。通常女性偷情被發現後會被當場處決，姦夫則由丈夫任意處置。這個案件沒有目擊證人，牧羊人也逃走了，但是，即便伯爵再壞，應該也不會撒這種謊。然而，即使不算這項指控，黑富爾克的罪行也是罄竹難書。儘管他已有心理準備會被判處重刑（而且是他罪有應得），但據說他聽到判決時，當場暈了過去。他被判罰戴枷鎖，前往耶路撒冷朝聖三次；他要走完法國和薩瓦[10] 大部分領土，翻越阿爾卑斯山脈，穿過教宗國、克恩頓邦[11]、匈牙利、波士尼亞、塞爾維亞的崎嶇山路、保加利亞、君士坦丁堡和漫長的安納托利亞山，然後途經如今的敘利亞和約旦，進入聖城。他的腳上戴著鐵鍊，不斷流血，就這樣來回走了三趟——行程大約 15300 英里——最後一次，他被拖著在大街上走，兩個身強力壯的人還用皮鞭猛烈抽打著他。

　　黑富爾克原本可以向教會提出質疑，即這些懲罰受苦與耶穌的傳教究竟有何關聯？事實上，兩者沒有任何關聯。信仰和迷信之間從來就沒有明確的界線，但是在中世紀，兩者的界限涇渭分明。雖然中世紀的人自稱基督徒，不過他們幾乎不了解福音書。當時的《聖經》只有一種語言，而他們根本看不懂，也聽不懂彌撒儀式上的咒語。他們相信魔法、巫術、妖怪、狼人、護身符和黑魔法，根本無異於異教徒。如果一位女士去世了，她一斷氣，僕人就會倒空家中所有的盛水容器，防止她死後靈魂溺水；下葬前則有專人 24 小時看守棺材，防止貓狗闖入讓她變成吸血鬼；同時，她的丈夫要雙膝跪地、頭朝東、雙臂伸出形成十字

---

9. 富爾克（Fulk，約970~1046）：即富爾克三世，綽號「黑富爾克」。安茹伯爵為人冷酷，是安茹王朝有為的統治者。
10. 薩瓦（Savoie），法國東部地區，與義大利、瑞士接壤，1860 年後併入法國。
11. Carinthia，位於奧地利南部地區。

架，祈禱死者獲得救贖。《新約》中並沒有這些儀式，不過還是採取了一些預防措施——牧師的祝福。在修道院的手稿上，人們經常會看到這些條目：「據報告，基督教敵人已在巴比倫出生，最後的審判日就要來臨了。」這樣的警示傳得多了，連農民都不再放在心上。安息日這天，他們早早做完彌撒，之後就閒聊、跳舞、摔跤，參加射箭競賽，直到夜幕降臨才返家。對他們來說，人世間的地獄就已經夠悲慘了，沒有多餘的精力去擔心另一個世界可能的苦難。

不過當人們靜下來仔細想想，還是會為此擔憂。所以他們相信，如果死者的左眼沒有正常閉上，很快就會有人陪他下地獄。如果一個人在星期五穿乾淨的白襯衫，或看到流星，或在沼澤裡看到幻象，或有禿鷹在他家附近盤旋，他就離死期不遠了；同樣地，如果有女人愚蠢到要在聖週（即復活節前一週）期間洗衣服，她也會很快死去；如果一起吃晚飯的人數正好是 13，第二天，其中一個人將再也吃不到早餐；如果一個人聽見狼徹夜嚎叫，他在黎明前就會消失；彗星和日食也被視為凶兆。眾所周知，1198 年 6 月出現過一顆巨大的彗星，緊接著，獅心王理查一世便離世了（其實他直到 1199 年 4 月 6 日才去世）。

所有人都相信——每個孩子也這麼被教育——孩子周圍存在有看不見的、沒有靈魂的鬼怪，其中有些很善良，但大部分是邪惡、危險和難以去除的。這些鬼怪包括未受洗的嬰靈；從墓穴中冒出、專門啃食骨頭的鬼怪；引誘並溺死騎士的水怪；將孩子帶到地下洞穴的醜八怪；狼人——有著不死之軀的人變成了貪婪的野獸；以及一到黃昏就出來吸食迷路男女和孩子們鮮血的吸血鬼。任何情境下，人們都可能從真實的感官世界進入到另一個充滿魔法和神祕力量的世界。每個自然物都擁有超自然力量，因此當時的解夢書籍非常暢銷。

人們認為行星按照天使的指令運行，所以醫生經常向占星家和神學家諮詢。醫生診斷疾病時會考慮患者出生或患病時的星座，當時著名的外科醫生肖利亞克（Guy de Chauliac）這樣寫道：「如果有人在月亮運

行到金牛座期間脖子受傷，其傷勢一定很危險。」歷史學家曾經在美茵茲（Mainz）發現一個日曆，上面標識著占卜出來的最佳放血時間，而流行病爆發被歸因於行星錯位。行騙的醫生偶爾會被揭穿，比如在倫敦，有個叫羅傑的醫生，他自稱能治癒各種疾病，事發後被判在脖子上掛夜壺遊行。不過大多數江湖醫生很少被拆穿。

即便是伊拉斯謨和湯瑪斯·摩爾爵士這樣傑出的人，也相信巫術的存在。除非是顯而易見的騙術，否則教會多推崇迷信，鼓勵人們相信信仰治療，積極傳播森林之神薩梯、夢魘、海妖、獨眼巨人、海神、巨人的故事，宣稱他們是撒旦的化身。教會宣稱，撒旦的存在和上帝一樣，是毋庸置疑的。這麼宣傳當然是別有用心，因為教會認為，要讓廣大信眾順從聽話，光是宣傳上帝的博愛遠遠不夠，還必須用惡魔來嚇唬他們。一些騙人的把戲往往打著驅魔的幌子，有個廣為流傳的故事：一

★對超自然現象的迷信一直持續到十七世紀，甚至更久。這種超自然的神祕力量以影響或控制人、事、物的行為，被稱作巫術。這幅畫作由瑞士裔雕刻師馬特烏斯·梅里安（Matthaeus Merian）創作於 1626 年。

個人被惡魔附身，嘴裡嘟嚷著褻瀆神靈的話語，直到遇到一位牧師，在舉行神奇儀式、唸誦了一段咒語後，惡魔現出原形，尖叫著落荒而逃。

教會的牧師和僧侶不遺餘力地宣傳奇蹟的真實性。因此，前往聖城的朝聖者不全是未獲赦免的罪犯，事實上他們只占了一小部分，大部分都是普通人。他們身穿棕色羊毛長袍，腰帶上繫著沉重的麻袋，同時出於絕對虔誠的信仰，因為他們擔心自己剛離世的親人可能已經墜入煉獄。雖然他們看上去骯髒不堪，但很少有人敢怠慢他們，因為天使常化身降臨人間，給予那些熱情接待者神聖的祝福，而沒有人願意錯失這些祝福。

朝聖者們會前往經羅馬教廷認可的 1 千多個聖地。沙特爾主教堂堂、盧卡聖彌額爾教堂、熱那亞城堡聖母堂，以及勒皮、奧雷、格勒諾勃、瓦朗謝訥、利斯、羅卡馬杜爾和歐西爾等地的聖母教堂……幾百年間，朝聖之旅仍在持續著。其中一個深受歡迎的聖地是紅衣主教皮埃爾・德・盧森堡（Pierre de Luxembourg）的墓地。他在 18 歲時因厭食症離世，他去世後 15 個月間發生了 1964 件奇蹟，人們認為這與他骨頭裡的神力有關。一些聖徒被視為醫學專家，因此對患病的朝聖者特別有吸引力，比如霍亂病人會前往聖維特（Saint Vitus）大教堂朝拜，因為信徒相信聖維特能夠治癒霍亂。

如果救世主曾親自到訪某聖地，或者由梵蒂岡親自確認其異象，那麼該處將成為廣受膜拜的聖地。在聖母平安堂，信徒們被告知

★年輕紅衣主教皮埃爾・德・盧森堡（1369~1387）的畫像，約創作於 1460 年，作者不詳。1527 年，教宗克勉七世宣告皮埃爾已升入天堂列入「真福品位」。

在那裡能看到耶穌誕生的馬槽；或者在拉特朗聖若望大殿，信徒能看到耶穌戴著荊棘王冠升天的聖梯；彼得被尼祿折磨殺害於蒙托里奧聖彼得教堂，在那裡，英格蘭人相信，受人尊敬的聖熱梅修道院院長只要對著泉水祈禱，泉水就能醫治病人，讓盲人重見光明，讓啞巴開口說話。按照朝聖者的回憶，有一次院長口渴，來到一座村莊，他把農民帶進教堂，在眾目睽睽之下，用拐杖敲打石頭。看哪！泉水汩汩湧出，不僅解渴，還能治百病。

朝聖之旅很緩慢、昂貴、不舒服，甚至危險。坐馬車速度最慢，步行稍快，騎馬最快，不過騎馬朝聖的人極少，因為得頻繁更換馬匹。朝聖花費主要用在無數的通行費上，這是眾多惱人事情之一。橫跨在河面上的橋搖搖欲墜，極不穩定（牧師建議朝聖者渡橋前，一定要歌頌上帝）；有些河流得涉水而過；馬路很糟，大部分是小徑和泥路，只有夏天才能坐馬車通過；而且出門在外，夜晚只能在破爛旅店中度過。這些旅店衛生狀況糟糕，床鋪互相緊挨著，毛毯上到處都是蟑螂、老鼠和跳蚤。沿途的妓女熱情款待這些朝聖者，之後捲款逃走，旅店老闆則會藉口他們未支付住宿費而扣押行李。

朝聖之旅的危險來自於攔路搶劫的強盜，他們的快樂和痛苦都體現在巴黎著名的弗朗索瓦・維永[12] 身上，不過那都是虛構的。現實中，這些森林中的盜賊沒有任何值得頌揚之處。他們是冷酷的小偷、綁匪、殺手，他們之所以能夠橫行無阻，是因為很少被官府追捕。在城鎮間，朝聖者都是獨自前行，盜賊大多埋伏在林中深處，因此在卡斯提亞等地，聖兄弟團（Santa Hermandad）的弓箭手會在道路上巡邏，而其他地

---

12. 弗朗索瓦・維永（François Villon，1431~1474），法國中世紀傑出的抒情詩人，他繼承了十三世紀市民文學的現實主義傳統。他屢次犯案，被巴黎法庭判處絞刑，後改為流放。主要作品有〈絞刑犯之歌〉（《遺囑集》）。

區的野外，則沒有任何維護治安的人員。而在十字軍東征失敗後，大批騎士和傭兵返回，加上英格蘭剛落幕的玫瑰戰爭（Wars of the Roses）中的逃兵，隨著這些人加入盜賊行列後，他們帶來的威脅也愈來愈大。這些匪徒有時聚在一起，伏擊陌生人；有時喬裝成乞丐或朝聖者，懷揣鋼刀，隨時準備下手。即便是英勇的莊園主，也拒絕為經過其領地的朝聖者提供保護，甚至很多莊園主本身就是盜賊或其幫凶，只要盜賊們沒有對自己構成威脅、聖誕按時上貢，他們就會對暴行視若無睹。

於是，一些正直的朝聖者會隨身攜帶鋒利的匕首，他們知道必須自衛，並且希望在遇到強盜時能狠下心來；來自不同國家的旅行者則結伴而行，尋求集體安全，不過他們常排斥英格蘭人，因為在那個時代，歐洲人不太信任英格蘭人，懷疑他們是竊賊，海上的水手則認為他們是海盜。英格蘭人當時以交易貨幣不足重、兜售劣質商品而著名。即使是喬叟這樣譴責貪婪的人，本身也是貪財之徒。英格蘭女人還有另一個不受歡迎的原因，她們經常滿嘴髒話，所以聖女貞德總是稱她們為「該死的」。而且在當時，英格蘭人人就以傲慢無禮而出名。十六世紀時，威尼斯駐倫敦大使及其政府都這樣描述英格蘭人：「他們非常迷戀自己和自己的一切事物。他們眼中除了自己，再容不下其他人了；除了英格蘭，再沒有其他國家。而每當他們看到一個英俊的外國人，他們就會說：『他看起來像英格蘭人』，但很可惜他不是。」

英格蘭人（當然其他國家也有這種情況）也意識到自己聲譽不佳，所以出國旅行時總是全副武裝——除非他們是有錢人。歐洲富人旅行時，身邊總會有大批騎士陪同保護，並乘坐富麗堂皇、附有窗簾的馬車。他們清楚自己是盜賊眼中的肥美獵物，因此從不輕易離開馬車；而且若沒有重兵守護，就不會冒險參加每年8月的盛大集會。

約克郡的一塊墓碑上這樣寫道：

此處埋葬著的是

拉斯羅伯特伯爵

他一生專門劫富濟貧

人們親切地稱他為羅賓漢

雖然很偉大

但是歷史卻沒有記載這個人

1247 年 12 月 24 日

　　羅賓漢真實存在過，這塊墓碑就是最好的證明，正如亞瑟王宮殿圓桌證實了亞瑟王的存在。不過這就是墓碑的全部。據我們對該時期的了解，羅賓漢不過是一個出身高貴的強盜，他埋伏在路邊的樹林搶劫過路人。他搶劫富人的財物用於救助窮人 —— 就像傳說中另一個冷血的搶匪傑西・詹姆斯[13]，這種可能性基本上並不存在。更加不可能的是，傳說中羅賓漢還有一個女僕兼情人瑪麗安（Maid Marian）、一個巨人小約翰，以及一個墮落的天主教徒塔克（Tuck）修士。我們幾乎可以肯定，羅賓漢等人的故事只是民間傳說，但與他們同一時代的諾丁漢郡治安官，也許是這一千年中最臭名昭著的執法者。

　　隨著我們對中世紀的深入

★位於英國諾丁漢的羅賓漢塑像

理解，諸多傳說也變得愈發不可信。後世的杜撰者們給中世紀注入了一股虛假的浪漫氛圍。流傳於德國哈梅恩地區的花衣魔笛手[14]就是一個例子：他是歷史上的真實人物，但一生毫無可取之處，相反地，他是個心理變態者和戀童癖者。1484年6月20日，他拐走了撒克遜哈梅恩村莊的130名孩童，並用不可告人的方式對待他們。之後發生的事情眾說紛紜，有些人說這些小孩澈底消失了，有些人則聲稱在森林中發現了小孩的肢體殘骸。

就在花衣魔笛手擄走大批孩童後的隔年，極具想像力的故事集面世了，這一年，威廉·卡克斯頓[15]出版了托馬斯·馬洛禮爵士（Sir Thomas Malory）的《亞瑟之死》（Le morte d'Arthur）。後來，這部偉大著作的刪減版掩蓋了一個事實，即當時中世紀的道德楷模馬洛禮很少戴眼罩。他寫作這部作品時，公開表明女主人公並非完全出自想像。「蘭斯洛特爵士[16]親吻了那位美麗的女士（關妮薇[17]）的手，她像針一樣赤裸。」他筆下的一些人物可能確實在歷史上存在過，1千多年來，威爾斯的偏遠地區一直把通姦女子稱為「常客關妮薇」。然而蘭斯洛特爵士卻是一個完全虛構的人物，而且考慮到中世紀跨度極大，即便關妮薇確有其人，也幾乎不可能與亞瑟王活在同一時代。

---

13. 傑西·詹姆斯（Jesse James，1847~1882），美國盜賊，去世後被描寫成民間傳說人物。
14. 據說，德國的哈梅恩地區鼠災氾濫，這時一名身穿花衣的吹笛人向市長宣稱，自己有辦法消滅老鼠。市長承諾，若他能做到，將給予重賞。人們只見吹笛人一邊行走於大街小巷，一邊用笛子吹出悠揚的樂曲，說也奇怪，愈來愈多老鼠聚集在一起，排著隊跟在他身後。老鼠愈聚愈多，吹笛人也愈走愈遠，最後，這些老鼠被引導到一條河邊，並在笛聲誘惑下，紛紛跳進河裡淹死。吹笛人回到城中覆命，可是市長卻反悔了，宣稱是老鼠自己跳河自盡，並非吹笛人的功勞，所以不能如約發放獎金。吹笛人沒再說什麼，只是默默離開了哈梅恩。不久後的一天，哈梅恩的城中響起了悠揚的笛聲，這一次，全城的小孩都莫名聚集了起來，齊步朝城門方向走去。正當人們納悶之際，眼尖的人發現，城外有一個穿著花衣的吹笛人，正搖搖晃晃地向遠處走去。最後所有的孩子被引進一個山洞，之後洞口隨即關閉。
15. 威廉·卡克斯頓（William Caxton, 1422~1492），英格蘭第一個印刷商，是莎士比亞之前對英語影響最大的人，其印刷出版作品包括《坎特伯故事集》、《亞瑟之死》等。
16. 蘭斯洛特（Lancelot），亞瑟王圓桌騎士中最出色的勇士，為亞瑟之妻、王后關妮薇（Guinevere）的情人。
17. 亞瑟王的王后，因與蘭斯洛特的私情而飽受譴責。

情慾湧動的男與女

我們對 1517 年麥哲倫和芭寶莎（Beatriz Barbosa）結婚的情形知之甚少，但如果他們是因為彼此相愛而結合，在當時無疑是與眾不同的。沒錯，早在 40 年前，維也納的一位皇室大公首先將戒指作為訂婚的象徵物，然而這僅僅出現在貴族之間，而且還不受貴族們的歡迎。尤其是當這位未婚妻開始顯露懷孕跡象，兩人準備結婚的消息也會不脛而走。如果她是一個情史豐富的女人，一旦對孩子親生父親的身分有所質疑時，那些曾與她發生關係的男人會排隊抽籤，以決定孩子的歸屬。當時的歷史學家這樣寫道：「貞潔，原本必須受到習俗、道德、法律、宗教、父母權威、教育和『榮譽感』的保護，然而這些已在不知不覺中消失殆盡。」

正常的、永恆的繁殖行為是一種生命的準則，沒有人會真的對此

★這幅花衣魔笛手的畫像出自哈梅恩教堂 1532 年的彩繪玻璃。

反感，但是這種隨機的婚姻讓父母深感失望。結婚是女人一生的大事，而它的經濟意含——婚禮是財產實力的展現——是雙方家庭共同關心的問題。傳統的包辦婚姻顯然逐漸勢微，當時的道德家雖堅信傳統結婚方式是最好的，但也不禁開始感到困惑。在《對話集》（*Colloquia familiaria*）一書中，伊拉斯謨建議年輕人應該讓父親幫他們選擇新娘，要相信日久生情。拉伯雷在《巨人傳》（*Pantagruel*）中也同意這種說法。英格蘭皇室的家庭教師羅傑・阿斯卡姆（Roger Ascham）在他的著作《教師手冊》（*The Scholemaster*）中，曾經譴責那些無視傳統的夫婦。阿斯卡姆痛心疾首地嘆道：「我們生活的這個時代已經嚴重偏離了過去的道德和約束，現在不僅是男人敢破壞規矩，甚至女人也敢……不顧父母、上帝、習俗等反對而結婚。」在維滕貝格大學，馬丁・路德發現同事的兒子在沒有徵求父親意見的情況下，就在婚禮上宣誓，而一名年輕的神父還證明該宣誓合法，他對此感到非常心寒——還認為這樣也玷汙了教堂的聲譽。他寫道：「很多家長命令他們的兒子回家……表示要把繩子繫在他們脖子上。……在接下來的禮拜日，我發表了佈道，告訴他們必須遵循創世紀以來就存在的道德和習俗。……即父母應該讓孩子了解自己的謹慎與好意，而非讓孩子隨心所欲。」

　　只要年滿 20 歲，女性便可以結婚——這是合法的，不管父母是否同意。而男性則只要到 14 歲便可結婚。甚至在還很小的時候，一個女孩就知道，自己得在 21 歲前結婚，否則會被旁人認為她是個無用之人，只能去修道院，或者像英格蘭人說的，做個「紡車」（即老處女）。因此年輕女性通常很憧憬聖壇[18]。懷孕是一種能達到這個目的的方法。星期天，在父母的監督下，女孩們穿著保守的服飾來到教堂，言談舉止矜持；然而平日裡，她們會敞開衣衫，撩起裙襬，在田野裡與男子追逐嬉戲。

---

18. 婚禮會在教堂聖壇前舉行。

　　女人如此開放追逐異性的現象，要等到 500 年後，即我們所處的時代才再次出現。在維滕貝格，馬丁‧路德抱怨：「女孩變得愈來愈大膽了，把男人追趕進她們的閨房，或者任何其他能發生關係的地方。」後來他又憤慨地說：「女人愈來愈放縱，不知羞恥……今天的年輕人完全放蕩且無規矩……維滕貝格的女人和女孩在人前人後裸露了，卻沒有人站出來指責或制止她們。」如果未婚媽媽的愛人認為自己還未做好結婚的準備，她的未來也不一定就徹底毀了；通常一個開放的單親媽媽，只要長得漂亮，就很容易找到一個願意與她結婚而且條件還不錯的農民。

　　在當時那樣充滿誘惑的時代，父母能做的僅僅是讓女兒做出承諾，即答應在教堂發布結婚公告前，不會與男人在一起。一旦男女訂婚，他們就能同居，這也是社會所允許的。如果一個農村女孩沒有懷孕，那麼答應男子求婚後又想反悔就只有兩種方式：一是進入修道院，一是選擇一條完全相反的路，即進入世界上最古老的職業：妓女。當時的妓女不僅報酬豐厚，還能出名。因為妓女不得不完全暴露整個身體，所以她們是歐洲最乾淨的人。妓女之間的競爭非常激烈，從過去到現在一直如此。這些女人一旦成名，就成為我們今日所謂的「交際花」（Courtesans，源於義大利語）。對她們施以暴行或鎮壓行為極少見且不受歡迎的。路德宣稱賣淫是邪惡的，並且說服德國幾個城市取締，卻因而失去眾多追隨者，儘管他也宣稱性慾是正常現象。

　　文藝復興的偉大藝術家開始大量湧現，不過當中才能平庸的藝術家卻食不果腹；相較之下，色情文學，包括春宮畫，由於利潤可觀、銷量可期，讓很多人都一夜致富。他們的作品出現在所有的集市和大城市，可以向郵差、街頭音樂家和路邊小販買到這些作品。放蕩的皮埃特羅‧阿雷蒂諾[19]寫下淫穢的十四行詩，在他的故鄉阿雷佐（Arezzo）、奧格斯堡和巴黎都受到熱烈歡迎——當時，克勉七世在梵蒂岡加冕成為新

★〈阿諾菲尼的婚禮〉（The Arnolfini Portrait）出自尼德蘭畫派最偉大的畫家之一揚·
　范·艾克（Jan Van Eyck，1390~1441），是其最傑出的畫作之一。畫中主人翁是義大
　利商人阿諾菲尼（Giovanni di Nicolao Arnolfini）和他已懷孕的新婚妻子。史學家們對
　這幅作品描繪的是兩人的訂婚或結婚儀式，抑或還有其他含義，仍存在許多爭論。

一任教宗。之後阿雷蒂諾被逐出羅馬，人們認為這是因為他挑戰了社會傳統禮儀的結果，然而之後牧師拉伯雷發表了《巨人傳》，這本書運用的粗俗言語極大震撼了阿雷蒂諾，而且該書銷量遠超過他的十四行詩。與之前一樣，開放再次吞噬了信仰，一些淫穢書還被當作性生活的技巧手冊，社會有時甚至對最荒淫的行徑也習以為常。政治迫害在當時很流行，當局常會收到夜間集會的通報。歷史已經證明——這是唯一值得欣慰的——每次集會時，與會者都在進行一項更流行的娛樂活動；按照當時歷史學家的描述，他們的集會不過是「濫交的藉口，以及鼓勵年輕人也加入淫亂的藝術行動」。

貴族間的性交往往伴隨著複雜的財產交易。出於傳宗接代和高貴血統的考量，子女剛過 7 歲，父母通常就會為他們訂婚。甚至還有些父母在孩子 3 歲時就為其訂婚。除非採取一些強制措施，否則只要還沒完婚，這些婚約都可以被取消。不過只要孩子們到了青春期，或是有誘惑因素，即具備了性交往的前提，結婚也就隨之水到渠成了。這些夫妻並非因相愛而結婚，婚後出軌的情形並不少見，而且教會禁止離婚，所以只要雙方心照不宣，通姦反倒成了極好的宣洩管道。

放蕩不羈的藝術家對一夫一妻制嗤之以鼻，貴族們也是如此。對於中世紀獨立的納瓦拉王國王后，即法國國王弗朗索瓦一世的妹妹昂古萊姆的瑪格麗特（Marguerite of Angoulême）來說，婚外情幾乎成了一種義不容辭的責任。人們嘲諷那些仍對丈夫忠誠的貴婦，視不參與通姦為一種破壞常態的行為，就像在國王面前未屈膝一樣失禮。瑪格麗特在科特雷特（Cauterets）沐浴時說的話流傳至今：「有時『相愛』就等同於隨意發生關係。」一位子爵夫人問她：「妳的意思是說，在沒人知道的情況下，相愛的人做什麼都是合法的嗎？」她答道：「當然，只有傻子才會讓人知道。」瑪格麗特從沒向人起提過自己的婚外情。她是人文主義

---

19. Pietro Aretino，1492~1556，義大利文學家，擅長寫諷刺文章。1523 年，因寫下淫穢的十四行詩而被逐出羅馬。

的庇護者和女權運動先驅，也是法國文藝復興運動中的傑出人物之一，她如此精明，不會拿自己的影響力去冒險。況且，將情人名字洩露出去的女人再也無法受邀回納瓦拉。她們一旦損害了情人的名聲，將來再也無法成為他人的情人。然而，按照莊園主德‧布蘭托姆（de Brantome）的說法，瑪格麗特的確忠告她身邊年輕的伯爵夫人和侯爵夫人，不必認真看待結婚誓言——「女性如果不珍惜給她帶來榮譽的愛人是不會幸福的，但過於珍惜也不會幸福。」拉伯雷對瑪格麗特如此著迷，以至於將厭女癖放一邊，把《巨人傳》獻給她。

　　在熟練掌握了誘惑的技巧後，成年的貴族老爺和少婦們再也不擔心良心的譴責。然而，他們剛成家立業的年輕孩子們卻從未違反莊嚴的婚前誓言，雖然他們對父母的婚外情早有耳聞。和現代人一樣，在浪漫愛情的糖衣下，這些年輕人很容易實現第一次出軌。年輕男女與自己不喜歡的人結婚，他們知道不忠是罪惡的，於是在婚後放棄了性生活。接下來就只剩純潔的求愛。深情的戀人交換禮物，互寫情歌、情書；幽會時，他們眉目傳情，心跳加快。巴爾達薩雷‧卡斯蒂利奧內[20]是文藝復興時期貴族禮儀的權威，他很鼓勵這種柏拉圖式的愛情。卡斯蒂利奧內在《庭臣寶鑑》（The Book of the Courtier）中告訴人們，即使他們喚起了對方的激情，依然可以只做朋友，保持貞潔。當然，人們並不會照著做。《庭臣寶鑑》帶著些虛偽的欺瞞，因為它的作者只是一個受教化的「魔笛手」。那個時代並沒有太多的束縛，男孩們的性攻擊來勢洶洶，而女孩們也喜歡如此。男女雙方都會寫詩，但主題無非是要相互占有。最後，他們終於跨越雷池，發生關係。

　　淫蕩的行為在各地氾濫，一名編年史作者注意到，「雞姦很常見，

---

20. Baldassare Castiglione，1478～1529，文藝復興時期的學者、外交家、政治家，著有《庭臣寶鑑》。拉斐爾曾為其創作名畫《巴爾達薩雷伯爵像》。

★瑪格麗特是法國文藝復興的代表人物之一，她既是作家，也是人文主義思潮和改革運動的幕後支持者。美國學者普特南（Samuel Putnam）甚至稱其為「第一位現代女性」。

妓女到處都是，幾乎各地都有私通的行為」。當時的紀錄顯示，婚外情在法國已然是公開的祕密，雖然按照法律規定，通姦的女子將被判處死刑，但正如一位史學家所言：「不正當的男女關係已成為有地位的法國婦女日常生活中的一部分了。」

英格蘭也是如此，史學家詹姆斯·弗魯德（James Froude）寫道：「私生活已沾染不潔，天主教牧師的行為相較之下，簡直清白得很。」我們可以看到很多這種文字紀錄。拉斐爾·霍林斯赫德在編年史中寫道：「淫蕩、亂倫和可鄙的不忠盛行，道德敗壞，特別是國王。」

也許霍林斯赫德說的就是愛德華六世，但其他的國王也大多如此。在愛德華六世之前的國王中，一位國王將一介平民珍·修爾（Jane Shore）納為自己最寵愛的情婦，她倚仗自己的身分，和皇室垂青的優秀英格蘭人成為朋友。在海峽彼端，大鼻子法蘭索瓦一世（1515~1547在位）——一個長的鼻子被視為生殖力強的象徵——似乎下決心要超越風流的唐璜[21]。法蘭索瓦一世最讓人難忘的皇室情婦當屬法蘭西斯·德·弗瓦、女伯爵德·沙托布里昂和安妮·德·皮瑟利尤，但這些並不能滿足他的情慾。據說他攻占米蘭並不是為了得到這座城市，而是因為曾經在這座城市見到的一名可愛女子。在法國，國王所獨享

---

21. Don Juan，西班牙傳說中的風流貴族，許多西方文學作品中的主人公。

★法蘭索瓦一世也被認為是法國第一位提倡文藝
復興的君主。在他的統治下，法國的文化藝術取
得了極大的進展。他是同時代許多藝術家的支持
者和庇護人，其中包括達文西、切利尼等人。今
日羅浮宮裡許多法國王室的收藏，實際上就是從
法蘭索瓦一世時代開始。

的初夜權[22] 並沒有他以為的那樣受
歡迎。「美麗的費隆妮葉」[23] 的丈夫
是名律師，因妻子被選入宮和國王
共眠，他便故意染上梅毒並傳染給
她，借此把梅毒傳染給國王；還有另
一個女子原以為國王看上了自己的美
貌，所以故意自毀容貌，希望這樣會讓國王心生反感而放棄她，但她並
沒有成功。

　　然而，這兩個人顯然是例外。據說大多數法國年輕女子受徵召去
體驗國王的雄風時，是滿心喜悅的，她們甚至為贏得國王的寵愛而競
賽。她們解開上衣，展露胸脯（有些胸部較小的還會在內衣裡填充墊
料）；她們將背裸露到最後一節椎骨上，捲起袖子，在腰部勒緊衣服，
並收緊胸部下方；她們將裙撐撐在裙子裡，踩著高跟鞋昂首闊步，走出
性感步姿。在法蘭索瓦一世最後的日子裡，他搬到了楓丹白露，天天
縱情在嬌小可愛的少女中，在那些等著失去貞節的少女們面前奪去她
們的貞節。在他臨終的病床上──這時候的他終於一個人就寢了，他把
唯一的繼承人召喚到床前，告訴他切勿被女人「統治」了。這位年輕人
登基後成為亨利二世，而他早就為自己的家庭生活做好了規畫。法國將

22. 在中世紀歐洲的很多地方，一地領主享有當地所有中下階層女性的初夜權。
23. 《美麗的費隆妮葉夫人》（la belle Ferronnière），為李奧納多‧達文西繪製的肖像畫。此處指
　　稱美貌女性。

被一個家庭的三人統治——即國王、王后（凱薩琳‧德‧梅迪奇，凱薩琳的父母在她出生 3 個月後死於梅毒）及國王的情婦黛安‧德‧波迪耶（Diane de Poitiers）。

為什麼當中世紀的烏雲退去，歐洲的道德也跟著衰微了？對此，專家學者紛紛提出了各種不同的意見。有一點可以確定的是：人們拋棄了品格，放縱行為，使得家庭觀念變得薄弱。與此同時，婚姻制度——就算單從維護社會秩序來看，也有其存在必要性——也大受衝擊。誠然，法律能約束前述行為，但問題是，政府沒有人力和意願來確保法律得以執行。離婚或許可以讓問題得到控制，但所有機構都是反對的。教宗、路德、亨利八世和伊拉斯謨甚至認為，就算重婚也比離婚好。基督教世界分裂之後，新教的神學者開始嘗試接受離婚，但也只限於不忠的前提下。一位現代史學家認為：「財富增長也許是西歐道德衰敗的根本原因。」然而，宗教改革也是一個原因。這裡不涉及所謂的神學惡棍。馬丁‧路德認為，改革後，新教不斷墮落，即使在以天主教為主的西班牙、義大利以及法國，放蕩和縱慾也大行其道。然而羅馬發動和遭受的那些令人震驚的攻擊，讓人們大大減弱了對所有誓言和禁忌的尊敬度。一位路德教會的牧師安德里亞斯‧馬斯勒（Andres Musculus）曾悲傷地寫道：「沒人關心是天堂還是地獄，沒人想過是上帝或是惡魔。」這都是真實的，然而，這種情況只發生在基督教教會分裂的過程中，之後，所有保守派都恢復了道德準則，貴族們被要求成為道德楷模。在一些派別中，例如喀爾文宗（Calvinists），改革相當激烈，許多情慾高漲的男女總無比羨慕著往日那種華靡、興奮和放縱的生活。

波吉亞家族的欲望

然而該來的總會來。十六世紀早期，欲望——特別是貴族的欲望——讓整個歐洲沸騰。法國當時正值拉伯雷時期，英吉利海峽對面

的英格蘭都鐸王朝貴族和仕女們正在建立一個貴族雜交的傳統，這個傳統將延續數個世紀。而羅馬，這個基督王國的首都，已然成為一座罪惡之城，大多數羅馬貴族都難逃罪名。在這座聖城的主要大家族中，每個家族都在樞機團中擁有代表席位。新晉的暴發戶德拉・羅維雷（Della Rovere）家族更是貪婪無比。他們占領了羅馬社會的中樞。兩個德拉・羅維雷成了教宗（即思道四世和他的侄子儒略二世）。他們的名字幾乎出現在每一張賓客名單上，當中有的可能是邀請了他們卻被拒絕，所以未被記載到。

然而，德拉・羅維雷家族並非前述劣跡的首創者，這一「榮譽」屬於聲名在外的波吉亞家族。許多關於這個熱血西班牙家庭的奇異故事被流傳下來，使得 500 多年後，我們難以確知哪些是可信的。大多數我們現在知道的，也僅僅是在當時被視為公開的說法而已。然而，無論現在看來多麼不同尋常，傳說中至關重要的一部分仍被記錄下來，我們也可以確定地說，那些公開於眾的敘述，大體上是正確的。這個故事很長。在紅衣主教朱利亞諾・德拉・羅維雷之前，波吉亞兩代人的行為已頗具爭議。他後來成為教宗儒略二世，於 1503 年 11 月執掌聖彼得的教宗之位。他很幸運活到了那時，因為就在 10 年前，當他的勁敵亞歷山大六世把教宗冠冕戴在頭上，這個波吉亞家族的教宗策畫了一場瞄準德拉・羅維雷的刺殺行動。朱利亞諾在最後關頭逃亡法國，躲過死劫。後來這位未來的教宗武裝便反對天主教會。

早在半個世紀前，波吉亞這個名字就已聲名遠揚，那時在任的教宗是庇護二世[24]。庇護二世絕非品格良好人士，他身為教宗，卻和多名情婦生了數名孩子——但他被選為教宗時，隱瞞了這些，只是對教廷說：「忘了過去的恩尼亞，著眼於將來的庇護吧。」1460 年，他在西恩納看到了 29 歲的紅衣主教波吉亞，也就是後來的亞歷山大六世。當時

---

24. Pius II，原名為恩尼亞・席維歐・皮可洛米尼（Enea Silvio Piccolomini）。

★儒略二世為教宗史上第 218 位教宗，被教廷認為是歷史上最有作為的 25 位教宗之一。其任職教宗期間，羅馬成為西歐的藝術殿堂，教廷也成為義大利半島的政治重心。

的見聞令他很不高興，於是他寫了一封信給波吉亞，語氣嚴厲，責備他舉辦的一場野外聚會；庇護二世看到了在歡慶時「不乏愛的尤物」，他進一步查賓客名單也很奇怪，西恩納的漂亮女子都受到了邀請，但是她們的丈夫、父親和兄弟卻不在名單之列。

從信中很難確定時間和地點，但正如庇護二世信中所言「為了放縱性慾」，女人們對男人言聽計從。一個女孩若沒有家中男性的保護，又受到主教的恐嚇，很難在一夜之後仍保持處女之身；成熟的女客人則可以不拘泥於禮節，特別當教堂的貴族給予她這樣的權利時。

庇護二世警告「容忍這些行為」的基督教牧師，最終將被貼上「恥辱」的標籤。最終果如庇護二世所言，但他在西恩納狂歡之後的第四年便去世了。要再過 1 個世紀，才有另一位教宗同意他的看法。在麥哲倫時期，所有教宗都為所欲為，但是波吉亞家族的教宗與其非凡的家族成員標誌著一個時代、一種心態和一種 500 年後依然令人醉心的癡迷。人們對此作出的回應，引起了一場千年難遇的震驚。

亞歷山大六世於 1456 年被叔叔嘉禮三世（Calixtus III）提拔為樞機團的成員。不過他才剛戴上那頂紅帽子不久，很快就被摘掉了，一起摘掉的還有他的衣服，因為他將要和一群女人進行馬拉松式的魚水之歡。我們不知道那些女人的名字，甚至連他自己都不知道。

其結果是，他有了一個兒子和兩個女兒，在他 40 多歲的時候，又有

了一個兒子和三個女兒。我們可以推斷出第二組孩子的母親是羅莎·瓦諾莎·德·卡塔內（Rosa Vannozza dei Cattanei），她是亞歷山大六世曾經寵愛的情婦所生的早熟女孩。

　　波吉亞得知被壓在身下的女性是有夫之婦時，會讓他更享受這份歡愉；若他還曾經主持對方婚禮，就更是如此──違反任何戒律都會讓他興奮不已，尤其是十誡中的第七條[25]。他以牧師的身分把羅莎嫁給了兩個男人。她可能真的偶爾會和丈夫們同床，因為波吉亞有一大群女人，偶爾會縱容她自由選擇性伴侶，但波吉亞的床才是她真正的歸屬。波吉亞在 59 歲時渴望得到一名年輕性感的女子。他滿懷深情地與羅莎

★ 1502 年，威尼斯海軍在聖塔毛拉島的戰役中戰勝鄂圖曼土耳其，作為戰勝方的雅格布·佩薩羅（Jacopo Pesaro）出資請提香創作了這幅作品〈教宗亞歷山大六世向聖彼得提交雅格布·佩薩羅〉。畫面左邊是聖彼得，中間跪拜者為佩薩羅，右邊是亞歷山大六世。這幅作品創作於 1506~1511 年之間。

道別，後來還送給她一份小禮物；讓她的兄長成為紅衣主教。其間，他早已選好一名女人來代替她，那就是極其可愛的 19 歲少女朱莉婭·法爾內塞（Giulia Farnese）——用那個時候的話來說就是「令人目不轉睛的可人兒」。他再次以牧師的身分在自家宮殿的小教堂安排一場婚禮，宣布朱莉婭與一名奧爾西尼家族的年輕男子成為夫妻。之後，新郎奧爾西尼被帶去其他地方，新娘奧爾西尼夫人則穿著嫁衣，被帶向他金碧輝煌的鍍金天藍色臥室。波吉亞比她大上 40 歲，一個女僕幫朱利婭脫下了她的嫁衣，並出於某種隱晦的原因把它藏了起來——她可不想讓朱莉婭因為情感的因素繼續留著它。從那天以後，全義大利都知道，與波吉亞新同床的女子叫「Sposa di Cristo」，亦即「基督新娘」。

波吉亞成為亞歷山大六世後，原本瘋狂的梵蒂岡集會更加瘋狂了。集會花銷大幅增加，但他仍足以生活得像文藝復興時期的王子一樣，因為他身為羅馬教會的第二領導人時，聚集了大量財富。客人們走近教宗宮邸時，栩栩如生的雕像令他們瞠目結舌。波吉亞就像一頭狂暴的公牛般站在遍地都是黃金的地方。每次集會都有一個主題，其中一個為羅馬人所熟知的就是在 1501 年 10 月 30 日舉行的「栗子芭蕾舞」，勤勉的約翰·伯查德在日記中寫道：收走宴會上的盤子後，這座城市最漂亮的 150 名交際花和客人們跳舞，「一開始是穿著衣服的，後來居然赤裸了」。跳完舞後，「芭蕾」就開始了，教宗和他的兩個孩子坐在最好的位置上……雖然亞歷山大六世的荒唐是不爭的事實，但這段時期，最讓人感興趣的人物當屬教宗與瓦諾莎·德·卡塔內的一個孩子，那就是 1480 年出生的盧克雷齊亞·波吉亞。對世人來說，她是一個謎，一個童話，一個不可否認的事實，從某種程度上來說，她很可能是厭女症源起的受害者。中世紀的教堂把女性當作成夏娃，就是那個使亞當墮落的女人，教宗的私生女自然也是街邊巷議的話題，尤其當她的外貌格

25.《聖經》十誡中的第七條是：不可姦淫。

外出眾時。直到今天她也頗具爭議，《劍橋近代史》（*Cambridge Modern History*）一書認為，「沒有比劇作家和小說家筆下的盧克雷齊亞更像真實的盧克雷齊亞了。」然而歷史學家對盧克雷齊亞的真實形象卻意見不一，有確切的證據表明，在某些方面，盧克雷齊亞的確如人們的想的那樣，只是保存至今的證據很少。雖然聽起來令人震驚，但我們對她的認知大部分只能取決於與其同時代人對她的看法。有關她的傳聞可能並非言過其實，甚至她的傳記作者、富有同情心的芮秋·厄蘭格（Rachel Erlanger）也認為，由於「她的道德觀薄弱得難以置信」而有「不好的聲譽」。

不過顯然地，麥當娜·盧克雷齊亞（羅馬教廷這樣稱呼她）除了眾所周知的道德問題，還有許多值得一提之處。例如她能說流利的托斯卡納語、法語和西班牙語，能閱讀古希臘和拉丁語作品，舉止和作風上都受過良好教育，能在學術上高談闊論，也是一位頗有成就的詩人。同時她也是脆弱、易受傷害的，從小時候起就捲入父親的歡愛中，遭受了幾乎是致命的壓迫以愉悅父親。但無論如何，她都是漂亮的。與其同時代的一個女人描述她是「極漂亮的女人」，而在男人看來，她是令人銷魂的。

在父親的情人、也是她的密友朱莉婭·法爾內塞指導下，她將自己獻身於十九世紀瑞士史學家雅各·布克哈特（Jakob Burckhardt）所稱的「用於對外展出的全國性娛樂」。年輕時，她那張純潔的外表為她贏得了「甜美臉龐」的稱號。平圖里基奧（Pinturicchio）發現自己為其早期畫的少女時代畫像天真爛漫，而後期的放蕩也絲毫沒有改變這種儀態。她的獨特之處就是那一頭長及腳踝的金色長髮，為了讓它更加美麗，她按照卡特琳娜·斯福爾扎（Caterina Sforza）在《體驗》（*Experimenti*）中，所提出的流程來洗頭髮——使用蜂蜜、黑硫磺和明礬稀釋而成的溶液梳洗，據說頭髮會變得十分光滑。

人們說盧克雷齊亞很早就遺傳了她父親的作風，早在 21 歲成為費

拉拉女公爵之前，她的風流韻事已經讓她成為羅馬的傳奇人物。在她17歲那年，已經比同齡其他女孩更聰明了。也許這就是上天注定吧，她那「聖潔」的親生父親把她的美貌和性感當作誘餌，為了穩固自己的地位，亞歷山大六世把女兒先後送向陌生人的床褥。在她13歲的時候，亞歷山大六世和那不勒斯的阿拉貢王朝正處於敵對談判，於是他把女兒嫁給了她的第一任丈夫——喬凡尼·斯福爾扎（Giovanni Sforza），也就是佩薩羅（Pesaro）的君主，同時也是強大米蘭家族的一員，然後又使用謀略解除這樁婚姻，把她嫁給另一個人——她與誰結婚，取決於父親與誰結盟。

在結束一段婚姻、尚未展開另一段婚姻之前，她住在由巴蒂斯塔紅衣主教齊諾為其在梵蒂岡附近建造的宮殿裡，據說她大部分時間都用來學習如何調情，並將淫蕩的歡愉發揮到極致。那些在色情刊物和戲劇中才有的場景、姿勢和物件，都為她天馬行空的淫蕩想像插上了翅膀，而在她的腦海中肯定不止於此。她身邊的男人都很放蕩，她清楚自己在他們眼中不過是個玩物，任其玩弄於股掌之間。因此，她很可能選擇放縱自己，隨波逐流。這都是事實，而結果就是連她的家族，包括她的父親和兩個兄弟都為此相當震驚。

❖

盧克雷齊亞最著名的兄長是切薩雷·波吉亞（1475~1507）。英俊的

★這幅〈抱獨角獸的年輕女子肖像畫〉（Portait of a Lady with a Unicorn）是拉斐爾創作於1505～1506年間。據說畫中女子就是朱莉婭·法爾內塞。

切薩雷在擔任紅衣主教時，身上便背負多條人命，他從年輕時便嗜殺成性，直到死於維亞納外的一次小型戰鬥中。然而，切薩雷也是那個時代的大人物，他比他妹妹更精悍、口才更好，也更博學。在滿是殘忍、背叛的政治鬥爭中，他游刃有餘，事實上，他還是馬基維利[26]口中的模範。馬基維利雖不贊同切薩雷，卻認為他充滿魅力。

在整個波吉亞家族史中——充滿陰暗、災難，圍繞其兄長胡安（甘迪亞公爵）之死而爆發的連串事件是一道最陰暗也最令人困惑的黑幕。如果當時人們所言屬實，這段歷史也將是最骯髒的一段歷史。波吉亞家

★盧克雷齊亞常被描述為一位膚色美麗的女子，有著濃密過膝的金髮、時常變換顏色的淡褐色眼睛；另一種說法是，她的嘴有點大，牙齒白得耀眼，脖頸修長、白皙，和胸部成極美妙的比例。在平圖里其奧的這幅壁畫中，畫中女子據說就是以十幾歲的盧克雷齊亞為原型而創作。

---

26. Niccolò Machiavelli，1469~1527，義大利政治思想家，主要著作有《君主論》、《李維論》等。據說他寫作《君主論》的原型便是切薩雷·波吉亞。

族的犯罪史從亞歷山大六世開始。1497 年，教宗亞歷山大六世以他慣用的伎倆，讓女兒與第一任丈夫斯福爾扎離婚。斯福爾扎得知陰謀後，擔心自身安危逃出了羅馬。然而，在米蘭的他很快便怒火中燒，因為教宗公開說他性無能，在義大利，這簡直就是奇恥大辱。斯福爾扎後來有了孩子，隨即大聲說出了所有羅馬人懷疑卻不敢說的話：教宗的目的不是要讓女兒再婚，而是要和女兒共享魚水之歡。

即使在當時，這種事情也極不光彩。斯福爾扎倚仗家族勢力，讓教宗陷入極為尷尬的境地。如果教宗把女兒繼續留在梵蒂岡一帶並拒絕求婚者，那麼所有人都會相信他和女兒同床共眠，而這也印証了兩人的名聲及謠言。教宗情慾暗湧，飢渴難耐。那時他女兒才剛滿 17 歲，漂亮可人。事實上，大家都知道女兒就是他的情人，但在米蘭有沒有人知道又是另一回事。不管怎樣，他並沒有把女兒一直留在身邊，相反地，他正迫不及待地為女兒物色政治地位相當的新丈夫。

從這裡開始，故事的色調開始暗了下來。羅馬人才剛勉強接受「父親垂涎女兒」的消息，馬上又傳來更令人震驚的流言。據說盧克雷齊亞的父親之所以沒有得到她，是因為她已深深陷入另一段（或者說是多段）不倫戀之中──她和英俊的兄長們搞在一起。問題在於，雖然她很享受和兄長們交往，但兩兄弟間互生醋意，都想把妹妹占為己有。

1497 年 6 月 15 日清晨，有人發現胡安的屍體漂浮在台伯河上，身上有 9 處匕首造成的重傷。切薩雷很快被認定為凶手，除了上述原因，眾所周知的是他還因為其他一些原因忌恨自己的兄弟。總之疑團遲遲未解，他的罪行似乎愈發確定。當然歷史上還有別的觀點，比如胡安和所有波吉亞家族的人一樣樹敵很多。但傳言自有其可信之處。在那時，唯一不曾受傷的就數盧克雷齊亞了，但她的聲譽已無可挽回。

她 18 歲時生了兒子喬瓦尼，也就是「羅馬之子」（Infans Romanus）時，已經觸犯了道德底線。這是她在兩段婚姻之間懷的孩子，也就是在和父親及兄長發生關係期間懷的孩子。我們知道那個孩子必定為其中一

人的，因為後來教宗為了讓這個孩子合法化，特地於 1501 年 9 月 1 日發布了兩道非同尋常的詔書：第一道詔書是公開的，指出這個 3 歲小男孩是切薩雷與一位未婚女子所生的孩子。使用切薩雷的名字可以讓他逃過宗教法規的責罰，也讓他免於在教宗任期內和自己的孩子相認；第二道祕密詔書則承認喬瓦尼是教宗和同一位未婚女子所生的孩子。

亞歷山大六世授予男孩公爵爵位，並把內皮和卡梅里諾公國給他。他承認了父親身分，是為了防止切薩雷染指公國。雖然史學家皮利哥利提（Giuseppe Porigliotti）認為那兩道詔書別有目的，即盧克雷齊亞身陷雙重亂倫之中，連她自己都不知道誰是孩子的父親，但羅馬人皆斷定教宗就是孩子的父親。

事實上，波吉亞家族寧願公眾不知道喬瓦尼的存在，他還在娘胎裡的時候，他們就這麼打算了。在事情暴露之前。盧克雷齊亞被送到亞壁古道的聖西羅女修道院待了一段時間，打算以修女身分生下這個孩子，但她在修道院隱姓埋名的過程並不順利，修道院反倒因為她待過而敗壞了名聲。當時她帶了另一個情人——一個年輕的西班牙宮廷大臣——來到修道院，一位義大利史學家認為，其他修女也可悲地受到了她的影響。事實上，他們已經拋棄了僧侶的苦行傳統，以致在她離開後「需要激底改革，讓她們回到禁慾所帶來的歡樂中，並掃除不正之風……那不正之風已經吹到了那虔誠的牆內」。

然而，盧克雷齊亞懷孕一事最終之所以為公眾所知，乃源於她父親的野心。他正在給她安排一場高風險的政治婚姻——後來切薩雷殺死了新郎，釀成悲劇，但在當時看來是值得一試的。為了達到父親的目的，她不得不在 1497 年 11 月 22 日回到拉特蘭宮，解除她和斯福爾扎的婚姻關係。教宗在孩子出生後，把他偽裝成她的弟弟（她在餘生中也確實這麼做）。她的第三任丈夫，即費拉拉公爵的繼承人雖了解箇中究竟，卻不在乎，因為他的家庭就是由婚生和非婚生子女所組成。然而，這件事在 1497 年還是曝光了。拉特蘭慶典臨近時，梵蒂岡的僕人們散

★切薩雷‧波吉亞被達文西形容擁有「寧靜的面孔和天使般清澈的雙眼」，馬基維利以他為原型寫下傳世名作《君主論》，而希特勒、墨索里尼等更是對他頂禮膜拜，但同時他也殘酷貪婪，為了權力和財富不擇手段。在 14、十五世紀的歐洲歷史上，再沒有第二個統治者像他那樣，背負如此多惡名，卻又為同時代人所同情並毫不吝惜給予讚美。

播出盧克雷齊亞和父兄間不堪之事。一群好事之人湧向宮殿，在那兒，他們看到了教宗的女兒，雖然她穿了寬鬆的長裙，卻難以掩蓋已有 6 個月身孕的身型。教堂執事莊嚴地宣讀她還是處女時，笑聲傳遍了整個古老的禮堂。那不勒斯的人文主義學者雅各布‧桑納札羅（Jacopo Sannazaro）以拉丁碑文的形式寫了諷刺短詩：

> 這裡躺著盧克雷齊亞，
> 一個真正的妓女。
> 她是亞歷山大的女兒、妻子和兒媳。

由罪與庇護而生的藝術

正當教宗的職權伴隨著騷亂和陰謀更迭，義大利的藝術卻在悄然興起。畫家和雕刻家在動盪中湧現活力，雖然聽起來有些矛盾。極度特殊的環境，包括動亂、爭論產生的活力、道德約束的缺失，以及各種壓抑的鬆綁，在在激發了人們的創造性。值得注意的是，當時最偉大的藝術家都擁有權貴的庇護。不過，也有不少富人，和平凡人一樣生活中充中滿著不確定性，甚至是危險。偉大的阿爾布雷希特‧杜勒（Albrecht

★亞歷山大六世是文藝復興時期最具爭議的教宗。他被認為是文藝復興時期教廷淪落的象徵，是行為最放縱和不擇手段的教宗（他是第一位公開承認自己與情人有子嗣的教宗）。他在政治上擁有超出尋常的野心，並以大肆斂財和為兒子處心積慮謀奪一切而聞名。

Dürer）曾幾度淪落到去繪製塔羅牌，並為城市設計防禦工事；羅倫佐·洛托（Lorenzo Lotto）為了免於餓死，被迫幫醫院的病床油漆數字。卡羅·克里韋利（Carlo Crivelli）因誘姦已婚婦女的罪名而被捕入獄（這在那個年代看來很奇怪）；盧卡·西諾萊利（Luca Signorelli）在繪製西斯汀教堂壁畫前，常在城市間遊蕩，以逃避員警追捕；本韋努托·切利尼（Benvenuto Cellini）則是監獄的常客，不時為了餘生而冒出越獄的念頭。

　　然而，這些例子隱瞞了部分事實。那時，杜勒在許多方面成就斐然；洛托才華耗盡，走到了生命盡頭；克里韋利之所以被捕入獄，是因為他向一名威尼斯貴婦吐口水；西諾萊利是個政治異議分子，總自找麻煩；切利尼是歷史上最大的流氓之一，他偷竊、鬧事、變造、盜用公款，還殺死了一個與其競爭的金匠。這樣的人無論在任何年代，都是警察通緝盤問的對象。

　　更進一步揭露當時的社會現實，克里韋利在還清了這個盛行一夜情的虛偽社會的債務後，即使他有犯罪前科，那不勒斯的斐迪南二世仍授予他騎士稱號。他受到亞歷山德羅·德·梅迪奇、科西莫·德·梅迪

奇、貢扎加紅衣主教、薩拉曼卡的主教、法蘭索瓦一世、費拉拉的德斯特紅衣主教、銀行家賓多・阿托維奇（Bindo Altoviti）和教宗克勉七世的庇護；同樣受到庇護的還有拉斐爾和米開朗基羅。

這就是那個年代的典型：最有權勢的人具有伯樂相馬的能力，他們總能在第一眼就看出權術大才，並全力支持他們，而且慷慨程度空前未有——至於那些人的墮落生活和濫權先暫時擱置不談。所有卑劣的教宗——從思道開始（他在 1480 年委任波提且利、吉爾蘭戴歐〔Ghirlandaio〕、佩魯吉諾〔Perugino〕和西尼奧雷利為西斯汀小堂繪製壁畫。）到儒略二世〔在他的帶領下，米開朗基羅在 32 年後又為西斯汀小堂繪製了巨幅穹頂畫〈創世紀〉〕——都致力在藝術上獲得非凡成就。當然，他們的目的沒有那麼無私，他們相信，不朽的藝術成就會讓教宗更崇高、更尊貴，並加強對基督教的控制。然而必須承認的是，這一時期所取得的無數成就與他們息息相關，包括拉斐爾為簽字廳（Stanza della Segnatura）天花板繪製的壁畫〈雅典學院〉；平圖里基奧為西恩納大教堂藏書樓繪製的壁畫；伯拉孟特（Bramante）和米開朗基羅設計的高聳新聖彼得大教堂。文藝復興時期的藝術贊助人不限於教宗，還包括波吉亞家族後嗣及曼圖亞的伊莎貝拉・埃斯特（Isabella d'Este of Mantua），後者慷慨贊助才華橫溢且英俊的喬久內（Giorgione Barbarelli），因為他們有過風流韻事，她的很多朋友也和他關係匪淺。

在一個理想的世界，天才不需要那些教宗、主教和女伯爵來支持。但是這些天才並非生活在理想的世界裡，任何人都不曾有過這樣的世界。藝術最終還是要「不擇手段」才能開花結果，因為藝術家時常和乞丐一樣別無選擇。其他時代在藝術支持上有多種途徑，但成果也褒貶不一。米開朗基羅、拉斐爾、波提且利、提香之後的 500 年間，我們找不到任何可與他們相匹敵的藝術家。文藝復興時期，功績斐然的畫家和雕刻家不會刻意迎合大眾的低俗趣味、年輕人時尚和俗氣的禁忌，政客也毫不關心。他們畢生致力於表達藝術，讓時間來證明其藝術眼光。

不可否認，歐洲在十六世紀早期，強大的統治者們對一些罪行的容任得負起責任；但同樣不可否認的是，如果這些罪行和統治者們激怒了那個時期的畫家和雕刻家，我們將無緣得見今日許多藝術傑作。波提且利從羅倫佐・德・梅迪奇那裡得到了數千枚骯髒的硬幣，從此世上有了〈維納斯的誕生〉。在氣質和成就上，儒略二世更接近成吉思汗而非聖彼得，但是這些從不曾困擾過拉斐爾和米開朗基羅，因此他們才給世人留下了〈耶穌顯聖容〉、〈大衛像〉、〈聖殤〉和〈最後的審判〉。他們自掏腰包成立了工作室，他們的作品為 500 年的文明添上了濃墨重彩的一筆。

★杜勒於 1498 年創作的自畫像。

❖

　　然而新時代所帶來的生機和活力並未遍及每個角落。音樂還停滯在黑暗時代的迷霧中，沒有跟上文藝復興的步伐。人們時時在安息日聽到讚歌、聖歌和彌撒曲──大多數都是由法蘭德斯的若斯坎・德普雷（Josquin des Pres）創作，他是該時期最有名的作曲家，然而習慣悠揚管弦樂的人們聽起來卻很刺耳，可是這讓歐洲癡迷了 1 個世紀。這也提醒世人，每個時代總有一些其他時代難以理解之處。

　　除了音樂領域，幾乎每個領域都感受到了冬去春來的氣息。自從羅馬帝國倒塌之後，大量教堂和紀念碑林立，希望將整個大陸都納入其統

治。它們矗立在那兒，完整得令人敬畏，舉世無雙：沙特爾主教座堂擁有精美的玻璃窗和北部巨大的哥德式尖塔；坎特伯雷座堂的建造耗時超過400年；還有慕尼黑聖母教堂；羅馬城內，聖彼得大教堂早在1200年前就開工了，至此時期似乎尚未竣工，因為教宗儒略二世在1506年為第一座長方形會堂奠基，宣稱要建得豪華且再現輝煌，並要求基督教世界的君主修繕捐款，以證明尚未對教會絕對忠誠。

　　然而這些偉大的成就，正是過去人們的夢想在此時代的開花結果，人們對於正在衰退的中世紀絕對忠誠，不過這樣的時代即將過去。無數的新理論、想法正衝擊著教會以及大眾過去深信不疑、賴以生存的信仰。例如，群眾依然相信世界是一個固定的圓盤，太陽繞著這個圓盤旋轉；宇宙的其他部分構成天堂，天堂在天空之上，那裡住著天使，而地獄在歐洲土地之下燃著熊熊烈火。幾乎每個人對此都深信不疑。

　　每個人都如此相信著，除了一位波蘭的物理學家和天文學

★佛羅倫斯畫家波提且利於1487年創作的〈維納斯的誕生〉，在某種程度上象徵並暗示了義大利文藝復興的悄然興起。

★文藝復興哲學家布魯諾視哥白尼為最偉大的天文學家，曾歌頌：「你的思想沒有被黑暗世紀的卑怯所玷染；你的呼聲沒有被愚妄之徒的叫囂所淹沒。偉大的哥白尼啊，你豐碑似的著作在青春初顯的年代，震撼了我們的心靈。」

家——尼古拉・哥白尼。他利用最原始的望遠鏡觀測天空，加上對數學圖表的理解（圖表從亞捷隆大學複印而來），多年後，他得出了一個在當時看來很荒謬的結論：那就是地球會自轉。1514 年，他給朋友看了一份手稿〈小注解〉（*Little Commentary*），挑戰了古人托勒密（Ptolemaic）的推測，接下來他透過《天體運行論》（*On the Revolutions of the Celestial Orbs*）做出了更詳盡的解釋。最終，他得出結論，地球根本不是宇宙的中心，它僅僅是沿著軸自轉，並繞著靜止的太陽公轉。

　　威爾・杜蘭[27]在《世界文明史》（*Story of Civilization*）第 6 卷中提到，教宗儒略二世的繼任者利奧十世並沒有對哥白尼做出任何裁示，作為一名人文主義者，教宗給哥白尼送去了一張鼓勵的紙條，並得到了元老院開明人士的支持。但是，哥白尼的作品在其生前並未被廣泛傳播，同時代人中有的嘲笑他、有的譴責他。被冒犯的人當中包括這個大陸上最聰明和最有主見的人——馬丁・路德，他說：「人們傾聽一名自命不凡的占星家胡言亂語，這人力圖證明地球轉動，而不是天空、也不是太陽

---

27. Will Durant，1885~1981，美國著名學者，曾獲得普立茲獎和自由勳章，著有《世界文明史》、《哲學的故事》等。

或月亮轉動……這個蠢材希望顛覆整個天文學體系。但是《聖經》告訴我們，約書亞喝令停止不動的是太陽，而不是地球。」喀爾文則引述了《詩篇第93篇》：「整個世界是固定的，所以它不會動。」並質問：「誰敢冒險把哥白尼的位置擺在上帝的頭頂？」

當哥白尼的追隨者試圖在紐倫堡印刷他的論文，路德以自己的影響力壓制了這個行動。據威爾‧杜蘭所說，紐倫堡的安德烈亞斯‧奧西安德（Andrcas Osiander）最終雖同意協助出版，卻堅持僅是以假設形式介紹新的觀念，而且如此一來有利於計算天堂的體積。話說至此，羅馬教廷依然不同意。直到文藝復興哲學家焦爾達諾‧布魯諾出版了義大利文的《對話集》，宣稱地球自轉、公轉是不容置疑的事實時，羅馬宗教法庭審訊了他，指控他為最糟糕的異教徒——一個泛神論者，竟然認為上帝不是萬物的創造者，而是人創造了上帝。之後他們把他綁在柱子上燒死，並禁止天主教徒讀《天體運行論》，直到刪除了其中關鍵的九句話。這個禁令直到1828年才被解除。

李奧納多‧達文西是那個時期（也許是所有時期中）最多才多藝的創作型人物，他讓傳統的權威面臨一個更尷尬的局面。他的藝術天分讓他免於被列入異教徒的黑名單。17年來，米蘭公爵盧多維科‧斯福爾扎（Ludovico Sforza）任命他為御用畫家以保護他，盧多維科倒臺之後，達文西又相繼找到別的贊助人，甚至還有一小段時間擔任切薩雷‧波吉亞的軍事建築家，如果切薩雷犯下的許多罪行應該被銘記的話——事實也確實如此，那麼他對達文西的慷慨援助也不應該被忘記。不過由於切薩雷很快在戰鬥中喪命，所以達文西受其庇護的時間並不長。在切薩雷過了最後一次生日之後，受他保護的達文西也找到了新的避難所（但也不長久）。因為文藝復興時期有太多傑出的藝術家，達文西注定不會受到教宗長久的眷顧。

　　達文西犯的「罪」遠比波提且利和切利尼更嚴重，因此也受到巨大的侮辱。毫無疑問，從很大程度上來說，他給中世紀社會帶來的威脅比任何波吉亞家族的人都要多。切薩雷只是殺了人，而達文西和哥白尼一樣，否認上帝永遠是正確的，而在那個如頑石的年代，好奇心和創新是不被允許的。達文西基於他所稱的「正確看世界」的宇宙學，對當時愚昧的社會絲毫沒有影響；那個社會只允許世俗教宗的祕密團體去褻瀆基督教。

　　在宗教信仰的時代——威爾‧杜蘭認為中世紀即是這樣的時代，教宗統治大眾的一個祕密武器，就是引發極度恐懼的能力。人們都相信，那個戴著寶冠的人可以憑自己好惡來決定人死後的生活，他可以讓人們在天堂享受無盡的歡樂，也可以讓人們在地獄烈火中痛不欲生。他的決定可能是古怪的——公然買賣贖罪券；甚至他的動機可能是不端的，但這都是他的特權。湯瑪斯‧霍布斯[28] 在回憶錄中這樣寫道：「世俗生活是骯髒的、粗野的、短淺的。」那些「瘋狂」的人將招致教廷厭惡與報復。

　　這就解釋了吉洛拉莫‧薩佛納羅拉最後的不尋常時刻。7 年來，他在佛羅倫斯的跟隨者一直支持他控告亞歷山大六世的墮落。他最後一次出現在公眾面前，也就是被處決時，人們蜂擁進入市政廣場嘲笑他最後的苦難。他把佛羅倫斯管理得很好，當地唯一和他交惡的是一個反改革的阿拉比亞提政黨。那些看著他受苦的人都同意他對梵蒂岡波吉亞教宗的控告是正確的，他們之所以轉變態度，是因為教宗威脅要把所有佛羅倫斯人都逐出教會——如果他們繼續執迷不悟地支持薩佛納羅拉。沒有人質疑上帝為什麼會參與如此荒謬的不公正審判中，人們從孩提時代起，就被告知教宗擁有可怕的力量，而他們從未質疑這點。

　　達文西和他們不同，他懷疑一切，不像其他基督徒無條件相信上

---

28. Thomas Hobbes，1588~1679，英國政治哲學家，著有《論政體》、《利維坦》等作品。

★李奧納多‧達文西被現代學者譽為「文藝復興
時期最完美的代表人物」，是人類歷史上絕無
僅有的全才。

帝創造了萬物；相反地，他積極探索
人類的智慧來推翻這說法。他智力超
群，才能出眾，精通工程、生物、
雕刻、語言學、音樂、哲學、建築、
科學和其他領域，他的功績多不勝
數。在此要特別指出的是，在當時歐
洲——愚昧、迷信、學術上毫無邏輯
可言，這位不曾受過教育、一個鄉下
女孩的私生子，卻遠遠走在伽利略、牛頓、萊特兄弟的前面。

達文西蔑視權威，敢於打破任何禁忌。通過解剖屍體，他畫出了
上帝的神聖圖像——複雜的人體結構圖，並留下許多手稿。在此期間，
他將河流改道以防禦洪水；建立水車來闡釋渦輪原理；為現代製圖學奠
定基礎；發明螺紋、傳送裝置、液壓千斤頂和旋轉裝置；為後膛炮、計
時炮和裝甲坦克制定了詳盡可行的計畫；建造了世界上第一個旋轉舞
臺；發明的運河系統水閘至今還在使用；研究水流和鳥類飛行後設計
了潛水艇、飛行器和降落傘——比「小鷹」號航空母艦還要早上400多
年。同時，他也留下了無數藝術遺產，包括〈三博士來朝〉、〈蒙娜麗
莎〉和〈最後的晚餐〉。

中世紀人們信仰權威，但他們卻拿哥白尼和達文西等人沒轍。當
然，他們也曾嘗試進行攻擊。達文西是左撇子，存世的7千多頁手稿都
是用鏡像書寫法寫的。雖然字跡清晰，但還是要用鏡子才看得懂，這在
十六世紀就足以讓他遭受質疑。人們相信撒旦的存在，並認為他有著無
與倫比的力量。達文西擁有創造奇蹟的能力，人們認為是撒旦賜予的，

★達文西關於人體子宮和胎兒的
　研究圖紙。

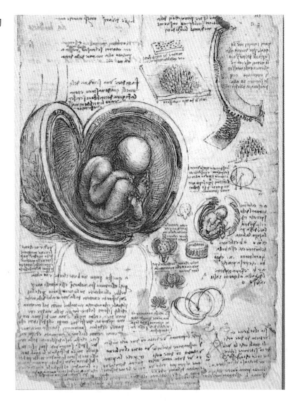

他們知道他死後會前往何處；人們清楚記得，200年前，但丁在《神曲》中對墮入可怕地獄的人寫道：「你們進來了，丟開一切希望吧。」

新晉的教宗利奧十世是聽信這種謠言的人之一，他祕密接見那些挑撥是非的人，在密談中，他若有所思地點點頭，之後滿懷感激地送走他們。1513年，這些流言散播出來，那是達文西人生中最黑暗的時刻，那年他61歲。不過，他受到梵蒂岡庇護米開朗基羅和拉斐爾的鼓舞，同時也被告知可以得到利奧十世之弟朱利亞諾‧德‧梅迪奇的幫助，於是前往羅馬尋求教廷庇護，但他吃了閉門羹，教宗不但沒有救濟他，還禁止他繼續研究，尤其是人體解剖學。

幸運的是，法國國王再次拯救了這位義大利天才，法蘭索瓦一世邀請他去巴黎擔任御用畫家和工程師。他離開了祖國，之後再也不曾回去。他在昂布瓦斯（Amboise）附近的小城堡度過晚年，直到去世前，他都在規畫建築藍圖和設計運河。

知識的傳播與人文主義先驅

在愚鈍且令人窒息的黑夜籠罩著中世紀時，一些有識之士和富文

★〈最後的晚餐〉不僅標誌著達文西藝術成就的最高峰，也標誌著文藝復興藝術創作
　的成熟與偉大。

　　化素養人士用智慧之柱劃破了黑暗，帶來曙光。據杜蘭考究的資料顯
示，直到十五世紀末，教會控制著所有的書籍出版和教育。書籍很昂
貴，而且著作權未受保障，無利可圖的作家們只能靠救濟金、教書謀
生，或是得到主教同意擔任僧侶。另一方面，讀書的人也很少，幾乎
沒有圖書館藏書超過 300 冊。擁有較多藏書的人士有格洛斯特公爵漢弗
萊（Humphrey），他有 600 冊；法國國王有 910 冊；基督教坎特伯雷座堂
約有 2 千冊。這些書都被鎖在桌子和櫃子裡──它們太珍貴了。

　　印刷術革命並非一蹴可幾。中國人在 1066 年就發明了活字印刷來
印製紙幣；1294 年，大不利茲[29]出現了木版印刷，荷蘭人可能在 1430 年

就會了。但實際上，人們開始大量投入使用印刷術，一直要到出現油墨和紙之後。人們很早就發明了墨，但紙的發明卻很晚。十世紀，穆斯林把造紙術傳入西班牙，十二世紀傳到了西西里島，十三世紀傳到了義大利，十四世紀傳到了法國。在十四世紀，亞麻線取代羊毛成為上層社會的服裝原料，廢棄的亞麻破布則成了造紙的廉價原料，於是紙的價格下降了，這為印刷術的發展鋪展了道路。

印刷術的功臣無疑是約翰尼斯‧古騰堡。他的姓氏來自母親的家族，因為父親的姓「Gensfleisch」在德語中為「鵝肉」之意，所以總被人取笑。1448 年，他從史特拉斯堡搬到了美茵茲，在排版工人彼得‧蕭弗（Peter Schoffer）的幫助下，為每個數字、字母和標點符號鑄造了金屬活字，並做了一個金屬模型讓它們排列成型。接著，古騰堡借錢買了印刷設備，1457~1458 年間，他發行了 1282 本精美的特大號字體印刷的《聖經》，而且是雙欄排版。古騰堡改進了活字印刷技術，迎來西方文明史上的一個重大時刻。

政治家和神職人員譴責古騰堡的發明，他們擔心這會助長傳播危險想法，但這些人只是少數。第一版印刷書在全歐洲傳閱。古騰堡在美茵茲點燃了星星之火，整個基督教世界的印刷商都蜂擁到那裡「借火」。出版商沿用了他的做法，但沒有付錢，因為那時候還沒有專利和版權的概念。羅馬要等到 1464 年才確立專利和版權的概念，其他地區則更晚出現，例如威尼斯是 1469 年、巴黎 1470 年、荷蘭 1471 年、瑞士 1472 年、匈牙利 1473 年、西班牙 1474 年、英格蘭 1476 年、丹麥 1482 年、瑞典 1483 年、君士坦丁堡 1490 年。

誰是第一批讀者，又有多少讀者？史學家認為，商人在貿易和工業發展上需要書，中上階層的婦女則需要在書中尋求精神寄託。困難之處在於，即使按照最樂觀的估計，整個歐洲大陸仍有一半男性是文盲，

---

29. Tabriz，伊朗西北部城市，東亞塞拜然省的省會。

★古騰堡是西方活字印刷術的發明人，他的發明導致了一場傳播革命，迅速推動了西方科學和社會的發展。

女性的文盲率更高達8、9成（維也納東部和波羅的海北部的文盲率更高）。雖然不可能做出精確的統計，但我們知道，人們先學會讀書才會寫字。從中世紀人們簽署的口供、遺書、結婚申請書、債券等文件中，我們可以透過階層和職業粗略計算文盲比例。

各個時期和地區的文盲率不盡相同：神職人員中，完全不識字的人數為零，貴族階層的文盲率為2％，僕役35％，手工藝者44％，農民79％，工人85％；從職業來看，食品商的文盲率為6％，雜貨商9％，批發商12％，麵包師27％，旅店老闆36％，酒商41％，裁縫44％，鐵匠45％，屠夫48％，水手59％，木匠64％，園丁73％，泥瓦匠76％，磚匠88％，牧羊人90％，建築工人97％。

理論上這些資料是準確的，而且具有重要意義，卻也會誤導人們。人們所認識或理解的只是西班牙語、葡萄牙語、英語、法語、荷蘭語、西佛蘭德語、丹麥語、德語還有義大利語等方言，或者說是口語和

俚語。人們學習本國的語言只是為了抬高自己在世界上的地位，但在歐洲大多數地方，拉丁語仍然是菁英們的語言，這些菁英包括牧師、學者、科學家、政府官員和法官。例如 1501 年，在法國有 80 冊書以拉丁語出版，僅有 8 冊用法語出版；1510 年到 1540 年間，在阿拉貢有 115 冊書用拉丁語出版，只有 5 冊用西班牙語出版。毫無疑問，在十六世紀，拉丁語的作品主導了年度法蘭克福書展。當時人們一直使用拉丁語原因很多，因為它仍然是國際通用語言，例如處理歐洲公共事務時，使用拉丁語才能讓所有人聽得懂。在某些國家，少有外國人學習當地語言（如西佛蘭德語、德語或英語），因此得說拉丁語才得以通行。

　　說方言的人極少，而這些人有時還會被嘲笑。偉大的法國外科醫師安布魯瓦茲・帕雷（Ambroise Pare）以法語出版治療槍傷的書時，遭到了巴黎醫學院同業的指責；教會亦激烈反對使用本土語言。作家通常會猶豫是否使用當地語言，因為他們的命運操縱在印刷商和排版工人手裡。因此，在英語的文章中，「be」可以寫成「bee」、「grief」可以寫成「greef」、「these」可以寫成「thease」、「sword」可以寫成「swoord」、「nurse」可以寫成「noorse」、「servant」可以寫成「servaunt」。然而從長遠來看，本土語言確實將取得最終的勝利，而以拉丁語一統基督教世界的夢想逐漸破滅了。

　　不過在十六世紀早期，這種趨勢並不明顯。修道院學校的課程一直沒有變過，都是用拉丁語教學。年輕僧侶和鄉村青年在初級階段都要學習「三藝」，即語法、修辭和邏輯學（推理的藝術），而聰明的學生會受到鼓勵進一步學習算術、幾何、天文、音樂四門科學。僧侶們必須在植物學和地質學上取得進展，收集奇怪的礦石、植物、風乾的鳥屍和動物皮，他們對這些陌生事物所知甚少；來自鄰近鄉村的男孩來此學習拉丁語的皮毛，是為了看懂政治和宗教的宣傳手冊，日後，這將變得很重要。

❖

　　與此同時，在修道院外的世界，讀書的人愈來愈多，而且都是自發的。那時沒有推出新的掃盲計畫，教育制度仍然很混亂，只有較幸運或有毅力的人才能接受有系統（即使只有一點點）的教育。幸運的是，學習人口一直保持穩定，學校的數量也持續增長。用印刷機印刷發行的刊物愈來愈多，人們對知識的渴望也益發強烈。成千上萬的歐洲人帶自己的孩子去學校，自己也坐在旁邊一起學習。一個班級通常主要由兩類人構成：一類是女性，她們強烈嚮往文學和哲學；一類是中產階級中考慮經商的青年男子。

　　當時人們可以經由三個途徑學習知識：大眾教育、學徒教育、傳統學校與大學教育。大多數人只能通過第一種途徑來學習，而且由於各地情況不同，所以無法制度化。由此可得出一個結論：只有當地人才能接受公益性質的大眾教育。畢竟教師自己都不會拉丁語，許多人也只能勉強用當地語言讀寫。大多數的教師出於義務教學，開始時，教孩子學習字母；另一些則是指望藉由教書來養家糊口的女性。學生們互相幫助，教學內容僅限於讀、寫、簡單的算術和教義問答。《新劍橋現代史》（ The New Cambridge Modern History ）中指出：「大多數人能讀、寫和算術，都要歸功於成千上萬的小人物，他們通過一些非正式組織、無秩序的運作做到了這些，為傳播本土文學、科技發展和教育普及奠定了基礎。」

　　學徒人數下降，由手藝較好的工人家孩子取代。原物料貿易相關書籍及商務文件需要熟悉會計和數學的人力，這對商人來說尤為重要——儘管商人迅速成為新中產階級的核心，做生意依然只被看作是一種謀生的手段，而因在財產資格有限制，農民和勞工的孩子被排除在外。——商人們的孩子引領了學習外語的風潮，他們已然成為最專心的學生。工業的發展使人們更渴求教育。在農耕時代，知識是一種奢侈

★約於 1499 年出版的拉丁語法書中插圖，描繪正在授課的班級。圖中正對教師、專心學習的男孩是年輕的米蘭公爵馬克西米利安・斯福爾扎（Maximilian Sforza），這幅畫了是專門為他而繪製的。

品，但在城市和商界則成為一種必需品。在拉丁語基礎上，更高層次的教育就是另一個世界的事了，學校努力讓男孩們進入那個世界，基礎課本是用多納圖斯語法書[30]和亞里斯多德的拉丁語譯本來指導學生學習拉丁語。

1502 年，教宗下令燒毀所有質疑教宗權威的書，但一切都是徒勞，因為新思想增長的勢頭強勁，於是教會決定採取更強硬的手段。1516 年，也就是哥白尼用「異教徒的方法」解答了天體之謎的後兩年，第五次拉特蘭會議通過了一項法令，這項法令禁止印刷任何未獲梵蒂岡許可出版的書籍。

結果是，這些法令與二十世紀教宗庇護十一世在反對生育控制的通諭一樣「有效」。無論如何，「聖書清單」出現得太遲了。以威廉·卡克斯頓出版喬叟的《坎特伯雷故事集》為失聲，從英格蘭燒起的文學復興此時已經風行了整整一個世代。隨著新舊時代交替，在知識分子的創作熱情和各種文學風格影響下，這場運動開始勢如破竹地展開。自二世紀的塔西佗、蘇埃托尼烏斯（Suetonius）和馬可·奧理略（Marcus Aurelius）等作品後，各種文學流派又再一次大放異彩。這一新時期的作家、詩人和劇作家從未達到文藝復興中藝術家所成就的高度，究其原因主要是：起點太低。除極少數一部分，如佩脫拉克的《名人傳》、薄伽丘的《十日談》，中世紀歐洲對世界文學的貢獻可以忽略不計。相比之下，日本在這一面向的成果還更加豐碩。黑暗時代中，地獄般的黑暗反映出一個淒慘的事實：當時基督教世界未曾出版任何一部作品，可以比美七世紀穆罕默德在《古蘭經》所展示的雄辯。

十六世紀初，這種情況開始改變。的確，考慮到文盲之多，許多當時創作或出版的作品都成了經典。《亞瑟之死》和《君主論》就足以

---

30. 多納圖斯（Donatus），四世紀初北非迦太基的基督教主教、多納圖斯派領袖及創始人。他也是一位修辭家和文法學家，其所著的兩本語法書在中世紀仍在使用，並成為現代的語法基礎。

說明這一點，雖然現代的讀者都誤解了這兩位作者。在多數人的想像中，寫出《亞瑟之死》的托馬斯・馬洛禮爵士應該像其作品中的騎士一樣高。事實上，他本人是一個毫無仁義心腸可言、作惡多端的罪犯。他曾殺人未遂，後來幹起了強姦、敲詐、在教堂偷竊，甚至偷牛羊和破壞文物等勾當。他那些動人的浪漫故事都是在監獄裡寫成的。

事實是，寫作《君主論》的尼可洛・馬基維利受到世人誹謗，而馬洛禮卻沒有。馬基維利是個規矩的佛羅倫斯人，他對義大利的現狀極具洞察力，他的《君主論》簡潔易懂，深刻揭露人性，並對政治現狀進行了犀利的批判。然而，就是因為這本書，他成了雙重不公正的受害者。雖然他只是在解剖那個時代，後人卻給此書冠以「憤世嫉俗、寡廉鮮恥、不講道德」的罵名。一提到他的名字，言語中總是帶著輕蔑。事實上，他是一名充滿激情的虔誠基督徒，只是為那個時代的道德墮落感到震驚。

在一本自我反省的書中，他這樣寫道：

> 我笑，但我不是真正的快樂；
> 我痛苦，世人卻看不到我的悲傷。

與他同時代的其他著名作品還有塞巴斯提安・布蘭特（Sebastian Brandt）的《愚人船》（*Das Narrenschiff*）、彼得・多蘭德・范・戴斯特（Peter Dorland van Diest）的戲劇《愛樂克利克》（*Elckerlijk*）、圭恰迪尼的《義大利史》、拉伯雷的《巨人傳》；卡斯蒂利奧內的《庭臣寶鑑》；湯瑪斯・摩爾爵士的《烏托邦》（*Utopia*）；菲利普・德・科米納（Philihppe de Commines）的《回憶錄》（*Mémoires*）、威廉・丹巴爾（William Dunbar）的《七宗罪之舞》（*Dance of the Sevin Deidly Sinnes*）、阿里奧斯托（Ludovico Ariosto）的《瘋狂的羅蘭》（*Orlando Furioso*）、費爾南多・德・羅哈斯（Fernando de Rojas）的《賽樂絲汀娜》（*La Celestina*）；馬基維利的《李

★馬基維利是名副其實的近代政治思想的主要奠基人之一。他從人性出發，以史實和個人經驗為依據研究社會政治問題。他把政治學當作一門實踐學科，將政治和倫理區分開，視國家為一純粹的權力組織。

維論》、見解獨到的《戰爭的藝術》（*Dell'arte della guerra*）及精采的喜劇《曼陀羅》（*La Mandragola*）、約翰·斯克爾頓（John Skelton）的戲劇、托馬斯·懷亞特爵士（Sir Thomas Wyatt）、亨利·霍華德（Henry Howard，薩里的伯爵）的詩集；還有德西德里烏斯·伊拉斯謨所有的作品，他離開祖國荷蘭前往歐洲藝術薈萃之地，並寫下大量著作，包括《基督教騎士手冊》（*Enchiridion militis Christiani*）、《箴言》（*Adagia*）和諺語集。

當時大部分的學者都是神學家，他們仍使用古典的語法和寫作手法，但這已經不能適應新的文學環境。出版商知道讀者們的拉丁語程度不如以往。在過去，每個國家都是一個封閉社會，一個使用當地語言寫作的作家往往不為其他國家的人所知，然而這種狀況正在改變。狹隘的地域觀念讓位給更具企圖心的歐洲觀，讀者也開始對外國作家的作品感到好奇，如此一來，翻譯行業就變得有利可圖了。例如在英格蘭，布蘭特的書維持原譯為《愚人船》（*Ship of Fools*）、范·戴斯特的書翻譯成《凡夫俗子》（*Everyman*）、卡斯蒂利奧內的書翻譯成《信使》（*The*

Courtier）、馬基維利的戲劇翻譯成《曼陀羅》（*The Mandrake*）；1503年，托馬斯・肯皮斯的《師主篇》（*De imitatione Christi*）在倫敦出版時翻譯成《效仿基督》（*The Imitation of Christ*）、伊拉斯謨的《基督教騎士手冊》翻譯成《論基督君主的教育》（*The Education of a Christian Prince*）、哈特曼・舍德爾（Hanmann Schedel）插圖版的世界史同時以拉丁語和德語出版。

　　有學識的人都成了語言學家，安布羅基奧・卡萊皮諾（Ambrogio Calepino）寫了《豐饒羊角》（*Cornucopiae*），這是第一本多語言的字典；魯汶[31]也建立了語言學院。接下來，在阿爾卡拉大學（University of Alcala）出版了以希臘語、拉丁語、希伯來語和亞拉姆語四種語言寫成的《聖經》。在西歐，當然沒有多少人能看懂，但至少在耶穌受難15個世紀後，基督徒終於能看到由自己語言寫成的《聖經》了。

　　通過恐嚇樸實的農民或懲罰叛教者，從而達到壓制批評教會的人的目的，這種做法過去行得通，但這樣的日子就要結束了。因為被壓抑的群體日益增多，他們足智多謀、才華橫溢、組織良好、緊密聯繫，他們的「地盤」遠比受十字軍鎮壓的異教徒牢固。他們的大本營就是那些歐洲新建的獨立大學，那裡有很多有識之士，他們喜好爭論，充滿朝氣。

　　在文藝復興之前，基督教世界的高等教育毫無章法及前景可言。其實之前已經有一些著名的學院，雖然二十世紀學院並不認可它們的教學形式和課程。牛津大學早期的學院在十三世紀建立，劍橋大學在1個世紀後也緊隨其後。巴黎人還記得，一大票學生時不時聚在一起，有時在各個街區，有時在塞納河左岸，但他們還不是當時社會中堅力量的代表。

---

31. Louvain，比利時中部城市，1425年在這裡建立了比利時第一所大學。

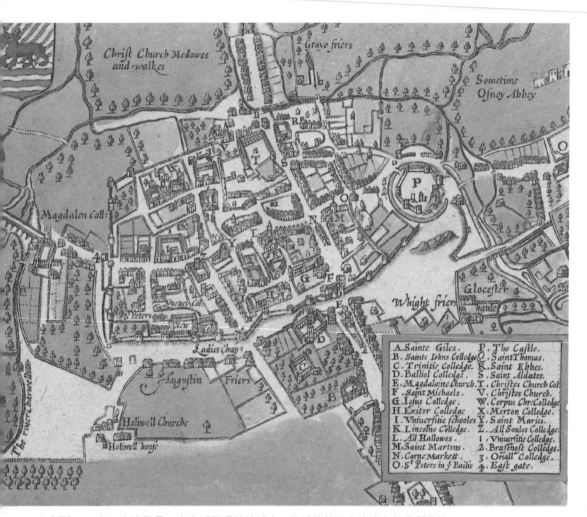

Christ Church Medowes and ewalkes

Graye friers

Sometime Osney Abbey

Magdalen Coll:

Whight friers hawle

Glocester

The river Charwell

Quenes Col:

S:Peters

New

Ladies Chap:

Augustin Friers

Holiwell Churche

Holiwell houfe

A. Sainte Giles.	P. The Caſtle.
B. Sainte Iohns Colledge.	Q. Saint Thomas.
C. Trinitie Colledge.	R. Saint Ebbes.
D. Balliol Colledge.	S. Saint Aldates.
E. Magdalaine Church.	T. Chriſtes Church Col:
F. Saint Michaels.	V. Chriſtes Church.
G. Iefus Colledge.	W. Corpus Chri:Colledge
H. Exiter Colledge.	X. Merton Colledge.
I. Vniuerfitie fchooles.	Y. Saint Maries.
K. Lincolne Colledge.	Z. All Soules Colledge.
L. All Hallowes.	1. Vniuerfitie Colledge.
M. Saint Martins.	2. Brafenofe Colledge.
N. Corne Markett.	3. Oriall Colledge.
O. S:Peters in y Bailie.	4. Eaſt gate.

★直到 1605 年，牛津仍是一座由城牆環繞的城市，但城牆外已先後建立起幾所學院。

　　許多編年史都有著一段令人費解的紀錄：最初大學散布在中世紀社區裡，例如波隆那大學、薩拉曼卡大學、蒙佩利爾大學、亞捷隆大學、萊比錫大學、比薩大學、布拉格查理大學、科隆大學和海德堡大學。這到底意味著什麼？對此眾說紛紜。通過哥白尼，我們了解到他所在的亞捷隆大學的教與學。哥白尼是幸運的，在大多數城市，學術活動僅限於許可的範圍，師生僅不定期會見，以及只重視泛靈論和經院哲學。泛靈論者認為，每個物質實體都是有靈魂的，不僅僅是植物和石頭，就連地震和雷電暴雨這些自然現象都是有生命的；學者們試圖用天主教神學取代所有形式的哲學，以致這兩類學科都很虛幻。但還有更糟的，比如君權神授、占星術、點金術和後來的拉米斯主義[32]。

　　在大學裡，沒有我們現在所謂的宿舍，入學的學生必須住在大廳裡，但是有90%的大學生選擇住在其他地方。他們被加諸奇怪的限制：禁止體育。從1350年後，牛津大學裡違規的人還要受到鞭打。理論上來說，上課時間是從早上6點到下午5點。但實際上，大多數學生都不在學校，而經常出現在酒館裡，結果加深了學校和城鎮間的衝突。在牛津大學曾發生過一起流血衝突，導致多名大學生和居民死亡。

　　那個時期，渴望學習的人大多只能通過自學。中世紀的大學重新開設了神學、法律和醫學三門傳統學科，不過大部分學生在日後都沒有從事相關的工作。課程內容都是語法、邏輯、修辭和辯證法這些「學問」，對於真正的學問毫無幫助，主要是為了培養年輕人成為基層神職人員。在義大利就不同了，教師通常是本篤會僧侶、方濟各會修士和道明會修士[33]，他們總是拍希臘羅馬文化先賢的馬屁，但一些學者除了收集和整理古典文學，對先賢作品則一無所知。少數人知道希臘，但他們

---

32. 拉米斯主義（Ramism），法國哲學家佩特魯斯・拉米斯（Petrus Ramus，1515~1572）創立的方法論。
33. 本篤會是天主教的一個隱修會；方濟各會是天主教托缽修會派別之一，提倡清貧生活，重視學術研究和文化教育事業；道明會是天主教托缽修會派別之一，提倡學術討論，傳播經院哲學。

都是通過拉丁語譯文來了解這個國家。

藝術學院的拉丁語學員在學校和教會的雙重統治下逐漸腐化，與羅馬鼎盛時期大不相同。他們知道古羅馬詩人奧維德和維吉爾（Virgil），但僅此而已。他們翻譯了《愛的藝術》（The Art of Love），卻把此書當作《所羅門之歌》（Song of Solomon）來讀——認為其體現了神聖的愛情，而非在解讀人類肉慾。這都具有欺瞞性，大學也因徒有其表而衰微。在牛津大學求學的人，於十三世紀達到頂峰，但到了十五世紀，卻只剩 1 千人。1381 年，貝利奧爾學院院長約翰‧威克里夫（John Wycliffe）遭開除後，學術自由就消失了。他譴責天主教牧師狂妄貪婪和濫權，因此受到了五份不同的教廷訓諭的處罰，從那以後，主教完全嚴格嵌制了牛津大學的教學自由。

文藝復興的偉大勝利之一，就是重新建立起與古代燦爛文化的聯繫，並從中尋求養分。早在十四世紀，隨著古典拉丁文學的重現，播下了文藝復興的第一顆火種，後來土耳其在 1453 年占領君士坦丁堡，促進了希臘文學的復興。面對異教徒的強大壓力，拜占庭的政治和宗教力量向西方基督徒夥伴尋求幫助，代價是東正教屈服於羅馬正教。談判期間，許多拜占庭

★這幅畫描繪了拜占庭首都君士坦丁堡在 1453 年被穆罕默德二世率兵攻陷。這是歷史上的一個轉捩點，自此，希臘思潮重新在西方復活。

學者來到羅馬，帶來了真正的希臘手稿。他們當中，有的是去參加談判，有的則純粹是為了逃離危險的土耳其。一千年來，希臘語流利的義大利教授們原以為這些文學手稿早已被毀去，當專家們發現它們仍受妥善保存，便帶著禮物和金子穿過克羅埃西亞、塞爾維亞、保加利亞來到君士坦丁堡，並在那裡苦苦搜尋象徵著那段光輝歲月的舊手稿、雕像和硬幣，自此，一批珍貴的文獻從東方轉移至西方，並與義大利偉大的拉丁文化遺產結合起來。

這遠遠超越了學術交流的意義，而是重新定義了知識本身。最終的影響是：毀滅了這個大陸死板的教育體制。中世紀文化名譽掃地，取而代之的是復甦的思想、教化和人性。西方的智識人士開始重新縝密評價經院哲學——在過去的兩個世紀裡，它退化成了有幾分虛假的雄辯術。文藝復興的學者從古老文化中發現了未知的、對人性的崇敬，雖然這並未使人們因而屏棄《聖經》，卻使《聖經》黯然失色。在古老智慧中，人們還發現了對人類自由意志的本能衝動的尊敬，古人沒有被原罪的負擔嚇倒。義大利歷史學者李奧納度・布倫尼（Leonardo Bruni）曾說：「我感覺西塞羅[34]和狄摩西尼[35]生活的時代比過去的 60 年還要近。」佛羅倫斯哲學家吉納佐・馬奈蒂[36] 的《崇學論》（*De dignitate et excellentia hominis*）主題是讚美人性。才華橫溢的年輕作家喬瓦尼・皮科・德拉，米蘭多拉[37] 寫了《論人的尊嚴》（*Oratio de hominis dignitate*）。沒有人否定基督教的信仰，但新觀念認為，文明人是文藝復興中的世界公民，是具有古代教化精神的創造家、藝術家、學者和百科全書式的天才。

在這樣的精神指引下，蘇格蘭和愛爾蘭仍然在財政艱困下相繼建

---

34. Marcus Cicero，前106~前43，古羅馬政治家、演說家、法學家、哲學家。
35. Demosthenes，前384~前322，古雅典雄辯家、民主派政治家。
36. 吉納佐・麥內提（Giannozzo Manetti，1396~1459），文藝復興時期義大利政治家、外交家、人文主義學者。
37. 喬瓦尼・皮科，德拉・米蘭多拉（Giovanni pico della Mirandola，1463~1494），義大利哲學家、人文主義者，其《論人的尊嚴》被稱為「文藝復興時代的宣言」。

立了聖安德魯斯大學、格拉斯哥大學、亞伯丁大學、劍橋大學三一學院和都柏林大學，這些機構為不列顛群島輸送了一代又一代的文學巨匠。1496 年到 1516 年間，牛津大學和劍橋大學建立了 5 所學院。與此同時，在英吉利海峽對岸，這種巨大的轉變指引熱那亞（1477）、慕尼黑（1472）、烏普薩拉和蒂賓根（1477）、哥本哈根（1479）、華倫西亞和聖地牙哥（1501）、維滕貝格（1502）和奧得河畔法蘭克福（1506）紛紛在中世紀後期建立起大學，並培養出許多天才。這些都是理性之光湧現之所。像馬丁・路德這樣年輕且來自下層的人，進入了維滕貝格大學；拉伯雷進入了更加古老但已煥然一新的蒙佩利爾大學，他在那裡理解到文藝復興意味著重生，誓言恢復那些在羅馬文明傾覆中消失的學科。法國人把它理解為「文藝復興時期的文學」[38]，雖然他們擁抱的不僅僅只是文學——他們希望重現古老世界所有學識，包括藝術、美術、數學，以及現代科學的開端，他們將復興的重點放在古典文學、希臘的詩和哲學遺產、純淨的學術，以及精準翻譯雅典和羅馬時期的古老手稿。

新出現的教授（也就是人文主義者）宣稱人文學科的重要性優於醫學、法律和神學，特別是神學。在波吉亞任教宗的最後幾年，德國逐漸了解並持續發展人文主義思想。1497 年，羅馬皇帝馬克西米利安一世任命拉丁田園詩人康拉德・策爾蒂斯（Conrad Celtes）掌管維也納最有名望的學會，馬克西米利安一世因此被稱為「人文主義的助產士」；策爾蒂斯在新職位上建立了一個人文主義的研究中心，在人文、歷史學家心目中也成為一位不朽的人物。

他用了不到一年時間就出版了第一本手稿。阿爾杜斯・馬努提烏斯[39]——一名偉大的義大利印刷商，也是斜體活字的發明者——20 年來

---

38. 原文為：Ia Renaissance des letters。

費盡苦心，讓阿爾丁出版社印刷了一系列希臘古典文學。他自己編輯了一部關於亞里斯多德的 5 大卷著作，樣稿已經準備好，並在 1498 年底付梓出版。在接下來的 40 年裡，許多古希臘天才——包括忒奧克里托斯（Theocritus）、阿里斯托芬（Aristophanes）、修昔底德（Thucydides）、索福克勒斯（Sophocles）、希羅多德、歐里庇得斯（Euripides）、荷馬和柏拉圖——的作品相繼問世。

前述所有因素促成一個罕見的文化現象——一場改變學術和文明的文化運動。畢達哥拉斯（Pythagoras）在耶穌降生前 400 年就曾經嘗試過這場運動，但以失敗告終；在西元前 3、4 世紀，摩尼教徒、斯多葛派學者、伊比鳩魯派也做過同樣嘗試，都以大敗告終。但是十六世紀的人文學者卻意外地成功了，他們的勝利是獨一無二的。緊隨其後的是那些決心塑造未來的意識形態——十七世紀的理性主義、十八世紀的啟蒙運動、十九世紀的馬克思主義，以及二十世紀的實用主義、決定論和經驗主義。所有的新觀念都改變了時代的潮流流向，但它們都比不上文藝復興時期的人文主義。

馬努提烏斯取得成就後 10 年，人文主義最終取代舊課程，主導了新建的大學和改革後的舊大學。學術廳人數爆滿，大圖書館中人文主義學者的作品包裝精美、流通不斷。歐洲大都市的領袖們——商人、律師、醫師、銀行家、船主和開明的牧師，在那個世紀的 50 年代，加入了新的耶穌會——學習並探討新出版的人文主義論文，其中還包括了英格蘭的湯瑪斯‧摩爾對經院哲學的批判，他嘲諷探索經院哲學微妙之處的效果就「如同讓公山羊產奶。」

在現代人印象中，那個時代的學者穿著短上衣、戴著顯眼的大號貝雷帽，頭巾遮住了他們的耳朵，手裡拿枝筆伏在案前，細想著用多國語言寫下的手稿，重新體驗古老的時空歲月。他們沉浸在精神世界

---

39. 阿爾杜斯‧馬努提烏斯（Aldus Manutius，1450~1515），義大利印刷商、人文主義者，約於1498 年在威尼斯創立阿爾丁出版社。

★德國人文主義者、桂冠詩人康
拉德‧策爾蒂斯。

中，意識到自己正重新
燃起了那已熄滅的文明
火種。但是他們沒意識
到同代人對他們的看
法。他們盛名遠揚，受
到本國同胞、朋友甚至
是敵人的尊敬（至少在
那個世紀前5年的羅馬
天主教是如此）。雖然農
民、商人和一般居民對
學者的聲望一無所知，
但他們在看到諸如佛羅倫斯的皮科‧德拉‧米蘭多拉、那不勒斯的亞歷
山德羅‧亞歷山德里（Alessandro Alessandri）、朱利葉斯‧凱撒‧斯卡利
格（Julius Caesar Scaliger）、法國語言學家紀堯姆‧比代（Guillaume Budé）、
西班牙的胡安‧路易士‧畢夫（Juan Luis Vives）、英格蘭的約翰‧科利
特（John Colet）、湯瑪斯‧摩爾，以及鹿特丹的伊拉斯謨這些文藝復興的
先驅和出色的人文主義者時，也會脫帽表示尊敬。

自四世紀君士坦丁堡大會會議以來，西方世界第一次建立了龐大
的世俗知識分子群體，尊敬學者的優良傳統是他們力量的源泉。後來的
反智主義現在還沒出現，連那含糊難懂的拉丁彌撒曲雖難以理解，卻讓
人心生敬意。除此之外，人文主義者就如貴族般受人景仰。從文藝復
興開始以來，他們的地位獲得提升，國家的統治者和公民把他們挑選出

★湯瑪斯·摩爾是歐洲早期空想社會主義學說的創始人,以著作《烏托邦》名垂史冊。伊拉斯謨稱讚「他的靈魂比雪還要純潔,他的天賦前無古人後無來者」。湯瑪斯·摩爾在英國歷史上最偉大的100個名人評選中名列第37位。

來授予特權,讓他們成了特權階級。例如,烏爾里希·馮·胡滕被欽定在教宗馬克米西利安一世的法庭任職,享受美茵茲選帝侯的恩惠,並頻繁與美茵茲大主教吃飯;皮科·德拉·米蘭多拉同時也是羅倫佐·德·梅迪奇和哲學家馬爾西利奧·費奇諾(Marsilio Ficino)的門徒;蘇黎世神父烏利希·慈運理(Huldrych Zwingli)是一位可敬的政治和宗教領袖;紀堯姆·比代威望如此之高,以至於法蘭索瓦一世在他的提議下建了一所大學;巴黎大學的校長吉羅拉莫·阿萊安德羅也是希臘語老師,在梵蒂岡做過圖書管理員,在法國、德國和荷蘭做過羅馬教廷大使,最後成了一名紅衣主教;梵蒂岡把馬努提烏斯的兒子保羅帶入羅馬擔任梵蒂岡官方出版商;亨利八世選擇了義大利人文主義者波利多爾·維吉爾(Polydore Vergil)負責記錄官方史料,並從西班牙召喚胡安·路易士·畢夫來輔導他的女兒;其時在劍橋大學的伊拉斯謨和維滕貝格大學的腓力·墨蘭頓(Philipp Melanchthon)得到皇家批准後做了希臘教授,約翰·科利特成為聖保羅大教堂的院長也是得到了皇家許可;還有英格蘭的桂冠詩人約翰·斯凱爾頓成為未來國王亨利八世的皇家導師,因此亨利在1509年登基後,完完全全成了人文主義孕育的君王。

　　湯瑪斯・摩爾無疑是最受公眾關注的人文主義者，在失去皇室恩寵後，他成為一名出色的政治家，就如他做學者那樣出色。在亨利八世統治早期，湯瑪斯・摩爾被任命為倫敦代理郡長、國王的顧問和法庭的法官。1520 年，英法兩國君主在加萊一帶協商金線織物時，他協助了亨利八世。他被授予騎士稱號之後，在官場上更是平步青雲——先後擔任過皇室司庫、眾議院發言人、牛津大學和劍橋大學的行政主管、蘭開斯特公國大臣。最後，他接替了紅衣大主教托馬斯・沃爾西，坐上了大法官的寶座，過著那個時代一人之下、萬人之上的生活。

　　他的好友伊拉斯謨曾問道：「大自然還創造了什麼比湯瑪斯・摩爾更溫暖、和藹、幸福的天才人物呢？」不過這句話與其說道出了湯瑪斯・摩爾的性格，不如說彰顯了伊拉斯謨的慷慨與和善。毫無疑問，那個時期的英格蘭人是和善的，但溫和善良的人在那個時期是沒有前途的。要想有所作為，前提是變得野蠻。湯瑪斯・摩爾就是這樣的人。他第一次引起皇室注意是在亨利七世時期，那時候他是一名專斷暴虐的法庭檢察官，他在爭吵中更是厲害，謾罵聲滔滔不絕。他雖然身為一名作家，在《烏托邦》中讚揚宗教的忍耐力，但實際上他是一名嚴厲的天主教徒，會在家鞭打褻瀆神明的僕人。他相信異教徒、無神論者和懷疑宗教的人在來世會被處死，而且身為一名大臣，他贊成這種刑罰。與此同時，他誓死效忠亨利八世。身為下議院院長的他，很難想像有一天要被迫在亨利八世和羅馬教宗兩者當中選邊站，但那一天還是來了。

　　1502 年，距亨利七世離世還有 7 年，他的母親瑪格麗特・博福特（Margaret Beaufort）慷慨地在牛津大和劍橋大學設立了神學教授職位。瑪格麗特接近 60 歲的時候，依舊專制、富有、風雅並且精力旺盛，她處於英格蘭貴族階級的中心。她是里奇蒙和德比的伯爵夫人以及岡特的約翰的曾孫女，簡直就是一個國王母親的典範。儘管她很保守，

但是她歡迎變革，特別是藝術上的變革。在她統治下的英格蘭，成了學者、政治家、詩人、哲學家和藝術家的集合地，她設立神學教授職位也是出於對新學的尊敬，而新學就是歐洲新興大學的縮影。

同時，她對傳統充滿敬意，她和湯瑪斯摩爾一樣，是個堅定的天主教徒，據說她從不錯過任何一場彌撒。因此，要是她知道僅僅過了一代人的時間，擔任她設立的神學教授職位的神學家是由她孫子而非由羅馬教廷所批准，相信她必定會羞愧難當。她年輕的孫子亨利八世繼位後建立了不受梵蒂岡控制的英格蘭國教，並擔任最高宗教領袖，成為這塊土地上的基督代理人。要知道，他的祖母和四十代先人都把梵蒂岡當成唯一真理的堡壘。

事實上，新世紀之初，所有人文主義者都和瑪格麗特一樣對羅馬很忠誠，除了一些例外，但那都發生在德國。在那個年代，萊茵河東岸混亂的小公國對英格蘭人來說，就如凱撒時期塔西佗筆下的日耳曼尼亞（Germania）那樣遙遠。瑪格麗特學識淵博，但估計她沒聽說過人文學者康拉德·策爾蒂斯。對於他，有人這樣寫道：「他所到之處，總有一大群學生圍著他，他以詩、古典文學和古文化來激發他們的熱情。」然而大約就在瑪格麗特設立神學教授職位時，這位文學巨匠卻否認了神的存在，成為一名無神論者。他演講的題目往往是「死後有靈魂嗎？」和「上帝存在嗎？」，而他的答案是否定的。

他身旁的人普遍成了懷疑論者，後來還褻瀆神明。1514 年，策爾蒂斯的門徒歐班·海塞（Eoban Hesse）出版了以流暢拉丁語寫成的《基督名媛》（*Heroides Christianae*）。事實上，就如威爾·杜蘭所指出的，這部作品是對奧維德的拙劣模仿，不過只有傑出的拉丁語學者才看得出來。然而其他人不需要了解這些，只要看到書的內容便會感到十分震驚。海塞偽造了一些褻瀆神明的資料來玷汙神聖的基督起源。在他虛偽的筆下，抹大拉的瑪利亞寫給耶穌的情書，輕信的人看了會信以為真；而描寫聖母瑪利亞（她的貞潔仍然是個謎）和聖父的關係，就更讓人

★瑪格麗特・博福特是「玫瑰戰爭」中的關鍵人物，同時也是都鐸王朝中一位有影響力的女家長。此外，她因倡議和資助建立劍橋大學的基督學院和聖約翰學院而飽受讚揚。

震驚了。他探索著「聖父」的多層微妙含義。

沒有哪個地方的人文主義像策爾蒂斯的家鄉那樣脆弱。而他的對手──德國基督教的捍衛者，也沒有完全被視作基督徒。其中有一個人就是康拉德・穆提納斯・魯弗斯（Conradus Mutianus Rufus），他只是在口頭上贊成教廷，辯解應該以道德影響來評判儀式和信條，而不局限於其字面意思。他嚴肅地表示：「如果他們提倡個人道德和有序的社會，就該毫無疑問地接受它們。」又說：「我將學習虔誠，而不再學任何詩歌、哲學和歷史，不管這些對於提升基督教生活是否有所幫助。」據杜蘭稱，他試圖結合懷疑主義和宗教，如果真是這樣，他的努力不僅白費，而且還受到了譴責。他的虔誠職業似乎像軟化劑，用來緩和教會正統思想對策爾蒂斯的不滿。他和大學生們唱起了一首與眾不同的歌，這首歌和讚美詩毫無關聯。羅伯遜（J. M. Robertson）寫道，在哥達（Gotha），穆提納斯告訴他的學生，為死者作的彌撒曲毫無價值、齋戒毫無作用、懺悔毫無意義。他說《聖經》是寓言，只有傻子才會看了約伯和約拿的審判而不失笑，苦難和洗禮都是荒謬的；如果天堂真的存在，那麼過著體面生活的羅馬人

和希臘人已經在那兒了。據一位宗教改革學者曼德爾・克賴頓（Mandell Creighton）說，穆提納斯督促大學生們「信仰哲學而不是教條」，但又讓他們不要對大眾張揚。他解釋：「我們所說的信仰，不是說言行一致，而是騙人的、有說服力的神學觀點，這種觀點會帶給我們好處。」他的門上總懸掛著「崇尚寧靜」的座右銘，但也許讀成「讚揚虛偽」會更為貼切。

❖

德國最讓基督教頭痛，那裡不斷出現棘手的狀況，因此主教們有時候情願德國人沒有皈依基督教。在歐洲其他地方——當然也有少數例外，對此我們將在後面談到——人文學者多為虔誠的，他們給教堂帶來光輝，就如藝術家為聖彼得大教堂妝點威嚴一樣，所以文藝復興剛興起時，梵蒂岡歡迎他們，而且似乎沒有任何可能後悔的理由。

但它遲早會後悔。羅馬教廷將會痛苦地體認到，人文主義給教廷帶來了前所未有的巨大威脅。事實上它帶來了兩個威脅。馬丁・路德如此定義第一個威脅：「理性是信仰最大的敵人，它與聖言相爭，藐視所有與上帝相關的事物。童貞女生子是不合理的，復活也是不合理的。福音、聖餐、宗教特權

★寫下《基督名媛》的德國詩人歐班・海塞。

和永生都是不合理的。」如果你是一名信徒，你就不會相信邏輯；然而學者們發現邏輯有不可抵擋的魅力，而這正是其威脅所在。

第二個威脅是中世紀教會對來生根深蒂固的信仰。早在西元 166 年，盧奇安[40] 便把基督徒定義為「那些人相信長生不死，因此，他們輕視死亡，願意為自己的信仰而犧牲」。相信永生是基督教教義的中心思想，對於真正的基督徒來說，塵世生活無足輕重，他們一生都遵守教義以確保死後上天堂。為了生活而生活、生而享樂的思想，對天主教義極具破壞性，然而這正是人文主義所希望的。新學者把柏拉圖第一部存世文本《泰阿泰德篇》（*Theaetetus*）中「人是萬物的尺度」，作為今生的「聖經」。

人文主義者拋棄了過去對永生的信仰，他們宣稱要享受現世的幸福。他們一反過去 10 個世紀的莊嚴，真誠而發自內心地希望著，他們相信人類將學會理解並掌控自然的力量、領悟宇宙的本質，甚至決定自己的命運。那些把中世紀習俗深深印在腦海中的人，把這些論點視為危險的異教學說。學者的威望及其追隨者的地位掩蓋了他們挑戰傳統之舉，也模糊了文藝復興時期藝術家（那時藝術家飽受爭議）和激進人文主義者之間的界線——那些把改革思想付諸行動的人，並不像那些直言不諱的人一樣得到認可或尊敬。人文主義的本質就是反抗宗教權威，過去如此，現在仍是如此。那些譴責「世俗的人文主義」的傳教士在 5 個世紀後，才發現原教旨主義真正的敵人。

隨著叛教者愈來愈多，對古老天主教義保持盲目忠誠的人逐漸認清了叛教的本質。英格蘭的約翰・福蒂斯丘爵士是國王的首席法官，為祖國的法律做出了很大的貢獻，他曾經提出英格蘭人有權進入陪審團，統治者應是人民的守法公僕。不過他也曾表示，所有政府都該臣服於教宗，甚至「吻他的腳」。

---

40. Lucian，120~192，古希臘諷刺作家。

那些對教宗如此奉獻的人最終會發現，人文主義正朝一個截然不同的方向發展。他們成為純粹的學者，致力於重新發現拉丁和希臘古典文化，但是他們強調的智慧並非源自宗教，這讓他們遠離了超自然的思想。但那時人們走的還不夠遠，至少在德國之外是不夠的。他們的「運動」還在過渡階段；而他們開始相信人應該首先考慮現世的快樂，而不是虛無縹緲的來生。人的最高道德追求不僅僅是拯救自己的心靈，而是全人類的福祉。

在中世紀基督教和復甦的古代理性之間的衝突日益明顯之後，這種碰撞顯得愈發頻繁。起初，新理智主義的批評家在觸碰敏感話題時很謹慎，並直接下了一個定義：「人文主義者指的是那些會影響國家事務和歷史的人。」而忠實的信徒在經過 1 個世紀以上的觀察後，指出了「世俗作家」（人文主義者）和「神學家」或「信徒」（他們自己）之間的區別，他們引用一名學者的話隱晦責難：「我認為他是一個好的人文主義者，但不是一個好的神學家。」

直到那時，神學家們終於準備戰鬥了。他們針對高等教育進行了第一場辯論，這個話題似乎是人文主義者難以駁斥的。一位神學家認為，嚴格意義上的大學教育應該堅持「指正薄弱的句法，而不是為了在內容上滿足人文主義的需求」；另一位神學家把知識範圍劃分為從「嚴苛的羅馬教義」到「赤裸裸的人文主義」，而前者才代表完美，這些言論都未受到當時人們的重視。有人辱罵人文主義者為「異教徒」，有的還說：「人文主義學說企圖消弭所有的家庭差異、階級、所有國家及絕對的道德責任，甚至是宗教，並企圖讓所有人都顯得至高無上。」這些責難和指控都是無稽之談，很容易遭到反駁，但是沒有學者會花時間理會。面對這樣的局面，不甘心的神學家諷刺人文主義者的靈魂已被剝奪：「他們腦海中全是人文主義思想，喪失了所有對基督教義的信仰。」

　　儘管這個問題意義深遠，討論的人卻寥寥無幾。人文主義者絕非不善言辭，他們只是把注意力都放在眼前的事務上，比如說教會階層濫用職權。這時，神學家試圖以法庭臨時法律顧問的身分來干預此事。有人諷刺地問：「要是這名法官的副手在法庭上發怒會怎樣？豈不是要判處所有的人文主義者苦役懲罰？」從某種程度上來說，確實是這樣。一些著名的人文主義代表人物發現教區、主教教區和修道院的規定存在弊端，更重要的是，羅馬教廷也弊病叢生。如果覺得他們的論調聽起來陳腐，是因為這些就是他們為罪行的所有辯護。

　　善於反省的人往往會對現實感到不安，天性加上學術訓練使他們更能全面看待問題。有些人文主義者會對神職人員的胡作非為感到憤怒，其他虔誠的人文主義者雖認為這的確令人不安，仍會尋求折衷的解決辦法。他們羨慕那些無視現實苦難的畫家和雕刻家，然而，並不是所有的藝術家都是如此，他們當中最精明的已察覺到，歐洲遭受飢荒時，教會卻把錢花在梵蒂岡的藝術支出上——教會以美來恐嚇人民，並藉此加強對人民的剝削。米開朗基羅就是一位讓人意想不到的反對者，那時他還是新聖彼得教堂的規畫者。教宗利奧十世要求用從遙遠的皮耶特拉桑塔山脈開採的精緻托斯卡尼大理石來建造教堂，此舉遭到了米開朗基羅的反對，他說這樣花費太巨大了。教宗不顧米開朗基羅的反對，堅持一意孤行，馬

★十七世紀聖彼得大教堂版畫的複製品。米開朗基羅死於1564年，26年後，他為聖彼得大教堂設計的大圓頂教堂終於完工。

丁・路德同樣反對斥鉅資重建教堂。路德是一個有信仰的人，但不是一個理性的人。然而利奧十世的奢靡讓他很苦惱．他曾說，如果教宗能夠看到德國人民生活的困苦，「他會情願讓聖彼得大教堂化為灰燼，也不會讓他的臣民用鮮血來蓋教堂」。

　　米開朗基羅可以有選擇，路德的良知卻讓他沒有選擇，其他受到困擾的神學家、學者、作家和哲學家也都沒有選擇，他們得說出來。改變勢在必行。只有見多識廣和受過教育的人才能提出變革，但在那時的歐洲，這樣的人很少。一開始，他們的目標是恢復原來的體系，但這場革命就和其他革命一樣，注定要失敗的。

　　對他們來說，這就是個悲劇。教會是完美無瑕的，任何變革的思想都屬於異教，這種教條讓學識淵博的天主教徒很苦惱，他們總在信仰與理性間備受煎熬。在羅馬教廷看來，哥白尼在死時是一個叛教者，他企圖推翻在二世紀時便得到教會及超過 200 位教宗認同的托勒密理論。但是太陽系不會因為哥白尼的死而消失，它太巨大了。在 1 個世紀之

★伽利略接受羅馬宗教法庭的審問。

內，佛羅倫斯的伽利略印證了哥白尼體系，他也因此被視為異教徒傳喚到羅馬。1633 年，伽利略在宗教法庭遭到嚴刑恐嚇，最後他否定了地球會自轉。然而，在他離開法庭時，有人聽到他低聲自語：「它是旋轉的。」他最後在失明與恥辱中去世。兩個世紀之後，赫胥黎（Thomas Henry Huxley）頌揚他，並嘲諷教會是「一個巨大的精神組織，有能力抵抗（並且必須抵抗）生與死，抵抗科學和現代文明的發展」。

當整個基督教世界接受天主教的權威，讓一片混亂的歐洲大陸獲得救贖。那時的歐洲處在所謂的黑暗時代，毫無科學和現代文明可言，唯有信仰讓歐洲人緊緊團結在一起，並給予沒有信仰的人希望。那時最冷酷無情的暴君也懼怕上帝的憤怒，從而聽命於教宗，允許教會干預君主間的鬥爭。世俗的統治者為了維持自己的生活方或，臣服於僅需透過聖禮即可得到永恆救贖的權威，而傑出的天主教徒知道這點。教會的內部衝突已撕裂了「無縫的基督長袍」，基督曾命令彼得去建造祂的教堂，並預言「所有地獄之門都無法戰勝它」。地獄之門沒有戰勝它，相反地，虔誠的人挑起了重擔，企圖擊垮神聖不可侵犯的真理，他們曾祈禱不要去挑這個重擔，但他們的祈禱沒有得到回應。

伊拉斯謨與《愚人頌》

伊拉斯謨是牧師的兒子，一名嚴重的失眠症患者，他大部分時間都是在修道院度過。在即將到來的動盪中，他依然是一個正統天主教徒，且態度從來不曾動搖，持續熱愛帶給大眾慰藉的基督、福音書和儀式。他在《對話集》中寫道：「如果基督徒的用語不與《聖經》相互矛盾，我就不會冒犯其他人。」在他看來，信仰上的爭議是冒犯的；儘管他懷疑神職人員的胡作非為，但在他在 40 歲之前，對此都噤聲不語。他在一封私人信件中寫道：「忠誠要求我們有時要隱瞞真相，要求我們不要總將真相示人……也許我們得贊同柏拉圖所說的，謊言有時也是對人有益的。」

　　這些都是他在樞機團所說的令人寬慰的話。1509 年，伊拉斯謨在他 40 多歲時作客樞機團。樞機團渴望和平，厭倦了好戰的教宗儒略二世，因為他總是以各種各樣的藉口侵略周圍公國；而人文主義者比伊拉斯謨更具侵略性、更加直言不諱，這讓他們飽受困擾。第一波惹梵蒂岡不高興的人當中就有喬瓦尼‧皮科‧德拉‧米蘭多拉，他的父親是義大利一個小公國的統治者，這位父親為他早熟的兒子請了一位家教，讓他受到全面的人文主義教育。

　　成年後的皮科有一種天賦，就是把其他哲學中的精華部分和自己的作品相結合，他的學者風範受到人們景仰，直到他宣稱希伯來神祕主義學說——一種難懂的猶太神祕主義——支持基督教神學。希臘和拉丁知識在羅馬很流行，但是把猶太思想和福音書結合在一起的想法並不受歡迎。皮科總結了 900 條神學、倫理、數學和哲學的觀點，這些都是基督徒從希伯來語、阿拉伯語、希臘語和拉丁語所得來的。1486 年，他決心反駁所有抨擊其學說的人，並邀請歐洲大陸的人文主義者前來羅馬與他辯論。但最後沒有任何人到場，因為教宗干預了這件事，不允許他們進城。一個梵蒂岡委員會把皮科的數十條理論斥之為異教學說，並要求他出版一本《申辯》（*Apologia*）懺悔思想；甚至在他編完書後，還被警告不要再犯。他逃到法國之後，遭到逮捕並被短暫監禁，被釋放後——另一個時代的標誌，他就被祕書毒死了。

　　在皮科之後，緊接而來的是更為尷尬的「羅伊希林事件」。約翰內斯‧羅伊希林（Johannes Reuchlin）是巴伐利亞的人文主義者，他的希伯來語很流利，同時也在蒂賓根大學教授希伯來語。1509 年，從拉比[41]轉為道明會僧侶的約翰內斯‧普費弗科恩（Johannes Pfefferkorn）出版了一本反猶著作——《猶太人的鏡子》（*The Jew's Mirror*），他在書中提議燒燬所有以希伯來語寫成的作品，包括猶太法典《塔木德》。羅伊希

---

41. Rabbi，猶太人中的特別階層，是導師也是智者的象徵。

★皮科為這次辯論會專門撰寫了開幕式講演稿，在他去世後以《論人的尊嚴》為名發表。這本書被稱為「文藝復興時代的宣言」。

林為此感到憂心，正式向國王提出抗議，他指出不應該鎮壓猶太學說，而且德國每一座大學都應該保留希伯來語的教學席次。他寫道，普費弗科恩是一個反智的傢伙。普費弗科恩對此感到很憤怒，並寫了《手鏡》（Hand Mirror）回擊，指責羅伊希林收受猶太人的賄賂，但羅伊希林馬上寫了《眼鏡》（Eyeglass），尖銳還擊。普費弗科恩十分憤怒，他以異教徒的罪名控告羅伊希林，得到了全歐洲反啟蒙主義牧師的支持，科隆宗教法庭也在科隆對羅伊希林展開調查。這場爭論持續了6年。在法國和德國，有5所大學燒燬了羅伊希林的書，但最終他還是勝利了。馬克西米利安一世的新桂冠詩人伊拉斯謨和烏爾里希·馮·胡滕都站在他這邊。一個主教法庭無罪釋放了他。普費弗科恩的訴狀被取消，希伯來語的教學傳播開來，大學基礎課程使用的教科書，就是羅伊希林的語法書《希伯來語入門》（Rudimentia Hebraica）。

這場爭論爆發之時，伊拉斯謨正在羅馬，人們懇求他對爭論發表觀點。他的溫和回應「相信這個問題可以通過雙方相互妥協來解決」，得到了羅馬的支持。他們希望他在羅馬待久一點，後來又提供他一個牧師的閒職。他的才華橫溢，在歐洲其他城市也備受禮遇。他正打算接受職位時，卻傳來英格蘭老國王去世的消息。伊拉斯謨幼年時就認識新國

王亨利八世，他們倆都是熱忱的天主教徒。他正在為將來打算時，就收到了亨利的私人信件，要他「哪裡都不要去，就來英格蘭，熱烈歡迎你的到來，你將為自己做主，只要你樂意，做什麼都可以」。

伊拉斯謨因此拿定主意，於是他開始收拾行李。出於私人原因，他難以抗拒這個提議。在羅馬，即使他成了一個主教，他的手稿還是要被仔細審查以防出現異教學說；但在英格蘭，有國王做靠山，他可以想寫什麼就寫什麼。這對他來說很重要，因為伊拉斯謨還真有一些異端的想法想寫下來並出版。要是他在梵蒂岡的東道主知道了這件事，他可能就無法離開這座城市。在那個時期的道德標準下，他很可能會像其他成千上萬的人那樣被扔到台伯河餵魚。

❖

有時出於虔誠的考量，必須隱瞞一部分真相——按照這種邏輯推理，伊拉斯謨完全是真誠的。事實上，他對羅馬教廷就是這樣的態度。

在英格蘭，他不必擔心生命安危，所以他打算攻擊整個天主教的上層階級。但正因他不是一個假裝虔誠的人，就沒有因背叛而內疚的問題。我們知道，在那個時期有太多背叛，即便如此也無損道德或引發批評，那些背叛者，甚至包括統治者、高級教士和有識之士。此外，他還被一種更高層次的忠誠所激勵——他總是把原則放在第一位，

★圖為描繪伊拉斯謨的版畫，於 1526 年在德國製作。

並困惑為何人們不這樣做。一位歷史學家指出：「我們絕對無法從伊拉斯謨身上學到關於人性或世俗上的知識。」這位才氣十足、成就斐然的語言學家了解所有歐洲城市，卻對俗世的認識極度無知且冷漠以待。

比如，他從來不會仔細思考這些年馬基維利所面臨的兩難抉擇：一個政府按照自己對子民宣揚的道德行事，而這樣的政府是否應該繼續當權？他也從來沒有處理過一般人面臨的日常壓力，比如說性壓力（他是一個獨身者），或者是謀生的需要。他的財產問題總是交由別人處理。在英格蘭也是如此。他在英格蘭的時候，羅切斯特主教每年給他相當於現在 1300 美元的補貼，肯特州教區每年發給他補貼，朋友和仰慕者會致贈他現金。湯瑪斯・摩爾爵士讓他和自己同住並派給他一個僕人，所以他也不用擔心住宿問題，但伊拉斯謨很少注意到這點。他說：「哪裡有圖書館，哪裡就是我的家。」

簡而言之，他這種情況在被孤立的學者中是很少見的。作為一位牧師，他全然了解牧師的醜聞，包括羅馬的腐敗；其他的人文主義者遠離這些卑劣的事蹟並從《聖經》中尋求安慰，但伊拉斯謨不是這樣的人。出於理性，他相信他可以改革天主教的陋習，並保持基督教世界完整無損。

但他失算了。因為那時的出版業甚至還不到萌芽階段，與同時代的人一樣，他對世界的了解僅限於所聽、所讀以及別人告訴他的資訊，或者來信與對話。由於他周圍的人都是知識淵博的上層菁英，他對群眾、中產階級和多數貴族階層的所思所想一無所知，而僅僅對同輩有影響力，只要他一說話，菁英們就認同支持；但是低階層的牧師卻無法理解他的思想，因此即使他呼籲改革也是沒有用的，他的勝利僅僅停留在學術層面上。

如果這就是全部，他也就和絕大多數人一樣被淹沒在歷史的長河。但他是一個有許多天賦的人，而其中一個就足以改變歷史。他有一種出眾的才能，可以讓人們去嘲笑那些惡人。中世紀的人太會「笑」

了——很難想像如果沒有笑聲，他們將如何度過一天，他們會通過狂笑來表達愉悅。正如拉伯雷在《巨人傳》前言中所寫的：「那種笑簡直是與生俱來的權利。」相反地，伊拉斯謨寫的是破壞性的諷刺文章。如果說狂笑是大刀，那麼諷刺就是利劍。同刀劍一樣，伊拉斯謨的諷刺文章也鋒芒畢露。不過對於普羅大眾和牧師來說，可能很難理解其中要點。然而，接下來的宗教改革將由中上階層領導，可不是一場大眾運動。中上階層的文化水準正在日益提高，伊拉斯謨傑出的諷刺文章帶給他們意想不到的震撼，並喚醒了他們。

　　然而在開始的時候，他並不是這樣打算的。他原本想讓一小部分菁英來閱讀他的文章，然後從他們現有的信仰框架中潛移默化。然而，他的作品成了暢銷書。其中《愚人頌》，是他在英格蘭的第一年內寫成的作品。這本書拉丁化的希臘語書名是「Encomium moriace」也是對他東道主的雙關語。「moros」在希臘語中是「愚笨」之意，而同樣地，「moria」在拉丁語中也是「蠢笨的」的意思。這部作品認為，生活會以犧牲理性的代價來獎賞「愚蠢」。

　　這是一部信仰上帝的人寫的書，卷帙驚人。其中一些文章若是一名激進、無神論且聲望不高的德國人文主義者所寫的，他肯定會被宗教法庭審判官判刑。但因為他是伊拉斯謨，他嘲笑他們，慫恿他們去喝斥「異教徒」——他們總是這樣嚇唬那些他們視為異己的人。

　　他在書的開頭就直指人類欠「愚人」一個人情，因為要是沒有「愚人」，就沒有哪個男人想一輩子尊崇一夫一妻制；也沒有哪個女人願承受做母親的苦難。勇敢就是愚蠢，求知的人就是愚蠢。因此，他嘲笑神學者為荒謬的原罪辯護，因為他們宣揚一些荒誕說法：「一個人的身體怎麼可能在同一個時間處在不同地方？那麼在天堂的基督身體為何與十字架上的有別，甚至成為聖餐」。

　　接下來他談到神職人員。他所寫的對象下至托缽修士、僧侶、教區牧師、宗教法庭審判官，上至紅衣主教和教宗。對他來說，能治病的聖地、聖蹟和「諸如迷信中的怪物」都很荒唐，這些僅僅是作為「有利可圖的勾當，為牧師和托缽修士帶來收益」，他嘲笑「寬恕和特赦的騙局」，並且問道：「還有什麼比假裝通過神力或在所謂的祈禱儀式（這些儀式都是那些宗教騙子為了轉移信徒注意力，或者更準確地說，是為了獲取利益而編造出來的）中裝模作樣地轉動串珠更可惡的呢？他們獲得了財富、榮譽、愉悅、長壽和精力充沛的老年生活，甚至在死後可以在救世主的右手旁謀得一席之位？」至於主教，「他們的財富、榮譽、許可權、公職、豁免權、特許權……禮節和什一稅[42]、絕罰和律令」與基督使徒已經沒有任何相似之處了。作為學者，伊拉斯謨只能為他們的成功找到一個解釋：信眾的愚蠢、無知和輕信。

　　《愚人頌》被翻譯成十幾種語言，它激怒了牧師階層。其中有一位表示：「你應該知道，你的愚昧在那些最崇敬你的人當中引起很大的騷動。」來自學院的作者一旦在普羅大眾中受到歡迎和擁戴，一般

★作為一名人文主義者，伊拉斯謨的大量學術研究為路德的宗教改革奠定了基礎。但在宗教改革中，兩人卻意見不合、爭論激烈。

---

42. 中世紀時，教會向成年教徒徵收的宗教稅。

很難再回到象牙塔中，伊拉斯謨也不例外。3年後，他寫的另一部諷刺作品更讓人震驚，這次他攻擊了一個特殊人物——「戰爭教宗」儒略二世。

　　儒略二世是一個有作為的教宗，人們應一直記住他，因為他贊助了米開朗基羅。但是正如那個動亂時期的所有教宗一樣，他更是一個有過之人。他是典型的德拉·羅維雷家族人——脾氣火爆、愛炫耀、衝動魯莽，義大利人提起他都心生敬畏。他和他的同盟國家與威尼斯打了5年的仗，最終他取得了勝利，收復了波隆那和佩魯賈（Perugia），威尼斯人在波吉亞暴政期間奪去了這兩座主教城市。他企圖把法國人驅逐出義大利，在他發起的第二次戰爭中，即便他的鬍鬚已白，卻仍在前線發號施令，戴著頭盔在馬背上揮舞寶劍，讓敵軍在戰場上損失慘重，但他已不再幸運。

★這幅十九世紀的油畫再現了好戰的儒略二世在攻破對手城池後站在城牆上的場景。

　　伊拉斯謨對儒略二世的諷刺，措辭公允，沒有謾罵及溢美之詞。他試圖匿名出版他的新書以擺脫無謂爭端，但由於他已經把原稿給太多人看過，而且友人湯瑪斯·摩爾爵士還不小心說溜了嘴，所以他注定無法置身事外。在天主教階層內，眾人並不認同伊拉斯謨的想法，因而進一步加深對他的憎恨，這種情形甚至到了今天也屢見不鮮。伊拉斯謨的作品（這是一本對話集）出現在巴黎的前一年時，儒略二世去世了，教會正在為「受害者」儒略二世哀悼。然而，此舉並沒有讓巴黎的讀者更高興（在他們看來，這就是作秀），也沒有讓未來數月和數年後出現的大部分讀者更高興。伊拉斯謨攻擊教權時，觸動了很多人的神經，但他的追隨者認為其影響仍遲遲沒有到來。

　　儒略二世是這本對話集中的主角之一，另一位是聖彼得。兩個人站在天堂門口，儒略二世等著進去，彼得卻不讓他進去，因為在其長袍內是「血染的盔甲」和「渾身充滿罪惡、呼吸滿是酒氣，因放蕩過度而不健康的身體」。對他來說，這個在等待的教宗是「從地獄回來的國王」，他責問儒略二世「為基督教做了些什麼？」

　　儒略二世急切地說：「我為教會和基督教做的比之前教宗所做的都要多。」他舉例：「我提高了稅、創造了新職位並賣給別人……我把歐洲所有君主都管教得很好；我撕毀條約並供養了大量士兵；我讓雄偉建築在羅馬遍地開花，並在死後留下了 500 萬的財產。」

　　當然，他說：「我有我的不幸。」一些風流女人讓他染上了「法國花柳病」，還被指控過於寵溺兒子。「什麼？」彼得吃驚地問：「教宗有妻子和孩子？」儒略二世同樣吃驚，他回答：「不，沒有妻子，但是為什麼會沒有孩子呢？」儒略二世承認自己曾因買賣聖職等罪名遭受控告，但當被問到是否感到內疚時，他避而不答。彼得進一步問道：「難道就沒有方法可以扳倒教宗嗎？」儒略二世輕蔑地哼了一句：「荒謬！誰能夠扳倒這至高無上的人？……無論他犯了什麼罪都不會被免職。」彼得問道：「謀殺也不會嗎？」儒略二世答道：「不會。」他補充說，一

位教宗無論做了什麼都不會丟掉皇冠。彼得最後總結：「也許教宗就是最有問題的人了，而他居然不用受到任何懲罰。」當觀眾欣賞由這本對話集改編而成的戲劇，並得知那就是羅馬的現況後，他們怒吼了。

彼得自然是絕對不會讓這個人進入天堂的，儒略二世怒了，告訴他「教宗挨餓，手下有一大群貧窮主教」的世界早已不復存在。儒略二世發表長篇大論卻被拒絕後，威脅要把彼得逐出教會，說他「只是一個牧師……一個乞丐似的漁夫……一個猶太人」，彼得絲毫不為所動，回答道：「如果撒旦需要一名牧師，沒有人會比你更合適……欺騙、放高利貸和狡詐讓你坐上了高位……我把野蠻的羅馬引去信奉基督教，而你卻再次把它變得野蠻……你忙於條約和協議，忙於你的軍隊和勝利，根本就沒有時間去看看福音書。」儒略二世問道：「那麼，你還是不開門嗎？」彼得回答：「這裡絕不向你這種人敞開。」教宗威脅要「以武力奪取你的地方時」，彼得甩了甩手讓他走開，驚駭於「這樣的人會受到尊敬，僅僅因為他是教宗」。

❖

一名安特衛普的人文主義者寫信給伊拉斯謨：「到處都在賣這本書，每個人都買了、都在談論這本書」。元老院警覺了，催促伊拉斯謨停止寫作並用餘生懺悔。但已經太晚了，就在那年，1514 年，出版了《慣用白話文規範》（*Familiarium colloquiorum formulae*）最初幾個版本。最終，它被稱為《對話集》，這成為他作品中規模最大、組織最鬆散，也最難定義的作品。從本質上來說，這本書集合了各種思想，亦缺乏統一的主題。這本書以通俗和閒聊式的拉丁語寫成，包括給予孕婦的祝福：「上帝保佑妳懷的嬰兒出去時可以和進來時一樣簡單」；還包括鼓勵淨心；如何恰當回應別人打噴嚏；讚美忠誠；反對焚燒異教徒；還有一篇冗長乏味的「年輕男子與妓女」的對白，在最後，也許妓女疲憊極了，同意放棄她的職業；此外還有下流的笑話；對人類行為的的荒誕觀察；

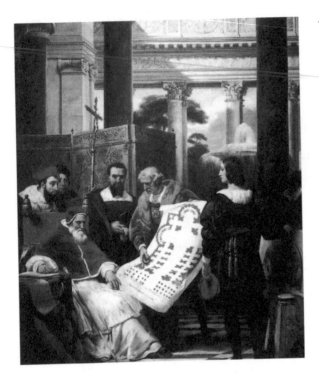

★儒略二世一生褒貶不一，但他贊助了米開朗基羅、拉斐爾等人，功不可沒。畫作中為儒略二世與米開朗基羅等人在規畫聖彼得大教堂的重建工程。

以及對婚姻機構的支持等等。

　　如果這就是該書全部內容，公眾一定會大失所望，而這部作品也將乏人問津。但伊拉斯謨並沒有停止批判教會和神職人員。一名十八世紀的新教徒譯者曾指出：「不知道還有哪本書比它更適合閱讀。它有歡快的、指導性的寫作風格，完全顛覆天主教的觀點和迷信」。而這應該就是伊拉斯謨寫作本書的意圖。他抨擊牧師的貪心、濫用絕罰、聖蹟、齋戒、兜售文物等；他警告女人要和「強壯的、大腹便便的僧侶」保持安全距離，因為在修道院內，貞潔更容易受到傷害。

　　然而，他再一次把矛頭對準了梵蒂岡。他深惡痛絕儒略二世發動的戰爭——「彷彿教會有很多像故人一樣令人討厭又不虔誠的教長，他們沉默不語，讓基督被遺忘，用他們唯利是圖的規則來牽制祂……並且用寡廉鮮恥的生活再次折磨祂！」墮落和腐敗也使他憤怒，他寫道：「至於這些高高在上、取代了基督位置的主教，如果他們擁有智慧，這將給他們帶來極大的不利……這會讓他們失去財富和榮譽、所有個人財產、順暢的晉升、職位、特權、貢品和娛樂。」欲望取代了禱告和冥想，「以及千萬神像這樣的麻煩事」。他曾在一封私人信件中提道：「羅

馬實行的獨裁統治，對基督教來說就是一場瘟疫。」

　　此書一出版就賣出了 2 萬 4 千冊，在當時，除了《聖經》，是絕無僅有的暢銷書。他的其他作品也同樣受到追捧，供不應求。1520 年，一位牛津出版商發現，他賣的暢銷書有三分之一是伊拉斯謨寫的。在他生前，《愚人頌》被印刷了 40 次，直到 1632 年，米爾頓（Milton）發現在劍橋居然人手一本！這本書如此受歡迎，是因為書中辛辣諷刺了那些自以為是、自認為懷揣著純潔信仰的人。於是，如同其他擄獲了大量群眾的作者一樣，伊拉斯謨被開除教籍，罪名是他迎合大眾，告訴民眾想聽的東西，並單純地受賺錢的欲望所驅使。由於他的成功對基督教產生重大影響，他因此被羅馬皇帝通緝，皇帝下達命令，要是有教師在課堂上討論《對話集》就當場處死。馬丁・路德最初也同意羅馬皇帝的做法：「我至死都不會允許我的兒子讀伊拉斯謨的《對話集》。」路德在那個時候仍然在維滕貝格大學教授《聖經》，仍是天主教一名傑出成員，然而在未來 3 年裡，他的想法改變了，同時也改寫了西方文明史。儘管伊拉斯謨在臨死時都否認這點，但他確實聽到了宗教改革的號角。

臭名昭著的教士與贖罪券販賣

　　當然，「這場大背道」——正如梵蒂岡稱呼的那樣——不再僅僅是人文學者的任務，更成為了那些哥德人的無神論後代的工作。試圖分裂基督教的勢力和力量極其複雜，人文主義者是最早推動這股勢力的人，雖然只是浪潮中的一朵小小浪花，卻對後世產生了深遠影響。它的貢獻之一是推動了耶穌誕生之前的文學與藝術復興，雖然在當時看來是不可能取得這樣的成就。然而人們還是會想，為什麼上帝能夠允許「異教」的誕生以及君士坦丁堡的衰落？與此同時，從亞洲及西半球回來的探險者們帶來了一些消息：有些地方反對基督，或從來沒聽說過基督，但他們的文明也一樣繁榮，這使得一些歐洲基督教的領導者對救世主無處不在的信仰產生了懷疑。昂古萊姆的瑪格麗特——即可愛的帕

爾·德·瓦盧瓦（Perle des Valoris），法國國王的姊姊，同時也是納瓦拉王國的王后——成了一名無神論者，這無疑是一個預兆。曾經對自己信仰無比熱忱的人，而今卻成了徒有其名的天主教徒。她在《靈魂懺悔之鏡》（Le Miroir de l'âme pécheresse）中也承認了這一點，她鄙視宗教加諸的一切束縛，贊成抨擊主教的行為，認為上帝是殘忍的，並且質疑《聖經》的權威。在索邦神學院[43]，她被指控為異教徒。一名修道士對群眾說，應該把她裝進麻袋扔到塞納河淹死。所幸她是法國國王的姊姊，國王崇拜她，而且她支持性自由，這使得她在法國民眾中威望很高。

對於梵蒂岡的權位者而言，因有眾多私生子，反倒沒有「權利」譴責歌頌性自由的行為。但瑪格麗特帶給天主教的真正威脅，是她與天主教的敵人成了共謀者。她為一群被當成異教徒的流亡者提供了避難所，其中一個叫約翰·喀爾文。值得一提的是，喀爾文是一個忘恩負義的小人。他指責他的庇護人及她庇護的同伴是嘲笑天主教、新教徒的無神論者，其中包括博納旺蒂爾·德珀（Bonaventure Desperiors）、艾蒂安·多雷（Étienne Dolet）等人。可悲的是，最終只證明了新基督教徒也和舊基督教徒一樣食古不化。

但是，他們的牧師既不貪汙也不腐敗，在當時看來，這點很令人驚奇。在一個殺人、偷竊、強姦、暗殺多到史無前例的時代，忠誠的基督教徒為他們同行的惡習感到悲痛。斯蓬海姆的修道院院長約翰尼斯·特里特米烏斯（Johannes Trithemius）譴責他的教徒：「他們把一整天的時間浪費在不知羞恥的閒聊上，把生命浪費在娛樂和口腹之欲上……他們既不熱愛也不害怕上帝；從不在乎自己死後靈魂會歸去何方，只一心想滿足自己令人羞慚的欲望，從不關心靈魂的昇華……他們蔑視安貧樂道，不懂忠貞和順從……他們周圍瀰漫著汙穢的滾滾黑煙。」據威

---

43. Sorbonne，巴黎大學舊稱。1253 年由羅貝爾·德·索邦（Robert de Sorbonne）捐贈創建的第一所學院，因而得名，1261 年改成巴黎大學，早期以神學研究著稱於世。

爾‧杜蘭記載，1503 年，蓋伊‧茹爾諾（Guy Jouenneaax）被教宗派去調查法國本篤會修道院，他向世人描繪了一幅雜亂不堪的畫面。他認為那些修道士其實與滿口穢言的賭徒和鎮日醉生夢死的人沒什麼區別，甚至比他們更世俗、更不堪……「如果要我詳細描繪所看到的靡爛生活，三天三夜也說不完。」

英格蘭天主教（後榮升為紅衣大主教）約翰‧莫頓（John Morton）指控聖奧爾本斯的修道院院長威廉犯了瀆職、放高利貸、挪用公款和在管轄區內公開嫖妓並包養情婦等罪名，他指責整區的修道士過著十分不堪的生活，不僅如此，還褻瀆了神聖的教堂和上帝教會，因為他們肆無忌憚地在這些場合尋歡作樂。多塞羅的主教也寫道：「教士的道德已經腐敗，他們變成了人人喊打的過街老鼠。」

公眾也對修道士的靡爛生活厭惡到極點。查理五世時期駐英格蘭的大使夏普義（Eustace Chapuys）致信給他的君王：「幾乎所有民眾都痛恨傳教士。」一位劍橋大學教授指出：「任何一個英格蘭人如果被稱為修道士、傳教士或牧師，都會覺得自己被侮辱了。」芒德的主教威廉‧杜

★早期的本篤會修道院版畫。1503 年，蓋伊‧茹爾諾對法國本篤會修道院展開大規模調查，公開請求改革法國本篤會修道院體系。他在調查報告中寫道：「他們披著宗教的外衣，大斂不義之財……他們藏匿在修道院裡的財富，簡直富可敵國。」

蘭德（William Durand）寫道：「修道院變得臭名昭著，住在裡面的修道士，從最底層到最高層，被汙染得貪婪不堪……毋庸置疑，所有的基督徒都認為牧師吃得比國王和王儲還要好。」在維也納，那些教區還曾經一度拒絕有志青年加入，時至今日，直到宗教革命的前夕，已經有20年沒人想加入教會了。

盧德夫希・帕斯托爾（Ludwing Pastor）在14卷《教宗史》（The History of the Popes）一書中總結：「世人痛恨墮落的教士，已經到了無以復加的程度。」菲利浦・休斯（Philip Hughes）是英格蘭宣導宗教改革的歷史學家，他發現在1514年，倫敦的主教遭控謀殺異教徒時，他向紅衣主教沃爾西請求免於牢獄之災，在沃爾西眼裡，倫敦民眾是「如此充滿惡意，因為他們支持墮落腐敗的異教徒……他們會詛咒我的教士們，儘管教士們像亞伯一樣無辜純潔。」即使是當時的教宗利奧十世，也認為自己應該為教會流出的醜聞負責。他在1516年寫道：「當時法國的修道院毫無清規戒律可言，那些修道士過著如此不堪的生活，國王和王儲們已不再信仰與尊重他們。」

成千上萬的教士們發現自己根本無法回到禁慾生活，而他們的解決之道也各有不同。在倫敦，如果女人邁進了懺悔室，迎接她的絕對是狹窄空間裡一場可怕的強姦，這在當時是眾所周知的事實。在諾福克、利普頓和蘭博塞，被控猥褻婦女罪名的男人裡面，有23％是牧師，儘管牧師只占總人口的2％。另一個常見的情況就是包養情婦。事實上，當時幾乎所有的德國傳教士都有情婦。羅馬教士以男女關係混亂聞名於世，但帕斯托爾認為：「這看法錯誤，因為在羅馬，傳教士的貪汙腐敗比其他地方更嚴重；在義大利，幾乎每一座城鎮都有文獻記錄修道士所犯下的罪行……難怪同時期的作家會悲傷地說，教士的影響已經大不如前，在很多地方，人們已不再尊重教會」。

女修道院也出現了相同的問題，這一問題在英格蘭尤其讓人困擾。僅1520年內，就有8所女修道院被關閉，其中一所是因為「這些

禁慾的女人們變了，毫無顧忌地和旁邊劍橋大學的師生往來」。在倫敦主教區，對 21 所女修道院進行調查後，有 14 所因為「不遵守戒律或缺乏奉獻精神」而被列入黑名單。在其中幾所修道院裡，有的修女甚至懷了修道士的孩子；還有兩位女院長被指控不倫；一個教區的主教甚至還保留了一位女院長和鐵匠通姦並生下 3 個孩子的檔案。

　　教宗們未能以身作則，他們的行為受到了強烈譴責。奧古斯丁會的總教長、維泰博的埃吉迪奧（Egidio of Viterbo）總結了亞歷山大教宗統治下的羅馬：「沒有法律，沒有神靈；唯有黃金、權力和女人說了算。」圭恰迪尼寫道：「普通民眾已經完全不再尊重教宗。」1513 年，馬基維利控訴：「愈是教會頂層的人愈靠近羅馬教廷，而這些人的表現

★〈修道院院長與修道士之間的多情修女〉（The Amorous Nuu between the Abbot and the Monk）是老漢斯·科萊爾特（Hans Colla ert the Elder）約創作於 1560 年的作品。十六世紀，許多女修道院由於「缺乏紀律和虔誠」而被關閉或禁止進入。

也就愈不像基督徒。所有人只要回想一下基督教創立的宗旨，就會發現，現在教廷的所作所為與這些宗旨的差距，從而能斷定，毀滅和懲罰教廷即將開始」。

就在 4 年後，贖罪券的販賣——更具體來說，是獲准兜售贖罪券的神父們的行為，以及教宗的貪欲——點燃了教廷毀滅之火。牛津大學校長湯瑪斯·加斯喬格（Thomas Gascoigne）在 1450 年寫道：「現在犯下罪孽的人都這麼說：『我一點也不擔心犯了多少罪，因為我已經花 4、5 便士買了教宗親自發售的贖罪券，這些券能免除我的所有罪』。」加斯喬格稱兜售贖罪券的人是「贖罪券販子」，他們「走街串巷，出售贖罪券，至於價格，有時是 2 便士，有時只是一頓酒錢……甚至是一次嫖妓或肉體交易」。

十六世紀初期的聖保羅教堂主教約翰·科利特，總結出贖罪券的商機將教會變成了「印鈔機」。他引用以賽亞（Isaiah）的話：「有著忠實信仰的城市已經變成一座妓院。」大家都清楚他說的是哪座城市。耶利米（Jeremiah）說道：「人們與很多情人通姦……種下了很多罪孽的種子，誕生罪孽的後代。」「貪婪……也占據了神父的心靈——彷彿除了能帶來好處的事物，其餘的我們都視若無睹。」事實上，贖罪券是一種宗教稅，對於勉強能接受的人來說是一種沉重的負擔。歐洲眾多忍飢挨餓的大眾與教會的貪婪形成了深深的隔閡，教會中的有識之士對此深惡痛絕。1502 年，法國議會的檢察長估計，法國 75％的財富掌握在教會手中；20 年後，紐倫堡議會在起草《百項指控》（Centum Gravamina）中寫道：教會掌握了德國 50％的財富。

彼得和掃羅（Saul，即後來的保羅）教宗都過得很清貧，然而十五世紀和十六世紀的教宗卻過著帝王般的生活。他們是世界上最有錢的人，而且他們和手下的樞機主教通過出售聖職又大賺了一筆。在教會中任職的人員在第一年必須將全部工資的一半上繳教廷，以後每年上繳十分之一。大主教們則必須為身上的大披肩支付巨額錢財，因為披肩就是

身分的象徵；一旦教會職員去世，其全部財產就歸教廷所有。教廷的判決和豁免只有在當事人呈上了禮物後，才正式生效，至於禮物的輕重，則由教廷說了算。總之，所有基督徒都要向教廷納稅。

紅衣主教羅德里戈・波吉亞在購買教宗皇冠前，一年的收入就已經達到 7 萬弗羅林金幣。當上教宗後，他的收入更為可觀。教宗儒略二世建立了一所「學院」，由 101 名祕書組成，每個祕書要向他支付 7400 弗羅林金幣以獲得該榮譽。利奧十世更大膽，在教廷中新增了 141 名隨從和 60 名侍從，僅此一項，就入帳 20.2 萬弗羅林金幣。

大主教和主教們（甚至是教會中更低層的人員）體態日益臃腫，還用搜刮來的錢養情人。十四世紀，教會中的平信徒率先為自身的貧困處境發起反抗。德國人抓住羅馬派來的收稅者並送入監獄，砍斷他們的手腳，甚至處死；在其他地方，一些勇敢的神父也支持民眾，例如西班牙的阿弗洛・佩萊（Alvarus Pelagius）公開宣稱：「豺狼控制了教廷，他們吸吮我們的血汗。」另外一位芒德的杜蘭德主教也宣稱：「羅馬教廷散播開邪惡的種子……所有人都憤怒了。」

儘管如此，梵蒂岡仍然不為所動，在接下來的幾年間繼續增加賦稅。1476 年，教宗思道四世聲稱贖罪券能夠給在煉獄中受苦的死者使用，這種天堂的詐欺把戲大獲成功。大衛・希夫（David S. Schiff）就曾描述許多農民為了買這種贖罪券給去世的親人，不惜全家挨餓。當花錢揮霍的教宗利奧十世發現自己快破產了（被與烏比諾公國的戰爭拖垮），他不再滿足於出售這種贖罪券。1517 年 3 月 15 日，利奧十世頒布了一種特別的贖罪券，目的是為了修建聖彼得大教堂，作為獎勵，購買這種贖罪券的人，不僅能夠獲得「完全的贖罪和寬恕所有罪孽」，而且為了「預防未來犯下的罪孽也可以優先贖罪」。

當然，教宗不會提及一份祕密協定，該協定規定教廷將與美茵茲大主教，即布蘭登堡的阿爾布雷希特（Albrecht of Brandenburg）分享贖罪券的收益，當時阿爾布雷希特欠下德國商人福格家族（Fugger）一大筆

債。他獲得了教宗的同情，得以享有這個資格。此前，為了得到大主教的職位，他曾向教宗賄賂了 2 萬弗羅林金幣。

這位新任大主教挑選了 50 多歲的道明會托缽修道士若望·特次勒（Johann Tetzel）作為贖罪券的首席代理和販賣者。之前很多販賣贖罪券的人都會有所顧慮，所以行事謹慎；但特次勒就像當時走街串巷、胸前掛著黃銅架的馬戲團團長，提著裝滿印好收據的袋子，手握綁有教宗旗幟的十字架。此外，還有福格家族的會計和另一個托缽修道士隨同，該修道士是協助攜帶塞滿贖罪券的絲絨袋的助手。他們進入城鎮，教堂鐘聲隨之敲響。「雜耍藝人」開始表演，大量民眾聚集，而「藝人們」揮舞的是蠟燭、旗幟和聖物。

★小漢斯·霍爾拜因（Hans Holbein the Younger）創作於 1497 年的木版畫〈搶購贖罪券〉（Traffic in Indulgences）。

　　特次勒進入教堂正廳，打開袋子，提高嗓門大喊：「我手上拿的是
通行證……引導靈魂進入天堂的通行證。」如果聽眾仍一臉猶豫，他會
特別提到價格是多麼低廉，並重申犯了十惡不赦罪孽的基督徒將受到上
帝的重罰。他進一步質疑眼前的民眾：「有誰會對能買到赦免的贖罪券
而猶豫不決呢？」所有的罪都能被原諒，所有──他這樣拍胸脯保證。
他說，如果一個犯罪的人向教宗捐了足夠的錢，「那麼教宗有權原諒
他，上帝也會隨之原諒他」，為了進一步蠱惑民眾，特次勒甚至煽動那
些沒有懺悔但半隻腳已踏入墳墓的人：「只要捐了錢，靈魂就會獲得寬
恕，飛離地獄，升入天堂。」

★在一場災難期間，一位天主教主教向民眾派發贖罪券。

在德國，特次勒賣出的贖罪券超過了規定的數目——他總是能做到這一點，這就是他的職業。他穿梭在各個教區間，按照教廷指示搜刮錢財。贖罪券在農村地區很受歡迎，卻不受平信徒的青睞。有一次特次勒恰巧進入了一個對教廷充滿敵意的地方：德國東北地區——馬德堡、哈伯斯塔特和美茵茲——被選為這次勒索的目標，因為它們抵制的力量不強，而法國、西班牙和英格蘭都很強大。當這些國家以貧窮為藉口提出免除贖罪券的要求，教宗同意了。教宗的這個決定有一定風險。事實上，在德國，反對教宗的聲音也很強大。教宗派去神聖羅馬帝國的大使對此憂心忡忡，他在寫給教宗的信中表示，神聖羅馬帝國境內有一股對教宗強烈不滿的情緒，因此他建議取消永久贖罪券。

利奧十世對此不予理會——這是極不理智的，因為已有徵兆出現。一位方濟各會托缽修道士在目睹了特次勒的所作所為後寫道：「這位無知修道士的言論實在令人難以置信，他出售贖罪券時聲稱，即使一個人有犯罪的動機也能被原諒。按他的說法，教宗的權力比十二使徒、大使和聖徒都要大，甚至超過聖母瑪利亞，因為他們都是基督教的臣子，而教宗就是基督教。」另一位目睹類似情景的人則指出，那些贖罪券商人聲稱，即使有人冒犯了聖母瑪利亞，贖罪券也能幫他贖罪。

　　然而儘管如此，特次勒極可能只是按照大主教的指令而行事，並且能夠再次成功，只要他不越過、至少不踩到政治底線。這道政治底線就位於薩克森邊界，當時那裡由腓特烈三世，即英明的腓特烈所統治，他是少數有權選舉神聖羅馬帝國皇帝的人之一，即薩克森選帝侯。

　　腓特烈三世比任何諸侯都要虔誠、迷信——他在維滕貝格教堂收集了 1 萬 9 千件聖物，而且他沒有反對過任何贖罪券商人。然而，特次勒的狂言妄語為他帶來了麻煩。腓特烈三世希望薩克森的錢不要流出去，因此宣布贖罪券在他的境內為不受歡迎之物，那位兜售「天堂通行證」的商人終於在這裡栽了跟頭。儘管特次勒在腓特烈三世跟前不受歡迎，但通過與邁森、馬德堡和哈爾貝爾斯塔特教區的人合作，他成功來到靠近薩克森邊界的地區，一些薩克森人甚至越過邊境來購買贖罪券。

　　腓特烈三世對此勃然大怒，認為這是對他的冒犯。更重要的是，幾名薩克森買家把他們的「教宗信物」（贖罪券）送到一位體型消瘦、外表冷峻、眼神犀利的禿頭修道士——馬丁·路德手中，請這位維滕貝格的教授鑒別真偽。路德仔細察看後，宣布這些贖罪券是偽造的。這話傳到了特次勒耳

★歷史上，若望·特次勒因買賣贖罪券而臭名昭著。

★杜勒筆下的腓特烈三世，繪於
約 1524 年。腓特烈三世從未接
受過宗教改革者的信條，不過
他確實贊同他們的部分意見。
腓特烈三世不僅聘請馬丁‧路
德主持自己所建的學院，並在
路德遭迫害時伸出援手。

裡。他派人詢問路德，
得到答覆說，這位教
授並沒有冒犯教會的意
圖。路德是位虔誠的天
主教徒，特次勒以為他很容易受脅迫。因此，他做了一生中，也是基督
教歷史上最重要的決定——公開譴責路德。

　　特次勒因誤判馬丁‧路德教授而名聲大噪，不過他還不是第一
個。人們一直難以理解路德。很少人靠近他，沒有任何人——甚至包括
路德自己——理解路德身上所蘊藏的強大能量，而他的才華毋庸置疑。
起初，他是奧斯定會的修道士。1505 年，年僅 22 歲的路德開始教授亞
里斯多德的倫理學，而且還是用原版的希臘語教材。兩年後，他被授予
神父職位，僅僅又過了一年，雖然他認為自己是修道士，但還是被腓特
烈三世授予為維滕貝格大學的哲學教授（維滕貝格大學位於柏林西南
60 英里的易北河畔）。後來他又將《新約》和《舊約》翻譯成自己新創
的高地德語，並且自己作詞、作曲編寫了 41 首讚美詩，其中最著名的
〈上帝是我們的堅固堡壘〉直到現在還在傳頌。

　　馬丁‧路德在年輕時對梵蒂岡絕對忠誠，當他在 1511 年第一次看
見羅馬，他雙腿跪地喊道「神聖羅馬萬歲！」他當時已經憑藉著突出的
品格和智慧被提升為神父了。然而，在他的內心深處卻藏著黑暗、非理
性和半瘋狂的暴力性格。這種缺陷——確實也是缺陷——可以從他的身

世來解釋，即中世紀社會無知和迷信的心靈。恐怖的日耳曼童年形塑了路德，而這樣的童年摧殘了很多中世紀人。

馬丁·路德的革命

1483 年 11 月，馬丁·路德出生在莫赫拉（Mohra）的農民家庭，他的父親漢斯·路德（Hans Luther）後來成為曼斯費爾德的礦主。

他是一個身材魁梧、勤勞、節儉、呆板、脾氣暴躁的反教會人士，雖然憎恨基督教，卻對地獄深信不疑——在他看來，地獄就位於恐怖的地底下，多腳的怪獸、精靈、食人魔、惡鬼和巫師會將人捉去地獄，只有善良的靈魂才能獲得救贖。

漢斯相信孩子生下來就是邪惡的，因此要用正義的木棍敲打他

★馬丁·路德就是在這個小房間將《新約》翻譯成高地德語。

177

★路德的這幅肖像畫由老盧卡斯・克拉納赫（Lucas Cranach the Elder）創作於 1525 年。兩人不僅是親密的朋友，還是彼此孩子的教父。

們。馬丁是七個孩子中最大的，然而他不是一個順從的挨揍者。雖然他不夠強壯到打倒父親，但是當這個虐待狂開始鞭打他，這對父子就一直形同水火──這是他後來回憶時說到的。路德沒有從母親身上得到任何安慰，儘管他的母親性格懦弱，也不像他父親易怒、世俗──但她可以連續跪上數小時，對著不知名的聖像祈禱，而她的想法跟其丈夫完全一致。相信鞭打的神奇力量。路德說過，有一次母親發現他偷了乾果後，把他打得全身紅腫。

這樣的父母自然不希望自己的兒子長大後去教會任職。路德很清楚這點，但反而讓他下定了決心。他曾說：「我和他們在一起時過著嚴厲苛刻的生活，這就是我為什麼要進入教堂避難，成為一名修道士的原因。」儘管一開始他對梵蒂岡的印象並不好（當時他並未對任何人說過），但他在課堂上表現出的學術修養和才能讓許多人驚訝。不過，一旦他們知道他到了成年還沒拋棄異教徒的迷信，一定會大吃一驚──路德一直被異教神靈夢所困擾，夢見月圓下的狼人和獅鷲[44] 蜷伏著、翻滾

---

44. Griffin，希臘神話傳說中的生物，擁有獅子的身體和鷹的頭。

著，夢見食人妖和魔法師正在享用毒蛇的心臟，夢見男人們在夜間變成了下身濕漉漉的夢魘……

路德在其他方面也與眾不同。其他修道士只是談論惡魔、恐懼惡魔、害怕惡魔，但路德卻看見了惡魔——他一生都在與惡魔對抗。他也是最講究「直腸」的神學家。這一部分原因是他身上所擁有的德意志民族特性。有人曾這樣戲謔：「英格蘭人的幽默體現在客廳，法國人的幽默體現在臥室，而德國人的幽默則體現在浴室」。對路德來說，浴室是個值得景仰的場所，他生命中最神聖的時刻即來自維滕貝格修道院塔頂的蹲茅坑時光。在那裡，他的大腸蠕動時，他突然領悟出新教靠信念來感化的教義。後來他寫下這段話：「像『正義』、『上帝的審判』，這些詞語突然出現在我腦海裡……我很快想到，上帝的審判才能解救每個信徒……上帝審判並解救我們，這些思索對我來說是很大的鼓舞。而我是在塔頂的茅坑獲得對聖靈的頓悟。」

上帝無所不在，400 年後，梵蒂岡為了與一位耶穌會士劃清界限而不得不承認這一點。當時這位耶穌會士翻譯了路德著作中幾篇淺顯易懂的文章，引起了路德派的強烈不滿，他們指責他是「粗俗的天主教反對者」。不過真正粗俗的段落恰好是路德說過的話，而他的追隨者對這些話視若無睹。他們喜歡談論惡魔如何向路德潑墨水、以及路德如何反擊的故事，而事實上，在最初的版本裡，惡魔扔的不是墨水，而是糞便。糞便成了惡魔和維滕貝格戰鬥的利器，這在路德的故事中屢見不鮮，正如路德的同事菲利普·梅蘭希通所指出的：「最糟糕的是……惡魔怒氣衝衝地離開，自言自語嘀咕了一會，然後只聽到劈拍一聲，拉出好大一坨糞便，整個房子頓時臭氣熏天，持續了好幾天才散去。」

馬丁·路德在回憶惡魔的攻擊時，經常使用一個粗魯的詞彙「bescheißen」，意思是把糞便潑到別人身上。在惡魔的另一個慣用伎倆中，黑暗王子的幽靈會「展示其糞便」來侮辱路德。而路德也會以更邪惡的方式反擊：他邀請惡魔「親吻」或「舔舐」他的糞便，威脅惡魔要

「把他丟進他的老巢——我的大腸裡」，「在他臉上」排便，或者「先把大便排在內褲」，然後「把它們抹到他的脖子上」。

這樣一個在糞便與茅坑中與最骯髒的惡魔作戰過的人，不可能被雜耍藝人般的特次勒嚇唬到。然而，路德對贖罪券代理人的反應並不像我們從歷史上了解的那樣堅決——他沒有在腓特烈城堡的教堂門口「貼上」譴責教宗的紙條。教堂門口通常被用作公告欄，信仰新宗教理論的神學家會在門口貼上公告，隨時準備迎接所有質疑者的挑戰。

路德的時機把握得相當好。他選了 11 月 1 日萬聖節這一天，因為腓特烈三世在這天會展示各種聖物，吸引人們前來觀看。1517 年 10 月31 日中午，他將《關於贖罪券效能的辯論》（*Disputation for the Clarifying of the Power of Indulgences*，即《95 條論綱》）與其他神學家的公告一起貼在教堂大門。除此之外，路德還做了其他的準備。他在當天上午將論綱的德語版分發給基督教信徒，甚至也送了一份給阿爾布雷希特大主教，他是特次勒贖罪券的贊助人和受益人。

路德的論綱——他一共列舉了 95 條——前面有一段語氣溫和的序言：「出於熱愛信仰及渴望傳播信仰，文學和神學教師馬丁·路德神父提出以下建議，並在維滕貝格展開討論。」

★馬丁·路德，這位出身於德國東部城鎮的中世紀修道士，使基督教信仰的根基重新回到《聖經》。德國一家電視臺在本世紀初投票評選最偉大的德國人，路德即名列第二。

他沒有想到自己的觀點會被認為是異端邪說，至少當時還沒想到。他並不反對教宗有權赦免懺悔者，他反對的只是諸如贖罪券這類將赦免視為買賣的行為，這會降低懺悔的價值，從而讓犯罪更加肆無忌憚。

　　儘管如此，路德在論綱中還是提出了一條讓羅馬教廷無法接受的反對理由。他指出，教宗的赦免權無法到達墓地、並從煉獄中解救未經懺悔的靈魂，更不可能減少死者受的懲罰。雖然路德承認教廷可以販賣贖罪券，但他同時也補充了一條尖銳而重要的建議——現在看來，這個建議是他自痛苦童年長久壓抑以來發出的第一個警告信號。事實上，這個建議正是對教廷的直接批評，它引起了廣泛關注，因為這被認為是蓄謀已久的異教徒行為，是會被判處死刑的。路德指出：「這種不加限制的寬恕會使教民，特別是那些受過教育的教民不再尊敬教宗，例如：『為什麼教宗沒有出於聖愛，並考慮到煉獄裡的死者經受的苦痛，去主動清空煉

★ 1517 年 10 月 31 日，路德將《95 條論綱》張貼在維滕貝格大學教堂的大門上，普遍認為是新教的宗教改革運動之始。

獄？只要他願意使用蓋教堂的錢，就可以贖回煉獄裡所有的亡魂。』」

❖

　　贖罪券的銷售量開始急遽下降，流入教宗口袋的金幣愈來愈少，永久贖罪券更是乏人問津，特次勒澈底失去魅力。路德成了新的「煽動者」，有人認為他是神聖的，也有人認為他代表邪惡。十六世紀初，隨著時間的推移，路德這些「大逆不道」之言逐漸在歐洲大陸傳開。

　　當時，重大事件往往需要一年以上才能傳遍歐洲，因為除了印刷機，沒有其他傳播資訊的工具。資訊通常交由旅行者作為載體，而旅行則以日曆來規畫行程。最好的旅行安排是從當時的商業中心威尼斯出發，9 天後就能抵達那不勒斯；到里昂則需 2 週；到奧格斯堡、紐倫堡和科隆需要 2 至 3 週；到里斯本則要花上 7 週。如果夠幸運，1 個月就能抵達倫敦，但前提是英吉利海峽風平浪靜，如果中途碰上暴風雨，將會很不幸地被困在那裡。英格蘭國王從波爾多出發，即便天氣夠好，也要 12 天才能趕到倫敦。

　　然而，如果是爆炸性的消息，就會經過口耳相傳，迅速在各村莊、城鎮傳播，甚至穿過海峽。這是路德將論綱貼在教堂大門後發生的真實情況。在 11 月的第 1 個星期，各種自發性的支持或抗議路德的示威席捲了整個德國──因為路德做了一件不可思議的事──挑戰基督教的最高統治者。

　　要改變農民的信仰很困難。教會的基層人員雖然不若以往被尊重，但還是受人喜愛的；而主教和大主教們則不太受人歡迎。在路德聲名鵲起之前，在他的家鄉，德高望重的天主教徒約翰尼斯・楊森（Johannes Janssen）就指出：「主教們熱中於世俗和貪婪，對市道和祈禱漠不關心。」農民對教宗的態度更難以捉摸，他們尊重教宗，但不如牧師那樣虔誠。在他們看來，教宗不過是個大魔法師。現在，奧斯定教義的神學家公然挑釁他的權威。他們期待教宗做出強有力的反擊，這樣

他們才會繼續保持對他的忠誠。如果教宗的魔法失效，他們就會離他而去。

　　路德在向等級森嚴的教會發起挑戰的同時，還做了一些其他事情。他打破了中世紀教規的限制，證明每個人都能成為自己的神父，這是他在 1520~1521 年得出的結論。此外，殘存的《馬太福音》開始流通，農民終於知道，耶穌和他十二使徒的同情心是給予受壓迫的窮苦大眾，而不是給予整天把上帝掛在嘴上的王公貴族。由於當時歐洲教會和王權互相依靠，路德挑戰教會權威，激發了德國農民要求分享經濟發展的成果。很快地，一本名為《乾草叉約翰）（ Pitchfork John ）的小冊子迅速在農村出現，這本小冊子宣傳了路德對農民的捍衛，現在，他已經成為農民的捍衛者。

　　貴族階級的觀點則不盡相同。在教宗墮落之前，他們對基督教和世俗的規章制度一直堅信不移；他們的生活仍然恪守基督教教義，然而羅馬教廷的腐敗和神職人員的墮落讓他們大失所望，甚至氣憤不已。用帕斯托爾的話來說，如今貴族們「一致認為，人民已無法承受羅馬教廷的高稅收了……即便是還忠於教廷的人……同時認為即使從財政上來看，德國對羅馬的不滿和抱怨也是站得住腳的」。現在，他們認真傾聽路德信徒在奧地利、波希米亞、薩克森和瑞士聯邦等地的佈道，同時等待羅馬對此的強烈反彈。

　　1518 年 4 月 24 日，在海德堡召開的德國奧斯定修會會議上，路德被解除了神父職位。不過，與其說這是一場審判大會，不如說是一場展示自信的個人秀；路德散發了一份公開信，譴責經院主義，並且取名為「榮耀的理論」（theory of glory）。公開信被抄寫了很多份，在整個歐洲流傳開來，受到各界包括人文主義者的廣泛討論。十六世紀初，人文主義者一直期待能有一位德高望重的神學家，敢於將經院主義貼上過時的反

理性標籤，正如對待哲學那樣。現在，德國的學者們印刷了大量自稱是路德教派的小冊子。

在英格蘭，約翰・科利特已經預感到即將襲來一場暴風雨——但在這場即將到來的動亂中，他自始至終都沒有放棄對教宗的忠誠，然而教廷依舊沉迷於搜刮錢財，毫無積累善行和懺悔的意思。路德發現自己成了幾百萬窮苦人民的代言人，他們在文藝復興時期，遭受教宗的雙重剝削。他們受到特次勒這樣的強盜壓榨，變得一貧如洗；他們因為信仰而遭受苦難，被身穿聖衣者玷汙。路德的心裡與他們一樣充滿怒火，這種怒火在碰到歐洲最強大的權力代表之後更是與日俱增。雙方都試圖引用耶穌的話，但在受教會剝削最嚴重的德國，人們引用的不是《新約》，而是《尼伯龍根之歌》（*Das Lied vom Hürnen Seyfrid*）。這是路德小時候耳熟能詳的異教徒寓言，隨著英雄齊格飛（Siegfried）將象徵榮譽的利劍刺入看管尼伯龍根族財寶的龍形巨人法夫納（Fafnir）身體時，故事達到高潮。

代表挑戰的白手套已經扔出，教宗利奧十世卻不把它當一回事。阿爾布雷希特對此很警惕，他將路德的論綱從美茵茲送到羅馬，強烈要求嚴加約束路德。可是，利奧十世未能意識到這次挑戰的性質，他認為這不過是奧斯定修會和道明會的爭論，於是將這件事交給路德所在教區的副主教加百列・德拉・沃爾塔（Gabriel della Volta）負責，讓他交由手下解決，即維滕貝格神父、信奉奧斯定教義的約翰・馮・斯道皮茨（Johann von Staupitz）。但沃爾塔的「命令」被束之高閣，當然也就不可能抵達斯道皮茨那裡。事實上，教宗完全輕乎了維滕貝格對教宗權威的挑戰。

然而在其他地方，天主教做出了強烈反擊：魯汶大學、科隆大學、萊比錫大學等神學傳統據點聯名譴責了路德的論綱。特次勒也覺得自己受到侮辱，決定做出回應。不過由於特次勒是文盲，而且完全不熟悉基督教教義，道明會配給他一名神學家助手康拉德・維姆皮

納（Konrad Wimpins）。1517 年 12 月，特次勒以自己的名義在法蘭克福出版了一本名為《反論綱 106 條》（*One Hundred and Six Anti-Theses*）的小冊子。在這本小冊子中，特次勒沒有道歉、沒有妥協，他為自己販賣贖罪券的行為辯解，這些後來都記錄在《天主教百科全書》（*The Catholic Encyclopedia*）中：「毫不留情甚至是武斷制裁了那些與經院主義不相符的神學觀點。」隔年 3 月，一名街頭小販在維滕貝格散發了 800 份小冊子，維滕貝格大學的學生們圍住他，買下所有小冊子，然後在廣場上全部焚燬。

　　路德也寫了一本名為《論贖罪券與上帝恩賜》（*A Serman on lindusences and Grase*）的小冊子作為反擊，這本小冊子完全暴露出他的「叛逆」：「如果追求享受的人妨礙我的信仰，還稱我為異端學者，我將不屑與他們爭論，因為只有完全不了解《聖經》的人才會說出這樣的話。」教廷中的有識之士終於發現特次勒已經成為教會的包袱，於是建議教宗趕走他。教宗最終同意了，並且接見了當時服務於羅馬、具貴族血統的薩克森牧師卡爾‧馮‧米爾提茨（Karl von Miltitz）。等這件事告一段落之後，教宗告訴米爾提茨，要他立即前往歐洲北部去解雇早已名聲掃地的特次勒。

★利奧十世（1475~1521）是文藝復興時期最後的教宗，他與路德的鬥爭導致統一的西方教會最終解體。

　　但現在要趕走特次勒——德國東正教神學家們正在全力替他辯護——已經不太可能。大主教阿爾布雷希特私下斥責特次勒先前做得太過分；但在公開場合，天主教的高層還是一致拒絕妥協。在羅馬，一位德國大主教要求對路德啟動異端邪說的審判，道明會則要求立即彈劾他；當時中歐最有名望的神學家，因戈爾施塔特大學的副校長約翰・埃克博士（Dr. Johann Eck），在他寫的《方尖碑》（Obelisks）中攻擊了路德的論綱，指責他玷汙信仰，傳播「毒藥」；教廷的文學藝術審查官出版了《對話》（Dialogue）附和，並重申「教宗的絕對權威」；而科隆的雅各布・馮・霍赫斯特拉滕（Jakob Van Hoogsträten of Cologne）甚至要求將路德釘在火柱上燒死。

　　路德也以筆為矛做出了回應。1518 年 4 月，在埃克對他展開聲討後的 1 個月，他發表了《解釋》（Resolutiones）。當中的觀點有點出人意料，因為它乍看是向教宗展示了路德的軟化和屈服，並送了一份手抄本給教宗，其中有一段這樣寫道：「我匍匐在您的腳下，全心全意。鼓動、消滅、召集、撤回、許可、指責，似乎對您來說都是善行。我承認您的聲音就代表上帝，因為上帝就活在您的心裡。」不過這些話與接下來的文章完全相悖。《解釋》含蓄地否認了教宗的絕對權威，暗示他要對基督教教會會議負責。其他內容則繼續「詆毀」聖物、朝聖者、對聖徒權力的過度吹噓，以及羅馬教廷（「羅馬……在嘲笑好人；放眼整個基督教界，有哪裡會像巴比倫〔暗喻奢華淫靡的城市〕似的羅馬這樣隨意嘲笑最好的主教呢？」）。他甚至宣稱基督教贖罪券政策的基礎——最早可追溯到 300 多年前——是毫無根據的。這位來自維滕貝格的修道士已經變得更加自信，而且隨著自信的提升，他那獨特的存在感愈發強烈。

　　利奧十世對此大為震驚。放棄贖罪券？在教宗面臨破產的時刻？他正在重建教會，發動戰爭，為晚宴聚會籌集資金，為招待拉斐爾、洛托、帕爾馬、佩魯吉諾、提香、帕爾米賈尼諾（Parmigianino）、米開朗基羅準備美酒。教廷對各種預算花盡心思，最終帳單纏身。現在一個德

國的修道士——不過是個修道士——竟然敢對梵蒂岡教會收入的一大支柱指手畫腳。教宗傳喚馬丁·路德到羅馬。

但路德拒絕被傳喚，因為一旦接受，會帶來很大的麻煩——這樣的先例多不勝數。路德至少會被發配到義大利一座偏僻的修道院，在那裡，用不了一年時間，人們就會遺忘他和他的思想。因而路德向英明的腓特烈請求幫助——腓特烈三世之前曾表示，他身為德國的諸侯，有義務保護子民免受引渡。最終腓特烈三世同意了路德的請求。他對這個富有爭議的奧斯定教義者還是充滿好感的（原因之一可能是路德在維滕貝格大學期間負責整理圖書，不像利奧十世那樣從來不碰書）。應腓特烈三世的請求，馬克西米利安一世（當時的奧地利皇帝）做出了決定。雖然這位哈布斯堡皇帝還有 5 個月就要離世，但此時，他的政治頭腦仍然一點也不糊塗。憑藉著政治上的老奸巨猾，他打造了一個錯綜複雜的王朝，成為歐洲最有權勢的家族。他時刻關注德國正在上演的政治與宗教鬥爭。馬克西米利安一世在給腓特烈三世的信中這樣寫道：「好好照顧那個修道士。」他認為將路德交給教宗在政治上來說是個愚蠢之舉，反教會思潮正在全德國迅速延燒。

很快地，神聖羅馬帝國國會召開緊急會議，證實了他的看法。皇帝收到來自羅馬的請求，召集德國所有諸侯到奧格斯堡。利奧十世告訴他，自己正在組織一場針對土耳其人的新十字軍東征，需要徵收附加稅。國會拒絕了教宗的請求。這一行為雖非同尋常，但也不是沒有先例可循。腓特烈三世曾經為教宗從臣民中徵收了一筆稅款，但他決定先扣下來用於建造維滕貝格大學，其他諸侯也因此受到鼓舞。梵蒂岡向諸侯們索取的就是錢、錢、更多的錢。他們認為，聖職買賣費、聖職首年捐、教會訴訟費已經讓神聖羅馬帝國不堪重負。此外，他們之前贊助了教宗多次十字軍東征，最後卻得知這些東征都被取消了，卻沒有把錢退還給他們，反而轉用來修建義大利的教堂，況且之前所有東征都以失敗告終。真正讓諸侯擔心的不是土耳其人，他們一致認為，基督教世界的

真正敵人是他們稱為「羅馬的地獄犬」[45] 的人。馬克西米利安一世也寫了一封措辭緩和的信給教宗，他在信中向教宗保證將堅定不移地反對異教徒，但同時也建議要妥善處理路德。

　　經過一番深思熟慮之後，利奧十世同意取消傳喚路德。取而代之的是，1518 年秋，教宗命令他與教宗特使 —— 紅衣主教卡耶坦（Cajetan）、道明會總會長多瑪斯・德菲憂（Tommaso de Vio）—— 在奧格斯堡舉行會談。10 月 7 日，路德帶著皇帝頒發的安全通行證抵達奧格斯堡。這位紅衣主教是個德高望重、學識淵博的人，曾出版了 9 本關於義大利神學家阿奎那（Aquinas）《神學大全》（*Summa Theologica*）的評論著作。然而，他們的會晤沒有取得任何共識，而且由於兩人都各懷目的而來，最終會談破裂。路德原本準備討論宗教改革的計畫，但這位主教是教會制度的堅決捍衛者。考慮到他的學術背景，他忽視路德教授身分這點似乎令人難以置信。他自恃為道明會，把這位來自維滕貝格的修道士看作教會基層人員，而對方應表示對教長的順從，不能公開批評他。紅衣主教卡耶坦最後指出，唯一的議題是宣布對路德的懲罰。

　　事實上，紅衣主教早已做出了決定：冒犯者必須公開收回詆毀言論，並發誓不再質疑教宗權威。對此，路德立即拒絕。紅衣主教惱羞成怒，解除了這個不知悔改的神父教職，並令其以後不得出現在自己面前，除非他雙膝跪地、無條件撤回言論。隨後，紅衣主教祕密起草了一份措辭強硬的聲明譴責路德，並派特使送給英明的腓特烈。

　　密探將一切看在眼裡，並立刻向薩克森議員們報告 —— 在當時，密探無處不在，每個君主專制國家都會在另一國建立情報網，而最大和

---

45. 希臘神話中，看守地獄之門的地獄犬（the hellhound）有三個頭，而作為天堂守門人的教宗則戴著三重冠。

最嚴密的情報網就位於梵蒂岡。據可靠情報，路德即將被戴上腳鏈押往
義大利，於是他被祕密地從側門帶離，藏在一輛馬車內，匆忙逃離這座
城市。整個過程相當驚險，因為教會正密謀誘捕他，紅衣主教卡耶坦再
次寫信給腓特烈三世，要求立即將路德押往義大利。這一要求再次遭到
拒絕。雖然路德的處境暫時安全，但他還是流亡在一個暫時還沒有決定
引渡他的國家。

　　路德安全回到維滕貝格，把與紅衣主教的爭論寫成了生動的文
字，散發到德國各地。他在給一位朋友的信中寫道：「這是我的拙作，
請你以聖保羅的名義替我證明，現在的羅馬教廷是否受到一群反教會
人士的把持。」路德及其追隨者的言語愈來愈具攻擊性，也日益藐視
教宗。教宗再次要求他來羅馬懺悔，並且答應提供旅途費用。路德開始
體認到自己在維滕貝格很危險，而且危險與日俱增。教宗及其紅衣主教
們會不擇手段地審判異端邪說，而歐洲所有國王都有義務將教會認定的
異端者交給教會。不過，最近教宗對執行此一權力愈發謹慎。隨著教宗
在群眾間影響力的下降，很顯然地，遲早有一天會有無視法律、連教宗
也藐視的君王。過去，沒有任何君王拒絕移交異端者──成千上萬的人
因觸犯了教會而被綁在火柱上活活燒死，儘管他們的「罪孽」遠不像
路德明目張膽，但任何膽敢挑戰教宗權威的人都會被判成異端者，處以

★ 1518 年 10 月 7 日，馬丁・路
德（右四）與紅衣主教卡耶
坦（左二）會面。

死刑。在路德之前，德國有 4 個人因叛教而被處死，他們的罪名與路德的罪名有驚人的相似之處。艾爾福特的維瑟爾（Johann Ruchrat von Wesel of Erfurt）與路德一樣，也是名教授，也抵制贖罪券，而且他告訴學生：「我鄙視教宗、教會、委員會，我只崇拜耶穌。」雖然後來他被迫收回這些言論，但還是被判處了死刑。和他有同樣遭遇的還有奧格斯堡的約翰和盧因兄弟及韋賽爾·甘斯弗特（Wessel Gansfort），前者宣稱贖罪券是場騙局；後者則徹底否認贖罪券、赦免和煉獄，聲稱《聖經》是信仰和救贖的唯一來源。

路德後來說到甘斯弗特：「如果我早拜讀了他的作品，那麼我的敵人也許會認為我是從他那裡繼承了所有思想，從這一點來說，我們兩個人還是心有靈犀的。」這種情況同樣適用其他人，如果他們有罪，那麼路德也有罪。他在出版品、佈道臺和講臺上公開藐視梵蒂岡，只差在教會機構前正式承認。然而在 1519 年 6 月 27 日，路德逃離奧格斯堡 8 個月後，無意間在萊比錫普萊森堡（Pleissenberg）一個滿掛繡帷的大廳內，提供了對方一次這樣的機會。

事實上，路德可以利用自己的威望缺席萊比錫大辯論。路德的委託人是他在維滕貝格大學的同事安德烈亞斯·博登斯坦（Andreas Bodenstein），根據其出身，後人通常稱呼他「卡爾施塔特教授」（Professor Karlstadt）。在約翰·埃克針對路德的論文發表了《方尖碑》後，卡爾斯塔特與天主教會也發生了衝突。當時路德正在海德堡忙於準備奧格斯堡會晤，其論點只有書後的潦草筆記。而卡爾施塔特迫切希望能參加這場辯論，準備了一本寫有 379 條論點的手稿，在發表前又增加了 26 條新論點，現在因為埃克的挑戰，路德發現自己不知不覺捲入了這場大辯論的漩渦之中。

辯論現場座無虛席。大部分聽眾都是神學家和貴族，不過還有一

個由維滕貝格學生組成的特別代表團，他們手持木棍，時刻準備為他們的教授而戰。他們的眼睛專注在辯論會的主席身上——薩克森的喬治公爵。喬治公爵是英明的腓特烈的堂兄，但與腓特烈三世不同，他是個頑固的守舊分子，因而對路德相當敵視。路德會出席辯論完全是出於個人忠誠，他是一名英勇的戰士和出色的辯論者，但卡爾施塔特完全不是，儘管他也擁有一定才華。埃克企圖在辯論上徹底擊垮路德，路德清楚埃克完全有能力做到。最終，埃克在辯論中占了上風，取得出人意料的勝利，之後更對外大肆宣揚。埃克在路德支援卡爾施塔特的辯論時，巧妙布下圈套，把兩人逼入死角。

辯論一開始按部就班，主要爭論的是 1 個世紀前的康士坦斯大公會議（Council of Constance）上晦澀的問題，包括改革教會、結束基督教分裂（當時有 3 個互相對抗的教宗）和鎮壓異端。由於沒有意識到這些問題的用意，路德按照埃克的指引，坦率討論了波希米亞殉道者揚·胡斯的悲慘遭遇。

胡斯是捷克第一位偉大的愛國主義者，他一直希望建立波希米亞國家教會。擔任聖職後，他兼任了布拉格大學校長和哲學系主任。他在布拉格一邊授課一邊佈道，隨著波希米亞民族認同感的上升，他的聲望也達到了最高點。由於他試圖改革神父們的惡習，最終得罪了教會上層人士。雖然他被開除教籍，還是在波希米亞國王溫塞斯拉斯四世（Wenceslas IV）的庇護下繼續傳道。

之後胡斯逐漸疏遠教會上層人士，波希米亞國王因而頗有怨言。1411 年，對立教宗[46]若望二十三世為了支付戰爭開銷，要求捷克購買大量贖罪券。胡斯則認為戰爭是俗世的產物，不應該利用教會的權力來支撐戰爭。由於教宗承諾將販賣贖罪券的收益分一部分給溫塞斯拉斯四

---

46. 對立教宗（antipope），亦稱偽教宗、敵對教宗，是指擁護某一教宗人士對處在對立方另一教宗的貶稱。

世，因此國王開始公開反對胡斯，胡斯不得不在農民信眾的保護下躲藏起來，同時著書為自己辯護。1414 年康士坦斯大公會議召開，胡斯收到演說的邀請。他接受了神聖羅馬帝國皇帝西吉斯蒙德頒發給他的安全通行證，但這無疑是自投羅網，因為西吉斯蒙德出賣了他，並將他交給分裂教宗（schismatic pope）。隨後，胡斯被敵對方組成的審判團判為異端分子，綁在火刑柱上燒死。

如果路德贊同教會對胡斯的處罰，甚至迴避這一問題，那麼他的改革運動會失敗，而他也會被世人、甚至自己的學生所鄙視，認為他是個懦夫及虛偽之人。恰好相反，路德表示，即便是大公會議也可能出現失誤的判決。他公開宣揚胡斯及其思想，那些背棄、譴責他的人才是厚顏無恥、讓教會蒙羞的人。

這麼做確實需要相當的勇氣，因為它會帶來嚴重後果。路德一開始只是在贖罪券上與羅馬教廷有些分歧，而現在他已經在基督教世界公開挑戰教宗教權，在所有歐洲人面前承認自己是個不思悔改、絕不懺悔的「叛教者」。路德對此當然非常清楚，他一走出普萊森堡，就被學生

★路德與埃克在萊比錫大辯論的現場。

們簇擁保護起來，但他本人早已驚出一身冷汗。

　　路德被羞辱後的第二天，神聖羅馬帝國的七大選帝侯聚集在法蘭克福，推選新的皇帝，因為馬克西米利安一世已經在 6 個月前去世了。在教宗利奧十世看來，選擇馬克西米利安一世的繼任者要比彌補天主教的分裂重要得多——這一來也說明了教宗分辨不出事情的輕重緩急。歷史學家相信，路德的信眾本來可以被巧妙地壓抑住，只要作為基督代理人和基督教精神領袖的教宗能果斷採取行動制止路德。但教宗從一開始就猶豫不決，又專注於其他瑣事上——每晚在讀書上花了過多時間。其實利奧十世並非波吉亞家族那樣的人，他在很多方面都比路德要受人敬重。作為梅迪奇家族的族長，他是位詩人，而且享有很高的聲譽；他也是文藝復興運動的主要贊助者之一，酷愛文學、藝術，尤其獨鍾古典文學。他很包容文學，讀到伊拉斯謨諷刺他的作品時，也只是一笑置之，甚至欣賞人文學者能這樣描述教會統治者，這也讓當時的知識分子能夠自由寫作，當然前提是用拉丁語創作。才不致讓作品在大多目不識丁、僅懂得方言的民眾間引發騷動。

　　但教宗身邊的人認為利奧十世有三個性格缺陷：見識膚淺、揮霍無度、缺乏判

★揚·胡斯（1369～1415）是捷克的宗教改革運動先驅，最終以異端的名義入獄，經過長達 8 個月的監禁後，被綁在火刑柱上活活燒死。

斷力。而最後一個成了他的致命缺點，在很大程度上直接導致基督教走向衰敗。由於教宗沒有果斷採取行動，維滕貝格的「毒瘤」逐漸擴散，而利奧十世對此毫無察覺，直到路德發表《95 條論綱》後 3 年，他才對路德下達最後通牒，而這個時候，德國的局勢早已完全失去控制。

任何盡責的教宗都可以在 1517 年之前就平息這場反叛，他可以命令腓特烈三世逮捕這個桀驁不馴的奧斯定教義者，或使其保持沉默，甚至施以火刑。然而，利奧十世出於世俗事務的原因一直在討好腓特烈三世。當時人們知道馬克西米利安一世很快會駕崩，歐洲所有諸侯都有資格繼承帝位，尤其是 3 個實力最強的國王：分別是英格蘭的亨利八世、法國的法蘭索瓦一世，以及西班牙年輕有為的卡洛斯一世。

亨利八世可以先忽略，因為他沒有足夠的資金，而且也沒有興趣

★「選帝侯」是德國歷史上的一種特殊制度，這種制度讓神聖羅馬帝國成功延續了八百多年。

競選皇帝。這位精力充沛的英格蘭國王只對真正的權力，而非虛幻的權力感興趣。他很清楚，即便頭銜看上去很誘人，但帝國實力早已不復當初，只是一個名稱改成德意志羅馬帝國的鬆散組織，而皇帝的影響力只局限在他自己的王國裡。皇帝由七大選帝侯推舉：分別是美茵茲大主教、特里爾大主教、科隆大主教、萊茵蘭─普法茲伯爵、波希米亞國王、布蘭登堡侯爵，還有路德的贊助人──薩克森─維滕貝格公爵腓特烈三世。

與亨利八世不同，法國國王和西班牙國王一直覬覦皇帝寶座，儘管這個皇帝只剩下一個空頭銜，還是擁有很強的號召力，而且與教宗關係緊密。馬克西米利安一世曾經證實，只要利用得好，還是能夠用這個頭銜賺取巨大利益。不過，利奧十世並沒有看中卡洛斯一世和法蘭索瓦一世。新的皇帝如果過於強勢，就會掌控整個德國，並將德國與法國或西班牙聯合起來，從而破壞義大利自 1494 年以來對歐洲權力的制衡。因此，利奧十世更傾向於選擇一個實力相對弱小的諸侯，而薩克森的腓特烈三世正好符合資格。這也是當初腓特烈三世對路德從輕發落時，利奧十世沒有表示反對的原因。除了利奧十世，任何教宗都不會派樞機主教去和修道士討價還價。卡耶坦紅衣主教誤解了他被派往奧格斯堡的使命，其實這種使命本身就很隱晦，也不會容忍路德侮辱教廷，並且從維滕貝格擴散開來。為了取悅腓特烈三世，利奧十世甚至派遣馮·米爾提茲到維滕貝格，授予他「黃金玫瑰」（the Golden Rose），這是教宗贈予諸侯的最高榮譽。利奧十世希望藉此增加薩克森公爵在法蘭克福選帝會議上的成功率，然而正直講信譽的腓特烈三世，直接打發米爾提茲回羅馬。

這無疑是一個愚蠢的舉動。西班牙國王卡洛斯一世並沒有放棄，他打算像波吉亞競選教宗那樣成為皇帝查理五世──用錢買皇帝寶座。為了達到這個目的，他不惜高築債臺。但他有很多抵押品，他統治的領土不僅包括西班牙本土，還有西西里、薩丁島、那不勒斯、西班牙海外

屬地，以及哈布斯堡家族在奧地利、荷蘭、佛蘭德斯和法蘭琪—康堤大區（Franche-Comté）的租借地。雖然神聖羅馬帝國皇帝的權勢已大不如前，但「價格」並不便宜，因此卡洛斯一世的「標金」——給選帝侯的賄賂——達到了驚人的 85 萬達克特金幣，其中 54.3 萬達克特幣是向福格家族借的。

德國的實力一方面與路德不可分割，另一方面也很大程度上要歸功於福格家族及其同行。他們無視借款人的頭銜，都堅持必須按時還款。新的皇帝拖欠還款時，雅各布·福格二世威脅要揭發他：「眾所周知，沒有我的幫助，陛下不可能登上皇帝寶座。我手上有所有選帝侯寫的證明。」並宣稱一定說到做到，除非卡洛斯一世立即聲明「把向我借的所有錢連同利息立即償還，不得延遲」。最終卡洛斯一世被迫還款。

卡洛斯一世如願以償地被推舉為神聖羅馬帝國皇帝，但加冕典禮要在一年後舉行。這麼長的時間足夠結交盟友、宣戰並贏得戰爭、改朝換代，甚至是推翻選帝侯的決議。教

★在歐洲人心目中，查理五世（西班牙國王卡洛斯一世，1500~1558），是「哈布斯堡王朝爭霸時代」的主角，也開啟了西班牙「日不落帝國」的時代。

宗利奧十世頑固地拒絕承認卡洛斯一世的皇帝身分，而且繼續討好英明的腓特烈。他似乎打算無限制地容忍維滕貝格的反叛，並相信只要處理得當即可和平解決。路德及其追隨者的矛盾心理更加深了他的想法。在萊比錫大辯論前，路德就經歷了認同感危機，他一直在嘗試為教宗權力和教宗關係下定義。即便在 1519 年 1 月與馮·米爾提茲於阿爾滕堡（Altenburg）會晤期間，似乎也急於維護基督教的統一，並表示只要敵人不再攻擊他，他也不會再主動回擊。他甚至準備發表聲明，承認向聖徒祈禱的意義和煉獄的存在。他也願意要求追隨者與教會和解，甚至承認贖罪券對於減輕觸犯教規罪孽的功效。他還寫了一封信給在修道院中奄奄一息的特次勒，表示他們之間的矛盾在這場宗教大衝突中微乎其微。到了 3 月，路德甚至寫信向教宗表達臣服之意。

年輕時的路德修士──在他 28 歲時──第一次目睹了天主教首都並對它頂禮膜拜。當時，他是一個虔誠的朝聖者，在聖蹟前屈膝跪拜，在羅馬聖壇前瞻仰，並且跪著爬上了聖階；現在，他懷著同樣的激動心情寫信給教宗，教宗也很快給了他友好的答覆，邀請他前往羅馬懺悔，然而在此時，路德內心的掙扎開始加劇。最終，他再次拒絕了利奧十世伸出的橄欖枝。畢竟，維滕貝格是「叛教者」的庇護地，而且隨著他逐漸顯現「黑暗的靈魂」，最終他選擇與羅馬澈底分道揚鑣。創造歷史的路德──任性、無私、固執、虔誠、聰明、藐視知識和藝術，卻有著很強的信仰，並深受純粹、新發現的基督教精神所驅使──就這樣誕生了。

路德曾這樣分析自己的喜怒無常：「我是為戰鬥而生的，與各種派別、魔鬼鬥爭，所以我寫的書都是激烈、好鬥的。我必須清除殘枝敗葉，拔除所有荊棘，填滿溝渠壑谷，同時我也是個激進的林務員，負責開拓道路並將其打理得井井有條。」在第二次違抗教宗後，路德在給腓特烈三世的牧師喬治·斯帕拉丁（George Spalatin）的信中這樣寫道：「我現在也不知道教宗究竟是反基督教者還是聖人」，他的語氣溫和卻充

滿革命意味，「必須要發動一場基督教和世俗世界的革命。」[47]

路德的追隨者也和他一樣脾氣暴烈，暴烈是將他們聯繫在一起的紐帶。他們愈來愈（尤其在萊比錫辯論後）像一支暴動的軍隊，維滕貝格是司令部，而上帝的讚美詩是進行曲。路德的支持者也打過筆仗，但都不如他那樣激烈。

路德在讀完教廷寫的冗長、毫不妥協和宣稱教宗權力至高無上的文章後，發表了〈典範〉（Epitome）一文，開頭就稱羅馬為「被鮮血染紅的巴比倫」，而教廷則是撒旦的猶太人教堂。若時空回到 3 年前，路德看到這樣辱罵教宗的文章一定會大吃一驚，更不用說動手寫了。現在，這還只是個序幕。

他寫道：「教宗職位是惡魔的教堂」、「惡魔設立了教宗職位」、「惡魔通過教宗來統治教民」、「惡魔帶給羅馬淫亂和墮落」。他寫道，除非「天主教徒」抑制住他們的憤怒——好像他自己很溫和似的，否則「沒有任何補救方法，除非真正的基督徒拿起武器戰鬥……用利劍而非文字來解決問題……既然我們用絞刑臺對付小偷，用刀對付強盜，用火刑燒死異教徒，那麼我們為什麼不拿起武器攻擊那些罪惡之徒、那些樞機主教、教宗，以及所有讓基督教墮落的索多瑪[48]之民，讓我們的手上沾滿他們的鮮血呢？」

利奧十世的寬容似乎沒有上限，但路德的言論也未免太過分了。在嚴守教規的人眼裡，抗議濫用贖罪券被視為異教徒的行為，煽動暴行更是完全無法容忍。同年 6 月，步步為營的埃克（現在正在全力追查異教徒首領）抵達羅馬，同時帶來路德新的佈道手抄本，該佈道公然質疑教宗革除教籍的權力，此外埃克也向教宗詳細報告，路德及其追隨者正在中歐和瑞士肆無忌憚地傳播「異端邪說」。在卡洛斯一世加冕為神聖

---

47. 他在這封信中，第一次命名了這場運動，而這名稱將廣為後人所知。
48. Sodom，指《創世紀》中的罪惡之地，這座城因罪惡而被上帝毀滅。

羅馬帝國皇帝的典禮上，利奧十世與卡洛斯一世達成和解，並開始採取行動。1520 年 6 月 15 日，利奧十世宣稱教宗已經處於岌岌可危的處境，「雜草經蔓延到上帝的葡萄園」，於是發布了《上主興起》（Exsurge Domine）通諭，其中包含 42 條譴責路德為異端的論點，並下令焚燬路德所有作品，要求他懸崖勒馬，重回正道，同時命令他於 60 天內進羅馬城，宣布放棄異端邪說。

然而，60 天過去了，路德還在維滕貝格，教廷最終下達了開除他教籍的通諭。不過這份通諭並不是由利奧十世簽署的，而且在他的堅持下，它也沒有成為最後的《相稱羅馬宗座》（Decet Romanum Pontificem），從而避免了把路德打入萬劫不復的地獄。儘管如此，路德還是被公開點名並受譴責，所有的基督徒都不得聽他說話，也不能和他交談，甚至也不能看他一眼，只要他一出現，所有宗教儀式都必須暫停舉行。教宗宣布將他驅離教會，任何國王、諸侯和貴族都不得接納他，而且有義務將他押送到羅馬。

路德隨後寫了一系列諷刺的文章作為反擊。當他得知自己的書在羅馬被焚燬，決定採取一個高調的行動來表達對教宗的藐視。在他的授意下，他的大學同事在第

★這是 1520 年 6 月 15 日，利奧十世發布的《上主興起》通諭的封面圖。通諭限令路德在收到後的 60 天內前來羅馬，並宣布放棄異端邪說，否則將把路德逐出教會。但是在支持者阻撓下，路德於 10 月 10 日才收到通諭，並且在 60 天後當眾燒燬。

二天，也就是 12 月 10 日早上，將維滕貝格大學「虔誠又好學的」學生聚集在城外的埃爾斯特門附近，他們早已在那裡準備好一堆篝火。情緒激動的學生們清空大學圖書館的書架，並點燃書籍。接著路德現身，手裡拿著教宗的通諭，並將它扔進火堆，同時口中唸著：「因為你敗壞了上帝的真理，願上帝在熊熊大火中毀滅你。」大火一直持續到傍晚。第二天，路德又召集學生。這一次他公開宣稱，所有拒絕與教廷斷絕關係的人都不會得到救贖。威爾·杜蘭後來寫下這一句：「路德已經將教宗開除教籍了。」

　　燒燬教宗的通諭當然是死罪，但路德沒有犯法，因為這個通諭本身就是違法的。在混亂的梵蒂岡，教廷從內到外都被「背叛」了。60

★ 1520 年 12 月 10 日，路德當眾燒毀了教宗通諭。至此，路德被迫與教廷澈底決裂。

天通牒的倒數計時從頒布《上主興起》的 6 月 15 日開始算起，直到 8 月 14 日譴責路德為止。然而，按照當時教會的法律，這一「恩典」的開始時間應該從路德收到通諭的那一天算起，這樣其謀反者的罪名才真正成立。

　　路德原本應該在 7 月底就能收到通諭。當時正值夏季，氣候乾燥，從羅馬到維滕貝格這段路程，任何信使都能在 7 個星期內走完，然而路德直到 10 月才拿到通諭。儘管路德最終燒燬了通諭以及與教宗的聯繫，但實際上羅馬的德國大主教扣留了通諭近 4 個月之久。他們之所以這樣做，代表的是廣大德國民眾的意志。拯救路德的不是他的志業，而是神聖羅馬帝國衰弱後留下的政治真空——他的祖國以及歐洲各地都出現了一個新產物：民族國家。

　　生活在阿爾卑斯山兩側的民族，彼此關係的緊張程度甚至超過了一直勢不兩立的西班牙和葡萄牙。這種緊張關係由來已久。自從五世紀以來，中歐民族在對待教宗的態度上既虔誠恭順，卻也敵視不滿，他們清楚記得，當時亞拉里克一世率領他們的祖先洗劫羅馬；他們也記得——痛苦的回憶——600 年後，格列哥里七世如何羞辱他們的國王，迫使他在卡諾莎的雪地裡跪了整整三天三夜才赦免他。雖然德意志的權力仍分散在 300 多個大小不一的公侯手裡，但作為德意志民族，他們有著共同的語言、文化，從而產生共通的民族認同感。他們在這一時期的共同點或許有所誇大，但他們開始覺得自己屬於德意志民族，卡諾莎之辱和其他舊傷也將被重新揭開。

　　羅德里戈‧波吉亞，也就是教宗亞歷山大六世，在 1500 年正式頒布永久贖罪券，之後德國的朝聖者穿過勃倫納山口，帶回梵蒂岡的大量荒唐故事。但德國之所以興起反教會思潮，原因不僅僅是由於這些流言。對於在民族主義下團結一致的人們來說，他們愈來愈難以忍受梵蒂岡的專制和蠻橫。羅馬聲稱，任何君王只有受到教宗的承認才是合法的；而且大致而言，任何皇帝、國王和公侯一旦頂撞了教宗，都會被廢

黜，有時甚至不需要任何理由；神職人員就像日後的外交官一樣享有豁免權；法官不能審判、處罰任何神父，即使他犯了強姦和謀殺罪，而且一旦世俗法庭和宗教法庭發生衝突時，教宗通常會偏袒宗教法庭。

馬克西米利安一世差點與梵蒂岡關係破裂。1508 年，在威尼斯的反對下，他被禁止前往羅馬舉行加冕儀式。一年後，他開始考慮將德國教會從教廷中分離出來。最終，他雖被說服不可能獲得德國諸侯的支持，但他還是命令學者雅各‧維姆菲林（Jakob Wimpfeling）起草了一份控訴教宗的文件。

維姆菲林在控訴書的最前面，首先抗議梵蒂岡有系統地洗劫德國納稅人、實業家和貴族。馬克西米利安一世宣稱，教宗在德國境內搜刮的錢財比他自己的收入要多 100 倍——這當然是誇大；至於商人，作為興起於德國社會最有活力的階層，發現自己的競爭對象竟是不用納稅的教會。在路德出現並且領導憤怒的同胞之前，美茵茲大主教的助理就在給義大利樞機主教的信中憤怒地寫道：「稅收不僅苛刻，而且不能有任何延誤……甚至在未諮詢德國教長的同意下，就開始徵收戰爭什一稅。原本在德國國內處理的訴訟案，也被匆忙轉交給宗教法庭。德國人被當成富有、愚蠢的野蠻人，受到各種方式的殘酷剝削……德國多年來一直處於落後的處境，抱怨自己的貧窮和悲慘命運。但是現在她已從睡眠中清醒；現在的她已經掙脫枷鎖，重新贏回祖先的自由。」

他的同胞、牧師，甚至教長也這樣認為。貝特霍爾德‧馮‧亨尼貝格（Berthold von Henneberg）大主教表示：「義大利人應該為德國人的服務支付報酬，不能讓教會機構一直這樣勒索錢財。」但他的話教會忽視了，虔誠的教民與教會關係逐步惡化。當卡爾‧馮‧米爾提茲到阿爾滕堡會見路德時，他驚訝地發現，至少一半以上的德國人都反對梵蒂岡。這樣的情況在薩克森尤其嚴峻，因此米爾提茲迴避了當地人提出的任何問題，而且裝出一副無辜的樣子，否認自己是受教宗委派而來。

一位天主教歷史學家這麼說：「對教會和神父的憎恨情緒在德國各

地民眾中蔓延⋯⋯『殺死神父』的口號已從祕密轉為公開。」雖然教宗還沒有察覺到這種與日俱增的不滿，但教廷已經很清楚了。為了防止叛亂之火燃起，教廷決定德國可以不再受異端裁判管轄。而早在 1516 年，即路德將《95 條論綱》貼在教堂大門的前一年，教宗身邊一個重要幕僚就提醒他，務必警惕中歐可能發生的「叛亂」。

　　這個人叫吉羅拉莫・阿萊安德羅，拉丁名字叫謝羅尼莫斯・阿雷德（Hieronymus Aleander）。他來自威尼斯，當時只有 40 歲，長相英俊，彎彎的眉毛，目光犀利，嘴巴噘起，一副教授的模樣。阿萊安德羅是一位知識淵博的神職人員，他是一名人文學者，未來還會成為樞機主教，同時也是歐洲德高望重的知識分子──巴黎大學校長伊拉斯謨的同事，能夠說一口流利的拉丁語，是威尼斯和奧爾良受人尊敬的教師。他也是個做事果決的人，未來將成為路德強勁的天主教對手。阿萊安德羅在訪問奧地利期間，就已經預感到了一場「暴動」即將到來。他告訴教宗利奧十世，他在奧地利一直聽到當地人嘀咕著期待能有人站出來帶領他們反對教宗。

　　當教宗發出一份對整個基督教界都有約束力的通諭時，按照慣例，他要派遣德高望重的特使攜帶通諭副本，張貼在人群聚集之地。利奧十世的《上主興起》就是這樣的一份通諭，而負責將路德的「醜聞」帶到全德國的教宗特使便是阿萊安德羅和約翰・埃克。被選為特使是件榮譽之事，埃克還沉浸在一年前的萊比錫辯論中戰勝路德的喜悅，於是欣然出發。

　　而阿萊安德羅則想起了自己之前的預感，因而沒有那麼樂觀。早在接受這項任務時，梵蒂岡就警告他們一路上的「接待」可能不會一帆風順。儘管路德在羅馬受到了譴責，但在北方地區依然廣受擁戴，他的支持者包括帝國的侍衛長、七大選帝侯之一的法蘭茨・馮・錫金

根（Franz von Sickingen）、神學家菲利普·梅蘭希通、詩人及紐倫堡議員史賓格勒（Lazarus Spengler）、將希臘古典文學翻譯成拉丁文的翻譯家威廉巴特·匹克海姆（Willibald Pirckheimer）；阿爾布雷希特·杜勒也在為路德祈禱；卡爾施塔特也回應路德，出版了《論聖經正典》（De canonicis scripturis libellus），這是一本讚揚《聖經》，譴責教宗、使徒書、傳統和大公會議的作品。就連美茵茲的阿爾布雷特大主教也一直在包庇這些叛教者。

這些都是德國著名的保守主義者。烏爾里希·馮·胡滕卻不是以保守出名；他以新路德宗（Lutheran Church）的身分創作出了言辭激烈、充滿火藥味的作品。為了呼籲德國人從羅馬的束縛中解放出來，他出版了一份古希臘的手抄本，直截了當地指出，「我們的祖先」——哥德人和匈人——「即使在羅馬軍事實力最強的時候，也絕不向羅馬人屈服；

HIERONYMVS ALEANDER ARCHIEPISCOPVS
BRVNDVSINVS, ET ORITANVS, ETC.
M. D. XXXVI.

我們不會向貪婪好色、毫無陽剛之氣的奴隸屈服，也不會把自己的命運交到那些荒唐的牧師手裡」。伊拉斯謨要求他保持沉默，但他的言辭更犀利，反抗也更劇烈。1520年，他發表了要求從羅馬脫離獨立的《談話集》（Gespräche）。他以散文式的對話，將梵蒂岡稱為「龐大的吸血蟲」，並且補充：「教宗是強盜頭目，他的手下占據了教廷……罪孽籠罩了整個羅馬。難道我們不

★阿戈斯蒂諾·韋內齊亞諾（Agostino Veneziano）於 1536 年繪製吉羅拉莫·阿萊安德羅的版畫。

應該包圍並驅逐這些受詛咒的人們嗎？」

於是，埃克和阿萊安德羅小心翼翼地行動。在德伯爾恩（Döbeln）、圖高（Turgan）和萊比錫，印有醒目紅字封印的教宗布告被撕下來。埃克大吃一驚。在萊比錫怎麼可能發生這種事情呢？一年前，埃克還與路德在這座天主教城市辯論，並且取得了壓倒性的勝利，他原以為自己會受到眾人的敬重和崇拜。然而，維滕貝格的異教徒藐視任何慣例。在艾爾福特，很多教授，甚至包括神父，都鄙視埃克、阿萊安德羅和教宗通諭。之後，一群暴動的學生抵達，將剩餘的通諭盡數扔進河裡。埃克驚恐萬分，連夜逃走[49]。

阿萊安德羅則表現得沉著冷靜——至少在當時如此。然而僅僅過了 6 個月，他也被這種局勢嚇到，從黑森寫信給教廷：「所有德國人都拿起武器反抗羅馬……教宗頒布通諭驅逐路德，卻被公開嘲笑。很多人拒絕接受懺悔儀式的聖餐……畫家畫了路德的頭像，還為他塗上光環。人們親吻畫像，爭先恐後搶購，以致我連一張都拿不到……我也不敢在大街上走動，因為德國人會手握刀劍、咬牙切齒地盯著我。我希望教宗能夠給我一張永久贖罪券，萬一我有什麼不測，替我照顧好我的兄弟姊妹。」

路德在維滕貝格一切順利。1520 年 6 月 11 日——《上主興起》通諭頒布 4 天前——他寫信給施巴拉丁（Spalatin）：「我早已將生死置之度外。我現在對羅馬的憤怒充滿了鄙視，正如之前我崇拜他們一樣，我至死都不會與他們和解……讓他們譴責我、燒燬我的作品吧，我也會以牙還牙地反擊……現在我不再害怕，我將出版一本德語的宗教改革書來反對教宗，用對待反基督者那樣的暴力語言反對他。」

---

49. 許多德國大學當時依然忠於教會，但有兩處例外：路德在艾爾福特及維滕貝格授過課的兩所大學。

「我將出版一本德語的宗教改革書籍……」儘管路德性格怪僻，有
很多自相矛盾之處，甚至部分被人指責，但他從來就不是一個「愚蠢」
的人。一開始有人認為他愚蠢，但1520年發生的眾多事情卻推翻了這
種觀點，一方面來自教宗的猶豫不決，一方面則來自路德敏銳的政治直
覺。他不僅領悟到德國正在興起強大的民族意識，也想到了一種能將之
善加利用的方式。

之前提過，像羅馬皇帝一樣，中世紀的諸侯培養了一群語言學菁
英，卻讓廣大人民目不識丁。上層羅馬人士學的是希臘語詞彙和語法，
儘管這些詞彙和語法與拉丁語相衝突，造成的直接後果便是多數臣民看
不懂嚴肅的文本。他們的繼承者延續了這種做法，將拉丁語定為官方語
言。

隨著大量口語化的新詞湧現，崇拜古典的人文主義學者扮演了破
壞者的角色，他們強烈抨擊但丁、佩脫拉克、薄伽丘，因為這些人用托
斯卡尼或義大利方言寫作。義大利十六世紀時期的知識分子，例如馬基
維利、阿里奧斯托、卡斯蒂利奧內等，也都使用托斯卡尼語和義大利語
發表作品，這股思潮就是要反對他們。在歐洲，諸如法國、卡斯提亞、
葡萄牙，甚至英格蘭都使用本土語言出版作品。

然而在歐洲其他地方，拉丁語則如天書一樣晦澀難懂。所有人（除
了教會的高級神職人員、知識分子和腰纏萬貫的貴族）都看不懂統治
者頒布的正式公告、法律和聲明；聽不懂禮拜儀式、讚美詩和教會的
神聖儀式；當然，也看不懂《聖經》。更不用說當時的文學作品和政治
宣傳手冊了。當然也有一些作家的作品例外，例如英格蘭的約翰·戈
爾（John Gower）、傑弗里·喬叟、威廉·朗蘭（William Langland），以及
法國的弗朗索瓦·維永。然而，維永是個很特別的例子。其他法國人認
為嚴肅的作品不能用通俗的語言寫作，因而都用拉丁語來創作，這些作
品被戲稱為「高貴的修辭本」。

在路德的祖國，賽巴斯提安·布蘭特的《愚人船》是部獨一無二的

巨著。儘管如此，布蘭特並非人文主義學者，其作品也不能代表文藝復興，相反地，他是中世紀思想的代表人物。雖然德國也出現了本土語言的文學作品，但這些由古騰堡繼承者出版的書大多是一些輕鬆的娛樂小品——民間故事、古代國王的史詩、布倫希爾德的傳奇[50]，它們像糟糕年分生產的劣質酒一樣倒給了教民。這些教民聽不懂牧師的佈道，更不用說 3 年前在維滕貝格發生、讓教宗夜不能寐的一連串大事。

　　另外一點，也是最關鍵的一點，薩克森、奧地利、黑森、波美拉尼亞、巴伐利亞、西利西亞、布蘭登堡和西發里亞等地的大部分貴族——在接下來的冬季將決定路德命運的小諸侯同樣不會拉丁語，只有富人才請得起拉丁語教師。當時的中歐確實有一些有錢人，但他們都是商人，而按照當時的傳統，商人不能成為貴族。因此，馮·胡滕尖刻的作品對他們和農民來說都是一堆廢紙。但是和農民一樣，他們懂方言。儘管拉丁語表達精準，充滿節奏感與邏輯，對學者來說是精神大餐，但是路德清楚，只要他用簡單的德語向信眾演說，便可以讓自己更令人印象深刻，更有說服力，更能打動人心。

　　在德國，路德發出的第一份抗議是《高尚的佈道》（*Sermon von den guten Werken*），時間是 1520 年 6 月，即教宗頒布《上主興起》通諭後數日。緊接著，他又發表了 3 本抗議手冊，第一本是《致德意志基督教貴族書》（*An den christlichen Adel deutscher Nation*）——全名是《關於基督教改革而致德意志基督教貴族公開書》（*An Open Letter to the Christian Nobility of the German Nation Corcerning the Reform of the Christian Estate*），以及最後一本《論基督徒的自由》（*On the Freedom of a Christian*）。總而言之，內容毫無保

---

50. 為北歐英雄傳說《沃爾松格傳》和冰島史詩《埃達》中的主要角色。她還以同樣的名字出現在日耳曼史詩故事《尼伯龍根之歌》和華格納歌劇《尼伯龍根的指環》中。

★ 1549 年版本的《愚人船》封面。這部由賽巴斯提安·布蘭特於 1494 年創作的諷刺長詩「非指文藝復興的勝利，相反地，它是中世紀思潮的全面體現」。

留（甚至是無情）地攻擊了羅馬天主教的虛偽、聖禮、神學闡釋及世俗宗教事務等。

而三本都猛烈抨擊教宗（「啊，教宗，你不是最神聖的人，而是最邪惡的人。上帝會把你從皇位上趕下來，把你打入無底深淵！」），並赤裸裸地激發了德國的愛國主義。從這些控訴來看，羅馬最大的罪孽既不在《聖經》，也不在神學，而是對德國的殘酷剝削，尤其是義大利對德國的經濟剝削。據路德估計，每年至少有 30 萬荷蘭盾[51] 金幣從德國流向羅馬。他說：「我們已經找出問題的本質了。」

在這之前，路德將《95 條論綱》貼在教堂門口時，人們還一直以為贖罪券就是問題的核心。從那以後，路德抨擊了天主教七大聖禮中的四個，只為洗禮、聖餐和懺悔辯護，否認其餘聖禮和聖體變質說。現在他對福格家族的不滿早已超過了對神學家的不滿。「為什麼德國人必須忍受教宗掠奪我們的財產？……既然我們將小偷和強盜繩之以法，那為什麼要讓貪婪的教宗逍遙法外？他是有史以來最大的小偷和強盜，而且還是以基督和聖保羅之名！誰願意再繼續忍受、保持沉默？」

馬丁·路德當然不會。他希望教宗的代言人被驅逐出德國，德國

---

51. gulden，荷蘭貨幣單位。

的神父宣布與梵蒂岡脫離關係，同時建立德國宗教，而美茵茲大主教將成為新宗教的領袖。他的這些觀點大大出人意料，而沒有神學家（至少是羅馬以外的神學家）會提出這些觀點。1520 年 10 月 6 日，當阿萊安德羅和埃克還在德國飽受煎熬地張貼譴責路德的通諭、又眼睜睜看著它們被撕下時，路德也用德語和拉丁語發表了一份聲明，控訴耶穌建立的教會被教宗專制把持了一千多年，並且敗壞了基督教的道德和信仰。他否認婚姻也是聖禮，認為如果一個女人的丈夫是陽痿者，那麼她可以與其他男人發生關係並懷孕，從而替丈夫生下小孩。如果他拒絕，那她可以選擇離婚，儘管路德認為重婚比離婚更明智。最後，他重申了自己的反抗：「我最近聽說教宗發布了譴責我的通諭，並且要求我立即放棄我之前發表的聲明……若果真如此，那我希望這本書就是我放棄聲明的一部分。」

　　馮·米爾提茲看了之後大為震驚，但仍然相信維滕貝格的路德和羅馬的教宗還是有希望達成和解。1520 年 10 月 11 日，這位薩克森年輕的傳道士、教宗的發言人來到維滕貝格，他提議會設法讓教宗撤回通諭，前提是路德要寫信給教宗，否認之前的攻擊帶有任何惡意，同時為宗教改革提出合理的解釋。路德同意了，他在寫給教宗的信中，表示自己的攻擊並非針對教宗個人（「眾所周知，您的生活方式是高尚、無可挑剔的」）。然而，他緊接著寫道：

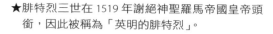
★腓特烈三世在 1519 年謝絕神聖羅馬帝國皇帝頭銜，因此被稱為「英明的腓特烈」。

但是教宗您、也就是羅馬教廷，不能否認教廷比巴比倫和索多瑪還要腐敗墮落的事實，裡面充斥著墮落、絕望和邪惡——這樣的教廷為我所唾棄。……教廷已經成為小偷、妓女的天堂，罪惡、死亡和詛咒的王國……他們授予您闡釋《聖經》的權力，以您的名義在教會內為所欲為、無惡不作。唉，撒旦早已通過他們入侵了教廷。總之，不要再相信那些奉承您的人，信任那些讓您謙虛的人吧。

現在的路德已經不可能再得到救贖。這些狂言妄語刺進了教廷最深處，侍從很快開始行動，準備起草《宜乎羅馬教宗》，即對路德的最終絕罰令。當時的路德是否頑固不化不得而知，但直到 1521 年 1 月末，教宗都還沒有正式簽署絕罰令，直到路德與教廷徹底決裂 4 個月後，德國也沒有收到任何一份絕罰令的副本。

事實上，這只是一個技術性問題。第一份下達的通諭也不再受法律保護，而且將路德從基督教開除之後，不論是按法律還是習俗，他都應該是個亡命之徒，成為歐洲所有統治者的通緝犯。然而，所有人都在觀望，教宗自然也沒有催促他們。在阿萊安德羅看來，這些都不能成為藉口，他強壓住心中的怒火，決定從「藐視法律」的首領之一——薩克森選帝侯英明的腓特烈下手。1520 年 10 月 23 日，他在科隆見到了腓特烈三世，當時這位選帝侯心情很糟。因為他當時原本應該在亞探，20 歲的卡洛斯一世將在那裡登基成為神聖羅馬帝國皇帝——這是他實現中世紀夢想的最後一步，建立基督教世界的統一帝國。腓特烈三世也有這樣的夢想，為此他投了卡洛斯一世的票（沒有收受任何賄賂），並一直在期待這一年的加冕禮。但此時他已經 60 歲高齡，而且之前一直暴飲暴食，所以現在已開始為此付出代價。他因為痛風無法行走，只能躺在科隆大學郊外的別墅裡，由一名醫學教授照護著，他常看著自己浮腫的雙腳，痛苦呻吟。

　　他隆重地接待了阿萊安德羅。對教宗的特使還是要表現尊重，而且在統治薩克森 35 年後，他完全了然於心如何搪塞任何有求於己的人。在阿萊安德羅請求他逮捕路德之後，他表示需要聽聽其他人的意見，幸運的是，他身邊恰好有合適的人選。

　　伊拉斯謨當時正在附近授課。腓特烈三世立即派人請來伊拉斯謨，他很清楚，伊拉斯謨的觀點和路德一樣，而且還擅長雄辯。

　　伊拉斯謨果然不負眾望。他告訴阿萊安德羅，逮捕路德是不公正的，因為所有人都知道教廷那些駭人聽聞的行為，且教廷的聲譽已遭嚴重損毀，而試圖提出建言的行為都應該受到鼓勵，而非懲罰。腓特烈三世再問路德最大的過錯是什麼，伊拉斯謨語帶嘲諷地列舉了兩項：「他攻擊了頭戴皇冠的教宗，還有大腹便便的神父。」他同時也質疑《上主興起》這份通諭的真實性。教宗是位紳士，但這份通諭的措辭完全不像出自他的手筆。根據天主教歷史學家帕斯托爾的記載，伊拉斯謨懷疑是教廷人士的陰謀。於是腓特烈三世當著阿萊安德羅的面做出決定，他表示路德已經對通諭提起了上訴，而在這期間他是自由的。

　　他補充了一點讓教宗特使大為不滿，他說即使要審判路德，也必須在德國，而不是在羅馬。阿萊安德羅匆忙返回亞探，將事情一五一十地會報給新皇帝卡洛斯一世，讓他吃驚的是，卡洛斯一世竟然同意腓特烈三世的做法，其實這也非卡洛斯一世期待的結果。他的神聖羅馬帝國皇帝頭銜因西班牙國王的身分而黯淡不少，而西班牙的情況與德國完全不同，在那裡，教會並沒有受到挑戰，而且西班牙的教長們絕不會容忍一個包庇異教徒的國王。當時西班牙和法國的戰爭迫在眉睫，他一直試圖與梵蒂岡結盟，以讓教宗資助自己的軍隊。然而，當初在美因河畔法蘭克福競選皇帝時，他承諾在德國未經舉行聽證前，任何德國人都不能被定罪，所以他必須做出這樣的決定。但他表示，路德必須出席 1521 年 1 月 27 日在沃姆斯（Worms）召開的帝國議會。

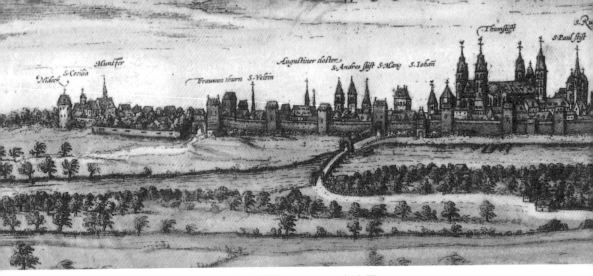

★約 1572 年時的沃姆斯城市地圖，繪製於 1572~1617 年之間。

　　沃姆斯位於萊茵河左岸、曼海姆（Mannheim）西北 10 英里處，是一座歷史悠久的城市，許多羅馬、基督教和民間傳說都發生在那裡。它曾經毀於匈人的鐵蹄下，這段歷史被記載在《尼伯龍根之歌》中。僅僅在 26 年前，馬克西米利安一世就在這裡主持了上一次的帝國議會，宣稱取得「永久和平」的終極成果。

　　現在，這些話辛辣地諷刺了應皇帝聖旨而來參加集會的各界菁英，包括——帝國的大主教、主教、親王、公爵、伯爵、侯爵和自由城市的代表。沃姆斯作為自由城市已有 400 年歷史，而如今，這些人的心情極不平靜。讓新皇帝失望的是，所有人只關心一個話題：馬丁・路德的命運。卡洛斯一世本來打算在此審判這位異教徒教授（並且定他的罪），但這並不是他召開會議的真正目的。他希望做好動員，以應付即將與法國開打的戰爭，同時加強對帝國的統治、道德約束，以及與梵蒂岡的聯繫——因為他需要梵蒂岡的支援，以使匈牙利免受土耳其的騷擾。

　　教宗撥款之事在第一次會議開始前就已經注定前途暗淡，而讓皇帝備感震驚且阿萊安德羅也氣憤不已的是：「德國貴族的代表團，」一位天主教歷史學家曾指出，「都在為路德的演說鼓掌並附和。」阿萊安

德羅抱怨會場到處都是譴責羅馬的宣傳手冊。其中一本寫於距離沃姆斯幾英里、位於埃貝斯堡（Ebernburg）馮・濟金根的城堡，作者是烏爾里希・馮・胡滕。胡滕要求教宗特使及隨從離開德國：「滾開吧，你們這些骯髒之徒。離開這個神聖之地，你們這些無恥的販賣者！不要用你們的髒手碰聖壇⋯⋯你們怎麼膽敢把祭祀的錢用於揮霍和享樂，而無視挨餓的人民？酒杯已滿。看看你們是否還能呼出自由之氣？」

新皇帝的神父 —— 聖方濟各會的吉恩・格拉派恩（Jean Glapión）—— 早就有所警覺，他私下會見了腓特烈三世的牧師施巴拉丁。格拉派恩認為，在這種情況下與路德發生衝突，會帶給教會災難性的後果，唯一的解決方案是和解。在他看來，路德提出的很多宗教改革要求是合理的。事實上，他早就明確提醒過卡洛斯一世，如果天主教未能從「狂妄自大地濫用神權」中得到淨化，那麼他也會受到神的懲罰」。按他的估計，5 年之內，皇帝的權力就能做到。但是，路德也不是完全無可指責的 —— 他寫的《巴比倫囚虜》（*Babylonian Captivity*）就讓格拉派恩看了「毛骨悚然」，所以必須要聲明放棄某些信仰。施巴拉丁派出信使，將格拉派恩的建議送到維滕貝格，3 個星期後，信使帶回了斷然拒絕的答覆。

無論如何，這位聖方濟各會修道士和他的奧斯定會懺悔者都不會

為教宗說任何好話，而阿萊安德羅雖然可以這樣做，但他此時已沒有心情商量這件事。3月3日，他在召開帝國會議前，要求立即宣布路德有罪。這一要求被拒絕了，因為「這個維滕貝格的修道士」在德國已經家喻戶曉，必須舉行聽證會。為此，一名信使再度前往邀請路德出席帝國議會，卡洛斯一世還特別聲明：「你不用擔心會受到任何折磨或拷打，我會給你安全通行證。」

維滕貝格的人們對於皇帝的保證持懷疑態度。他們依稀記得，胡斯就是因為這樣的保證而葬送性命。事實上，皇帝的私人老師、來自烏特勒支的樞機主教阿德里安（Adrian）試圖故技重施——他教唆卡洛斯一世收回承諾，逮捕路德，並將其押往羅馬。儘管卡洛斯一世斷然拒絕，施巴拉丁還是聽到了風聲，立即警告路德，不過路德完全不予理會：「就算沃姆斯的惡魔多如屋頂瓦片，我還是會前往。」4月2日他啟程出發——一大群人，包括 40 名教授為他送行，兩個星期後，在一群全副武裝、手持利劍的德國騎士護衛下，路德抵達帝國議會。人們成群結隊地歡迎他。阿萊安德羅對此頗為不滿。不過考慮到阿德里安已經流產的陰謀，這樣的預防措施似乎並不算過分。

帝國議會的場面相當壯觀：修道士路德穿著樸素的長袍，與審判官、特里爾大主教的神職人員約翰·埃克正面相對，在他身後是審判團。審判團由多人組成：第一批是教長，他們身穿繡有圖樣的禮服；第二批是世俗統治者或代表，他們身穿精美服飾——袖口敞開的短款毛上衣、絲質長袖、鵝絨製護肩，還有色彩鮮豔的長褲和珠寶裝飾的下體蓋片（他們當然需要護肩，在當時，貴族如果沒有護肩是件很丟臉的事。德國人相當講究衣著的華麗）；有頭銜的平信徒戴著冠冕、頭巾或帶狀頭飾。年輕的卡洛斯一世是主持會議的最高法官，他戴著君主帽；教長們頭戴僧侶帽；而自由民則是戴皮革帽。

路德沒戴任何帽子，而且還是禿頭，然而他正是會議的焦點人物，每個人都在關注他的一舉一動。當埃克指著一堆路德寫過的作品，

要求他撤回異端言論，路德第一次在公開場合猶豫了。不過，他很快不慌不忙地點了點頭，承認這些是他寫的；至於收回言論……他要求給他一點時間。皇帝讓他考慮很長一段時間。當晚，幾個出席帝國議會的人祕密來到他簡陋的住所，胡滕也從馮·濟金根的城堡派人遞來紙條，他們一致要求他堅守立場。

第二天早上，他堅守住了。當埃克要求他放棄異端言論，路德回應這些描述教會罪孽的文章都是事實。通曉多種語言的卡洛斯一世聽到後大叫：「Immo!」（天 !）路德當場反駁：「不！如果我現在放棄言論，等於向更多暴政和褻瀆神的行為敞開大門。尤其是在神聖羅馬帝國皇帝的堅持下，那樣會更糟糕。」他停頓了一會兒繼續說，除非自己的言論違背了《聖經》，否則絕不收回。

埃克對此早有準備，他說：「你拿《聖經》當擋箭牌，是所有異教徒慣用的伎倆。」他接著補充，《聖經》的解釋權歸大公會議和教宗，「你沒有權力質疑最正統的信仰，這些信仰是由教會規定，教宗和皇帝禁止我們討論，以免爭論不休。」他再次問道：「你是否願意收回你發表的作品和謬論？」

到現在為止，所有對話都是用拉丁語進行。然而，這一次路德決定用德語回答。他拒絕承認教宗和大公會議，因為這兩者經常自相矛盾。他沒有收回任何言論，這樣做將會違背他的良知。於是，他低聲補充道：「即便有危險，也絕不可能。」最後他用德語陳述：「這就是我的立場。除此之外，「我別無選擇。」說完後，他獨自離場。

正如湯瑪斯·卡萊爾（Thomas Carlyle）後來寫到的，這是「人類現代史上最偉大的時刻」。當然，這也是年輕的卡洛斯一世所經歷過最令他震驚的時刻——公然指責神聖羅馬帝國皇帝！公然藐視教廷權威！第二天，他召集了七位最有權勢的選帝侯，大聲宣讀一份用法語寫成的聲明。在這份聲明中，他對於自己未及時採取行動制止這位異教徒修道士的「異端邪說」深表遺憾。他還告訴人們，雖然路德可以憑藉安全通

行證返國，但他將禁止路德在歸途中佈道或製造任何騷動。「我將會起訴這個惡貫滿盈的異教徒」，他這樣自作聰明地說著，並且認為「我相信你們也會和我一樣」。

　　然而結果卻再次讓他大吃一驚，只有四位選帝侯同意他的聲明，而腓特烈三世和萊茵蘭－普法茲的路德維希都表示反對。這天夜晚，在沃姆斯的大街小巷，包括市政廳大門開始出現畫有農民鞋子的公告——德國革命的暗號。出於自身安全的擔憂，主教們乞求路德與帝國議會和解，但遭到路德一口拒絕。一個星期後，路德啟程回國。教宗利奧十世也派人送安全通行證給路德，但這個通行證會在路德啟程後 10 天到期。為了確保萬無一失，腓特烈三世派出一隊士兵冒充強盜，在 5 月 10 日上演了一場「假搶劫」，將路德劫持到圖林根森林（Thuringian Forest）艾森納赫（Eisenach）西郊的瓦爾特堡（Wartburg）。此後，路德

★路德在沃姆斯的帝國議會上與神聖羅馬帝國皇帝對峙。

化名容克・格奧爾格（Junker Georg）隱居鄉間。

　　路德在沃姆斯的諸侯盟友已經陸續悄悄離開。就在他被「擄走」的同一天，大部分與會成員都已離去，但帝國議會仍繼續召開。卡洛斯一世在議會上提交了一份由憤怒的阿萊安德羅起草的譴責聲明，這份聲明控訴路德「玷汙婚姻，抹黑懺悔，否認聖體和聖餐」，此外「他是一個被剝奪了自由的異教徒。藏身在他身上的惡魔將所有邪惡思想帶進了臭氣熏天的泥潭……他的佈道鼓動叛亂、分裂、戰爭、謀殺、搶劫、縱火，以及摧毀整個基督教世界。他是一個披著人皮的禽獸！」

　　按照皇帝的命令，整個德國立即開始搜捕路德及其同黨。他的作品將要被「從人們的記憶中抹去」。阿萊安德羅下令燒燬所有路德的書籍，還在沃姆斯的帝國議會代表批准了這一決定，並於 3 個星期後正式實施。同時，一直在關注法國與西班牙戰爭動態的教宗利奧十世，斷絕了與法國國王法蘭索瓦一世的結盟，與卡洛斯一世達成協議，並且鼓勵西班牙先發制人。這就是卡洛斯一世在沃姆斯會議上收穫的全部成果。

　　如果卡洛斯一世留在德國強制執行命令，那麼路德的機會就不多了，他的密探很快會在瓦爾特堡發現路德及其追隨者。畢竟，路德的追隨者確實就在那裡，而路德的暴躁讓他很難持續躲藏，尤其是藏身在枯燥的森林裡。也因此，幾個月後他就離開了藏身地，還在維滕貝格進行了 8 場佈道。不過這個時候，卡洛斯一世早已離開，他全副身心投入與法國的戰爭之中，整整 10 年都沒有回到中歐。他再次回來時，為時已晚，歐洲已經發生了翻天覆地的變化。在一些地方，一種「萬向節」——在李奧納多・達文西的設計手稿中，可以找到疑似這類裝置——已經開始傳動。德國諸侯、法國國王——甚至包括教宗——不再願意全力支持卡洛斯一世打壓路德。此外，路德和他發起的運動能量也已經足夠強大，不可能再被輕易打壓。儘管卡洛斯一世使盡各種手段，但都無濟於事，中世紀的基督教將在他手中結束。

❖

被護衛哄騙回藏身地後，路德極不情願地蓄起了鬍子，打扮成騎士模樣。由於睡眠不好，加上暴飲暴食，他開始發福，還出現了幻覺——他告訴護衛，惡魔的鬼魂出現，並散發出陣陣惡臭，但是他禮貌地回應，用「一個屁」就擊潰了惡魔。他還以修道士的口吻寄了一份文章給施巴拉丁，駁斥禁慾是撒旦設下的圈套，宣稱性慾無法抑制（施巴拉丁讀後很尷尬，將這封信藏起來）。最後，路德坐在一棵砍斷的樹上，身邊堆滿各種書籍，開始將《新約》翻譯成德語。但他還是顯得焦躁不安。他寫道：「我寧願被灼熱的木炭燒死，也不願意在這裡發霉腐爛……我要和人辯論。」

事實上，路德的影響力無遠弗屆。路德的運動席捲了北歐：起初是以紐倫堡為首的自由市；然後是薩克森、布蘭登堡、普魯士、符騰堡、黑森、布倫瑞克、安哈特；接著是半個瑞士；隨後是斯堪地那維亞。義大利和西班牙從來就沒想過背叛。雖然英格蘭已經皈依路德宗，但愛爾蘭仍然堅持天主教；凡是英格蘭贊成的，愛爾蘭就反對。天主教甚至在波希米亞、外西凡尼亞[52]、奧地利和波蘭也一度受到質疑。最後，改變信仰者出現在最不可能出現的地方。馬克西米利安一世的外孫女伊莎貝拉——神聖羅馬帝國皇帝卡洛斯一世的妹妹——皈依了路德宗，法國國王也接受了路德宗的佈道，宣布煉獄不存在，並且與教宗劃清界限，即便他從來就不是真正的新教徒[53]。

早期的新教徒是從小商販階層開始發展的，之後是反教會人士，隨後受過教育的中產階級也加入，因為人文主義思想讓他們相信天主教

---

52. Transsilvania，羅馬尼亞中西部地區，歷史上曾是一個公園。
53. Protestant這一詞彙在剛出現時，顯得有點「時代錯誤」，直到8年後，這個詞彙才正式進入語言體系中。在1529年的帝國議會上，一群天主教徒投票廢黜3年前寬恕路德宗的決議，有少部分抗議人士被稱為「新教徒」。之所以特別說明，是因為在宗教改革初期，並非所有新教徒都隸屬路德宗。

的信仰是迷信的。而在德國，貴族表現得非常積極，在宣布脫離羅馬教廷後，他們的第一條法令就是重新分配轄區內的教會財富，包括土地和修道院。這無疑成為脫離教會的一大動力。一夜之間，德國許多諸侯的稅收大幅增加，而且在教宗的代理人被驅逐出境後，他們開始自行任命行政人員，從而提高了在臣民間的威望。然而，對於臣民來說，他們對此不能有任何不同意見，這些決定完全是諸侯們的決定，臣民必須接受他們選擇的信仰。為了討論寬容，整個十六世紀召開了各種帝國議會和大公會議——最後終於承認了這個歷史性的分裂。事實上，會上討論的仍是統治者而非被統治者的權利。宗教信仰自由還是幾個世紀之後的

★約與沃姆斯帝國會議同時，路德在 1521 年的春天，寫作並出版了《耶穌受難與反基督者》（*Passional Christi und Antichristi*），書裡配有 26 幅由老盧卡斯・克拉納赫製作的木版畫，將基督與那些反基督者——典型代表就是羅馬的教宗，做出了鮮明的對比。

事，當時甚至連這樣的抽象概念也還沒出現。

如果每個人都有信仰的自由，情況會更加混亂。事實上，現在的新教主義就已經讓人眼花撩亂了。所有的信仰轉變者都贊同以下原則：拋棄教宗規定；用通俗語言代替拉丁語；放棄禁慾、朝聖、對處女瑪利亞和聖人的崇拜；當然還有譴責舊式神職人員。然而，宗教改革也讓人們對澈底改革有所期待，從而迅速引致分裂。現在，新教的各個派別開始了相互攻擊。

也許新教教義最受歡迎的一條（幾百年後新教教義早已發生了巨大變化）是宿命論，即相信上帝無所不知、無所不能，對所有善良或邪惡的行為負起責任，而人們別無選擇。作為一個極端的宿命論者，路德無法理解道德自由的概念。他在 1525 年寫的《意志的捆綁》（De servo arbitrio）中提到：「人類就像是一頭馱獸……上帝早已預先知曉，所以用不可改變的永久意志安排好一切。這樣一來，任何突發奇想的意志都會破滅。」

但是反對者指出，如果人的行動無法改變其命運——如果人的救贖或詛咒早已注定，那為什麼還要對抗邪惡的誘惑，或費盡心思地改善生活條件，甚至上教堂呢？兩方的爭論異常激烈，而且持續不斷，但一點也不理智。因此，新教從誕生的那一刻就陷入分裂，有路德宗，還有改革宗（Reformed）。隨著其他主要代表人物的出現——瑞士的烏利希·慈運理、法國的約翰·喀爾文和蘇格蘭的約翰·諾克斯（John Knox），各種新教派形成。每個派別都有自己崇拜的教義，都像羅馬教會一樣無法包容他人的教義，都像天主教一樣專制。再洗禮派（Anabaptists）、門諾會（Mennonite）、波希米亞派（Bohemians）、浸禮宗（Baptists）、公理會（Congregationalists）、長老宗（Presbyterian）、一位論派（Unitarianism）的先驅也都出現了。

他們懷著時代精神，以激烈的方式慶祝精神重生。他們發表各種長篇大論，之後相互攻擊，並公開執行死刑。火刑比任何時代都來得盛

行。農民們步行 30 英里，去歡呼嘲笑基督徒同伴被全身點火，來回翻滾、尖叫折磨而死。熱情的觀眾還會通過燒焦的毛髮和肉體辨認屍體，而且由於迫切想聞到肉體燒焦的味道，他們經常會蜂擁在一起。最終，這種對死亡的迷戀——儘管現在已不多見，在當時卻非常普遍——導致了大規模屠殺，將宗教戰爭的血跡帶出了邊境，帶進一個新的時代。

踩著血跡前進的殉道者

　　沒有人能計算出，十六世紀中死於基督徒以耶穌之名自相殘殺的人數，但這種殺戮甚囂塵上。在沃姆斯會議結束後一年，馮·濟金根在戰場上與特里爾大主教率領的軍隊相遇。事實證明這位教長更適合領軍作戰，而濟金根身負重傷。短短 4 年時間，德國人被殺死或判處死刑的

★位於瑞士日內瓦大學後面城堡公園內的宗教改革國際紀念碑，又稱宗教改革者牆，長 100 多公尺，高 7 公尺，是 1909 年為紀念宗教改革先驅喀爾文誕辰 400 週年而修建。牆的上方自左至右有一行拉丁語：「黑暗過去是光明。」牆的正中央有四個高大的人物雕像並列而立，自左起為法惹勒（Farel）、喀爾文、伯撒（Beza）和諾克斯。

人數就達到了 25 萬。人們的信仰不同，並不足以構成遭指控並被殺害的理由，而是殺人的欲望長久以來一直受到壓抑。在革命前，基督教世界的民眾也和他們的首領一樣殘酷，喜歡一項特別的活動：將黑熊拴在洞穴裡，並把飢餓的獵犬放入，然後觀看獵犬如何吃掉黑熊。現在人們也想跳入洞穴裡，他們一直在等待一個衝動的理由，而沃姆斯會議就是最好的理由。

　　儘管路德藐視教廷的消息尚未傳遍整個德國，但騷動還是開始了。艾爾福特在 4 月末得到這一消息，接著，一夥暴徒洗劫了 40 座教會房舍，不僅燒燬書籍，還燒燬圖書館，並闖入大學殺害了一名人文主義學者。在維滕貝格，暴徒們揮舞著刀劍、拿著石塊，闖入宗教儀式場所。他們朝著向聖母瑪利亞下跪的婦女扔石塊，趕走主持儀式的神父。第二天，一夥學生暴徒破壞了聖方濟各會修道院的聖壇。很快地，當地奧斯定會的領袖站在矮臺上，號召所有信眾一同前往農村，用斧頭將天主教畫像、聖壇和聖像砍成碎片，然後放火燒燬。路德的同事卡爾施塔特教授率領學生襲擊當地教堂，扯下掛在牆上的十字架和聖像，任何站出來制止的神父都遭到石塊攻擊。卡爾施塔特身穿平民服飾主持彌撒，並且要求信徒用自己的手享用聖餐聖酒──這在教廷看來是褻瀆神靈之舉。他還說服維滕貝格市議會禁止在所有宗教儀式上唱讚美詩。他公開宣稱，所有的修道士和神父都可以娶妻生子，為此，他在自己 40 歲生日那天，帶頭與一位 15 歲的女孩結了婚。

　　逐漸擴大的動亂迫使路德結束在圖林根森林的隱居生活。不過他對於暴力的態度一直模稜兩可。新教徒，甚至是胡滕自己，也沒有發表過像《致德意志基督教貴族公開書》的煽動文字，但路德看到這樣嚴重的後果後，開始退縮了。這是宗教改革過程中必然遇到的挫折，卻意外地令人印象深刻。路德宣稱：「不要以為毀壞所謂『陋習』的物體，它們會就此消失；男人會因為酒和女人而犯錯，難道我們也應該取締酒和女人嗎？太陽、月亮和行星一直以來受人崇拜，難道我們也要把它們

摘下來嗎？」

　　在他的指引下，新舊聖餐儀式在維滕貝格同時並存，仍信仰十字架、聖像和讚美詩的信徒得以倖免。作為讚美詩的創作者，路德自己也贊成讚美詩的慰藉力量。而市議會也改變決定，將卡爾施塔特驅逐出維滕貝格，除此以外，他沒受到任何其他處罰，還是繼續在附近的奧爾拉明德（Orlamünde）佈道，並把路德稱為「貪婪的神父……維滕貝格的新教宗」，奧爾拉明德的教徒開始動搖。腓特烈三世擔心會引起暴動──事實上暴動很快就來了，於是要求路德讓奧爾拉明德的市民恢復冷靜下來。儘管路德盡力了，但在民眾看來，這時已沒有任何事物可稱之為神聖的了，即便是一個曾激勵過他們的人。市民對路德的勸告置若罔聞，甚至還用石塊攻擊他，把泥巴抹在他身上。最終，路德離開了奧爾拉明德。

　　聽到消息後，另一名路德的追隨者托馬斯・閔采爾（Thomas Müntzer），變成了激進的再洗禮派信徒，並出版了著作，將他以前的偶像路德稱為「撒謊博士」，說他是一個只知道嫖妓和飲酒的「厚顏無恥修道士」。閔采爾公開號召農民暴動。儘管路德在《和平訓誡：回應瓦比亞地區農民的 12 條款》（Admonition to Peace）一書中，要求他們保持理智，但他們還是選擇暴動，而且最終失敗了──將近 10 萬農民失去了性命，而卡爾施塔特被起訴為暴動煽動者。諷刺的是，他居然向路德尋求庇護。但路德很快就同意了這一請求。卡爾施塔特在經歷了眾多鬥爭、爭論以及他那正處於青春年華的妻子胡攪蠻纏後，變得筋疲力盡，最後重新回到教師崗位。15 年後，他以一位默默無聞的教授身分在巴塞爾逝世；閔采爾則沒那麼幸運。他率領暴動的農民與薩克森的正規軍隊作戰，最終暴動被鎮壓，隨後開啟了中世紀的一場大規模屠殺：5 千人被殺害，只有 300 人倖存下來，他們的女人同意斬首 2 名涉嫌煽動暴動的牧師。至於閔采爾，在受到各種折磨後也身首異處。

★ 1524~1525 年爆發的德國農民戰爭
中，一位被燒死的農民領袖。

路德一直是伊拉斯謨
《愚人頌》的忠實粉絲。這
位大名鼎鼎的人文學者此時
正在魯汶大學三語學院教授
希臘語、拉丁語和希伯來
語。1519 年 3 月 18 日， 路
德寫信給他，乞求得到他的

支持。這樣的請求看上去很奇怪，但也從側面說明路德完全誤解了伊拉斯謨的觀點。5 月 30 日，伊拉斯謨回信表示：「你要將譴責的武器對準那些濫用教宗權力的人，而不是教宗本人，這樣更加明智……舊的制度不可能一夜之間就被推翻，安靜的爭論比大規模的譴責要有用得多。避免所有煽動性的言論，保持冷靜，不要發怒，也不要憎恨任何人」。

伊拉斯謨繼續為路德辯護。在對薩克森的腓特烈三世的演說中，他宣稱任何熱愛福音的人是不可能憎恨路德的，基督徒都有權了解福音真理，不能被壓制。他還寫信給樞機主教洛倫佐・坎佩齊奧（Lorenzo Campeggio），信中他以自己旅途所見開門見山寫道：「我認為，愈高尚的人愈不可能成為路德的敵人……如果我們想要真理，就應該讓每個人都能自由發表他的意見。如果站在一邊能夠獲得主教帽，而站在另一邊會帶來繩子和火柱，那麼真理將永不見天日。」現在他已經確信《上主興起》的真實性，但是認為教宗的通諭既不公平也不明智，一點也不像利奧十世的作風，那些派去宣讀通諭的人（埃克和阿萊安德羅）讓情況變得更糟。最後他總結自己過去、現在、未來都將是教廷的忠實信徒，

而且很多人也如此認為，只要減少暴行，還是有可能達成和解。

　　然而到目前為止，還有更猛烈的「暴行」從羅馬傳來。如果說路德嚴重誤解了伊拉斯謨，那麼伊拉斯謨對路德的判斷也是澈底扭曲。除此以外，沒有其他方式可以解釋他在 1519 年 5 月 30 日寫的這封信──這是向一名不切實際的原教旨主義者提的合理建議。因此對路德來說，這不僅徒勞，也令人費解。他對維滕貝格人發人深思的佈道是出於本性的，不過大多時候，他用的語言都很粗俗。維滕貝格的路德與魯汶的伊拉斯謨所期待的恰好相反──煽動的、熱情的、激進的、易怒的、嫉惡如仇的。這既是他的魅力，也是他的天賦。伊拉斯謨譴責不公平，卻沒有帶來任何改變；路德不僅憎恨不公平，並且盡力去改變。他們一個擅長思考，一個則憑直覺行動。

　　然而，儘管直覺能激發行動，但同時也具有不穩定性，因此是危險的。而且路德的正義感有選擇性，儘管他對農民的暴動不滿，但他對矯枉過正的新教行為最初也保持沉默，即使這些行為極度觸怒了知識分子。艾爾福特的暴徒殺害了一名旁觀的無辜人文主義者，這對他的人文主義同伴來說是個不好的徵兆。知識分子在每次流血衝突中都會身不由己地陷入危險。作為知識分子的思想家們，通過揭露羅馬的腐敗、抨擊中世紀迷信的大行其道，從而為改革鋪平了道路。然而，這些熱血沸騰的改革運動者們卻沒有知恩圖報。相反地，「馬丁派們」（Martinians，這是路德追隨者對自己的稱呼）接受了以誕生地命名的茲維考教義（Zwickau Dogma）。他們認為上帝用簡單的、人生來就懂的語言直接和人交流，而且真正的基督徒是鄙棄文學，甚至是鄙棄閱讀和寫作的。因此，儘管卡爾施塔特受過良好教育，他仍帶頭銷毀了自己的書，並公開宣稱真正的基督徒應該用自己的雙手耕作；他的同事喬治・摩爾（George Mohr）也辭去了大學教師職位，致力宣傳「文盲的快樂」。很多維滕貝格大學的學生發現學習無用，於是離開大學，轉而從事手工藝。

　　打壓異端、藐視學問、焚燒宗教作品、將古典藝術稱為異教而加以排斥，以及採用野蠻的教宗式獨裁手段：焚書、逐出教會，甚至火刑。許多支持路德的人文主義學者因而漸漸疏離，像是法蘭克福的教長約翰內斯‧科赫洛伊斯（Johannes Cochlaeus）；因為制止燒燬路德作品而被判為異端分子的約翰內斯‧羅伊希林；紐倫堡商人、學者、杜勒的朋友、被伊拉斯謨稱為「全德國驕傲」的威廉巴特‧匹克海姆（他因為替路德辯護而被逐出教會）；哥達的康拉德‧穆提納斯‧弗斯；以及伊拉斯謨本人。

　　梵蒂岡支持並贊助人文主義學者搜尋佚失的古典文學，當然，前提是這些文學要用拉丁語和希臘語寫成。儘管人文主義學者贊同宗教改革，但並不認同新教關於宿命論、地獄、惡魔和超自然的神祕觀點，在他們看來，這些是中世紀落後、反動思想的象徵。穆提納斯曾經將路德稱為「維滕貝格的啟蒙明星」，而按照杜蘭的記載，他開始認為路德的行為「與瘋子沒什麼兩樣」。路德的另一位崇拜者科赫洛伊斯寫信給他：「基督教沒有教你這些『反基督』、『妓院』、『惡魔網』、『糞便池』以及其他聞所未聞、大逆不道的詞語，更不用說你威脅使用刀劍、流血和謀殺等手段。」並且補充，「路德啊，基督教從來沒有教你像這樣行事！」「在福音派將天主教的無賴描繪成道貌岸然者時，事情就開始一發不可收拾……路德及他那不知羞恥的三寸不爛之舌，要麼是發瘋了，要麼是被惡魔附身。」

　　當伊拉斯謨聲稱「禮儀和仁慈可以實現一切」，路德斥責他為不切實際的夢想家，這觸怒了伊拉斯謨。他是——而且他也自認為是——他這一時代最著名的學者。然而，其他的馬丁派教徒對伊拉斯謨比他們的領袖更加刻薄，一些人稱他為叛徒，後來的評論家更稱他是「乞討的寄生蟲，就算有足夠的辨別力發現真理，卻不敢公開承認」。甚至有人叫他領取教宗工資的梵蒂岡走狗。這些指責非常不公平。雖然魯汶的伊拉斯謨與羅馬的米開朗基羅一樣，依賴天主教的財富，而且他的衣食住

行和書本都來源於效忠教會的大主教、貴族和神聖羅馬帝國。但他接受
這些的前提條件是，能夠保持自己精神的獨立，這是他一直以來堅定不
移的。這位身處科隆的腓特烈三世住所裡的智者挽救了路德，儘管路德
從來沒有表示過感謝，而且他還觸怒了阿萊安德羅，讓阿萊安德羅至死
都沒有原諒他。他早已用行為證明自己並非教宗的爪牙。而這些只是前
奏，隨著信仰衝突的加劇，他的表現也益發勇敢。

　　伊拉斯謨並非完美無缺，他幾乎犯下了所有常見的學術過失。他
過於高估邏輯的力量，認為受過教育的人都是理智的，並且相信通過與
歐洲菁英的交情，包括皇帝、教宗、法蘭索瓦一世、亨利八世、義大利
的諸侯們、德國的貴族們、英格蘭大法官，以及歐洲大陸的所有知識分
子，就有機會能改變重大事件。儘管他私底下認為傳統的宗教只是迷
信，但他又想不出替代羅馬信仰的新規則，來規範社會制度和個人道
德。在基督教世界不斷擴大的內戰中，他只預測到了瘋狂的行為，並且
相信，如果能夠運用自己的智慧改變天主教的缺陷，就能導正天主教。
小漢斯·霍爾拜因[54]的油畫《伊拉斯謨像》，現收藏於羅浮宮，他捕獲
了伊拉斯謨的內心：薄唇、長鼻子、凹陷的雙眼，給人一種威嚴感。這
也許是一種知識分子的自負。他寫道：「我認為，任何人都不能評判我
的學說，即便是天使。」

　　所幸，伊拉斯謨是聰明的。歐洲沒有任何人對宗教危機有如此清
晰的了解。他知道若自己的解決方案行不通，其他方案也肯定行不通。
儘管同時受到新教徒和天主教徒的批判，但他並不是懦夫。他拒絕了路
德的提議後，便徹底孤立起自己，因為反啟蒙的天主教神學家早已失去

---

54. 小漢斯·霍爾拜因（Hans Holbein the Younger，約1497~1543），文藝復興時期德國著名畫
　　家，擅長油畫和版畫。

★小漢斯‧霍爾拜因的〈伊拉斯謨像〉。

了對他的信任。他們將路德的叛教歸結到他頭上，懷疑他是路德的代言人。在給路德的信中，他這樣寫道：「這些人一直堅信你的作品出自於我，他們把我稱為你們的旗手⋯⋯我已經向他們發誓，說我們根本就互不相識，我沒有讀過你的作品，更談不上贊成或反對你的觀點，他們在大聲嚷嚷之前應該先讀一讀你的作品⋯⋯不過這已經沒有用了，他們已經完全瘋了⋯⋯我現在就是一個被敵視的靶子。」

　　儘管他沒有放棄羅馬教廷，這種敵視卻與日俱增，但他說：「我會一直堅持忍耐教會，除非有更好的出現。」但他同時也一直建議天主教改革，並且批評藐視教廷的人。他指出，梵蒂岡應該學習包容，反對變革是愚蠢的。他更提出了一些具體建議：教會太富有了，應該將掌握的大量閒置土地交給農民；牧師有結婚的權利；信徒應該得到聖餐的其他可替代品；儘管他認為宿命論不可思議，但還是主張讓開明的牧師去研究、討論和辯論；以及必須規範品行不端的修女和偷摸拐騙、酗酒好色的僧侶，因為「在很多修道院中，品德早已經蕩然無存⋯⋯」

◆

　　他繼續追隨利奧十世及繼任的阿德里安六世和克勉七世。這幾位教宗都要求教廷必須善待伊拉斯謨，但他們的命令被忽視了。隨著宗教戰爭的硝煙比世俗戰爭更加濃烈，反啟蒙的羅馬神學家和其他各地的強硬派，把愈演愈烈的叛教看作是一次鎮壓異端的機會。在魯汶教區，這種力量尤其活躍，甚至連伊拉斯謨的同事也涉入很深。1520 年 10 月 8日，當阿萊安德羅來到魯汶宣讀教宗的絕罰令，他們對伊拉斯謨的懷疑猶如火山一樣爆發了。阿萊安德羅到處宣稱這位大學者就是推動新教徒暴亂的幕後黑手，學院人員推測這位教宗特使一定早就知情，並準備驅逐他們學問最淵博的教授。於是，伊拉斯謨在早早察覺後，慌忙離開了魯汶。

　　伊拉斯謨搬到科隆後，仍然效忠教宗。然而他所到之處，盡是他是深藏不露的路德教徒的謠言。很多人控訴他：「路德罪惡思想的小雞，就是由他產下的雞蛋孵化而出」。對此，他挖苦地回答：「是的。但是我產下的是隻母雞，而他產下的是隻鬥雞。」1521 年末，伊拉斯謨厭倦了這種爭論。11 月中旬，他正式放棄教廷的津貼，沿著萊茵河來到瑞士的巴塞爾，與一群人文主義學者聚集在一起。他在那裡，享受著少有的片刻安寧，因為在其他地方，牧師們一直把他的名字當成背叛的同義詞。儘管如此，作為一個新教盛行的國家，瑞士放過了他。

　　不過，瑞士沒有放過天主教。巴塞爾的一夥暴徒受到福音派佈道者激怒，衝進鄰近所有教堂，毀滅所有宗教畫像。事實上，伊拉斯謨才剛反駁了尊重宗教畫像一事，他表示：「人們應該意識到畫像不過是一種符號，沒有它們反而會更好，祈禱應該只對耶穌進行。」然而，他也補充：「但是任何事都應該把握好尺度。」可是或許太晚了，那些極端的、暴力的破壞者們早已扯下了文明的面紗。他對此相當不滿，毅然離開瑞士，搬到了布賴斯高（Breisgau）的弗萊堡（Freiburg），它位於信仰天主教的奧地利境內。如今，整個基督教世界都很困惑，沒有人再認為伊拉斯謨背後有什麼神祕的力量在支持了。事實上，他的一切開銷都是

由福格家族支付。位於威尼斯的福格家族，一方面是堅定的天主教徒，同時也祕密支持新教。

然而伊拉斯謨發現弗萊堡並不平靜。奧地利人對他的態度各異：弗萊堡的市議會對這位歐洲最著名的知識分子表示熱烈歡迎，讓他住進了馬克西米利安一世的宮殿；但當地的奧斯定教義者對他的出現充滿警惕，甚至是憤怒。當他在瑞士逃亡期間，他們便一直詆毀他。他們運用後世會再度出現的手段：把他抹成叛教陰謀的罪魁禍首，用歐洲多種語言散布著最古老的格言：無風不起浪。

伊拉斯謨已年近七十。他在各種身體疾病和外界攻擊之下，幾乎要得喘不過氣——膽結石、潰瘍、痛風、痢疾、呼吸道疾病、關節炎、

胰腺炎，以及無盡的猜疑。他後來回到了巴塞爾。經過多年的逃亡和中傷後，他於耶柔米·富羅本（Jérôme Froben）的家中去世。富羅本是學者、出版商約翰的兒子，約翰最早出版了伊拉斯謨以希臘語翻譯的《新約》。

★小漢斯·霍爾拜因於 1535 年創作關於伊拉斯謨的版畫。伊拉斯謨站在羅馬護界神特耳米努斯（Terminus）的半身像後，手放在其頭頂。伊拉斯謨視特耳米努斯為意志堅定的代表人物，更將他說的「我不會向任何人讓步」作為自己的座右銘。

　　伊拉斯謨殉道了，為了他曾鄙視的一切：恐懼、惡毒、暴行、無知、野蠻。而且他的殉道並不因為其死而停止。那時，他已知道自己即將不久於人世，但他既未派人請神父，也沒有懺悔。他拒絕舉行葬禮的消息傳到西班牙，重新設立的宗教裁判所在系統性研究過他的著作後，開始了對這位人文主義元老的審判程序。8年後，它們發布了公開譴責伊拉斯謨的聲明：他被逐出教會，被抹成異端分子。在反對派保羅四世的指示下，伊拉斯謨的所有作品都被列為教廷禁書，這意味著，任何閱讀其作品的天主教徒，都將面臨被審判的危險[55]。

　　伊拉斯謨是在這次宗教革命中殉道的最著名知識分子，但不是唯一一個。事實上，在打響這場革命之時，歐洲各地的人文主義者就成了一方或另一方、甚至是雙方的犧牲品。理智本身就讓人起疑——容忍被看成是背叛的表現。路德在沃姆斯倖免於難後，受到腓特烈三世和新教衛隊的保護。天主教徒可以在修道院、教宗國或神聖羅馬帝國眾多聖殿中獲得庇護；而知識分子通常沒有任何庇護者，在到處都是武器的歐洲沒有任何防禦，甚至有一段時間似乎所有人都針對他們。很少有人能在這場混亂中得以倖免。其中有些人，例如伊拉斯謨，選擇四處逃亡，一些人被處死；其他人雖然在各種磨難中倖存，但身體遭受嚴重傷害，失去了鼻子，或者是額頭被打上烙印，雙手手腕以下被剁下，甚至連乳頭也被割掉。

　　革命爆發之初，很多人文主義學者都擔任牧師工作，其中一些大名鼎鼎人物則像「黑名單」般被修道院院長挑出來擔任較高的職位，負責對抗反教廷革命。由於懷疑牧師中存在同情新教的人，莫城（Meaux）

的主教任命雅克‧勒菲弗‧戴塔普勒（Jacques Lefèvre d'Étaples）為副主教，負責清除這些人。勒菲弗已經步入古稀之年，他是巴黎大學的哲學教授，寫過很多著作，涉及物理、數學、亞里斯多德倫理，甚至把聖保羅的《使徒行傳》翻譯成拉丁語。他的學生當中，包括前面提到的那位主教都對他充滿景仰。

然而，儘管穿著法衣主持彌撒，勒菲弗本人歸根究柢是一位人文主義學者。為了揭露中世紀的欺瞞，他向教眾推薦《新約》原著中最簡明易懂的版本，他也致力於將《聖經》翻譯成法語，和路德一樣，他認為神學家上訴的「終極法院」應該依據《福音書》，而非教宗教令。然而，勒菲弗太過輕率了，他竟然宣稱主教的一些行為，例如白天狩獵、晚上飲酒、賭博，是「無恥的」，這樣的批評在莫城引起了軒然大波。很快地，搜捕異端分子的主事者成了異端分子，他還受到巴黎大學譴責。後來他逃到巴黎，藏在布盧瓦（Blois）的史特拉斯堡（Strasbourg），最終，在內拉克（Nérac）尋得昂格萊姆的瑪格麗特的庇護，即納瓦拉王后的保護。在那裡，他恢復了學者身分。5 年後，他因病安靜地離開了人世。

勒菲弗是瑪格麗特成功拯救的學者之一，但她也有失手的時候，尤其是在營救博納旺蒂爾‧德珀和艾蒂安‧多雷上。儘管當時瑪格麗特費了很大力氣試圖救出這兩人，但他們最後都慘死在里昂。德珀僅僅是因為沒有掌握好時間而被定罪，要是他在路德挑釁羅馬前先出版他的《世界的時鐘》（Cymbalum mundi），教廷可能不會追究他。這本書是用拉丁語寫給人文主義學者的作品，書中列舉了《聖經》中駭人聽聞的自相矛盾處，描述對異端分子的殘酷迫害，嘲笑了聖跡。坦白講，全書並沒有特別新奇之處。伊拉斯謨的諷刺作品和德國異端分子持有同樣的觀點，但使用的詞語都更加尖酸刻薄。然而在那樣一個不包容任何宗教異議的時代，這本書受到了來自巴黎大學天主教徒和新教喀爾文雙方的譴責。隨後，它在巴黎被公開燒燬。連瑪格麗特都覺得德珀過於燙手，被迫將他

★烏利希・慈運理是瑞士基督教新教改革運動的改革家之一。原追隨馬丁・路德，後來自成一派。1529年9月，慈運理、路德及雙方的追隨者在馬爾堡（Marburg）舉行聯盟會議，企圖協調在宗教改革思想上的分歧。慈運理反對路德在信徒聚會中保留如唱詩、聖餐禮等儀式；路德認為，在聖餐禮儀式中，基督的確是親自降臨，而慈運理則認為聖餐禮只是一種象徵性的紀念儀式。會議最後仍無法在聖餐禮問題上取得共識，最終造成了兩派分離。

驅逐出內拉克。雖然她給了他一筆錢，但他所承受的壓力還是太大。在逃亡中，他一直被追逐和威脅，據說他最終自殺而亡。多雷則不一樣，他接受了法庭的判決。多雷是一名出版商，同時也是精通西塞羅作品的學者，他祕密印刷了很多被教廷列為禁書的書籍，直到被宗教裁判所傳喚，並判為有罪。儘管瑪格麗特出手干預，他最後還是被活活燒死。

　　一些人文主義者成了受害者，另一些則成了起義的領導者。一旦被抓，他們都將被殘忍殺害。那些起義的領導者成了殉道者，但是他們的死和受牽連的人一樣毫無意義。西班牙神學家和內科醫生米格爾・塞爾韋特（Michael Servetus）在《恢復基督教》（*The Restitution of Christianity*）中，將宿命論看作是對上帝的褻瀆，上帝只會譴責那些自我譴責的人。塞爾韋特過於草率，他謄了一份手稿送給一位信仰宿命論的牧師。該牧師很清楚塞爾韋特做禮拜的時間，於是趁著禱告時逮捕他。新教法院判處他火刑。直到這時，他才感到恐懼，承認自己的錯誤，並且乞求寬

恕，但不是為了保住性命，因為他知道自己難逃一死，他只是想選擇斬首。最後他的要求被拒絕，隨後他被架在木材堆上點火，經過半個小時的折磨後氣絕身亡。

天主教徒與瑞士的烏利希・慈運理一直爭論不休，並將他扔在乾燥的糞堆中燒死，這樣做未免顯得殘酷無情。馬丁・路德也是如此，他把慈運理看作敵人，把他的死稱為一次「我們的勝利」。在黑暗籠罩的基督教世界，沒有人記得這位瑞士人自學了希臘語，而且能夠讀懂《新約》原著，精通塔西佗、普林尼（Pliny）、荷馬、普魯塔克（Plutarch）、李維、西塞羅和凱撒等各種學說和著作，所有人只記得他曾說過的一句話，即他更喜歡「蘇格拉底或塞內卡的作品，而不是教宗的教令」。

在這場衝突中，最慘烈的——當然也是最悲劇的——也許是烏爾里希・馮・胡滕。他曾經是一名人文主義者、法蘭哥尼亞騎士、才華橫溢的諷刺作家，還是中歐最早呼籲統一的德國人之一。和路德一樣，他也放棄了拉丁語，在現代德語的發展上發揮了一定的貢獻。由他創作並在沃姆斯會議隔年出版的《對話集》，對於語言學的貢獻比神學還大。然而作為一名堅定的人文主義學者，他像大多數宗教改革狂熱分子一樣，熱情超過了理智，而且極不明智地把賭注壓在馮・濟金根身上。在濟金根起義失敗後，他一路流亡瑞士，靠劫盜為生。進入瑞士後，他直奔巴塞爾及伊拉斯謨而去，他希望伊拉斯謨能出手相助，但這顯然很不切實際。他一番慷慨激昂的發言不僅激怒了主張克制和容忍的伊拉斯謨，甚至還指責他沒有支持路德，是個懦夫。於是，被他狂罵的伊拉斯謨拒絕再次接待他，還挖苦自嘲因自己的火爐不足以溫暖這個德國人的身體。

氣憤、絕望和被性病纏身的胡滕放下了高貴和自尊，試圖「強取」。他寫了一本攻擊伊拉斯謨的小書，用它向伊拉斯謨勒索錢財，但是遭到斷然拒絕。於是胡滕決定自行私下傳播，當地的神父要求所有信徒驅逐他。胡滕倉皇前往米盧斯（Mulhouse），再將手稿送去印刷。隨後，一夥暴民把他趕出米盧斯。1523 年夏季，他一瘸一拐地來到蘇黎

世，發現當地的市議會也正在準備一份對他的驅逐令。現在的他已無家可歸、身無分文、被社會孤立，最後只能退居蘇黎世湖的一座小島上，因梅毒發作而暴斃，年僅 35 歲。他身邊僅存的財物是一枝筆。要是在一年前，它也許還很值錢，而今卻分文不值。

　　所有新教政權都在一定程度上（具體程度多深直到現在也未可知）受到羅馬教義的影響。約翰・喀爾文的日內瓦是極端鎮壓的代表，新教羅馬是這個城邦更為世人熟悉的稱呼，事實上它也是一個極權國家，由 5 名牧師組成的宗教法庭、12 名平信徒和 1 個冷血無情的獨裁者統治。從外貌、性格和信仰來看，喀爾文與隨心所欲、放任寬容、奢侈浪費的教宗相反，後者的極端導致了路德派的反叛。喀爾文個子不高，身材削瘦，蓄著短鬚，一雙眼睛冷酷深邃，時時板著臉。他脾氣暴躁，任何輕微的批評都可能讓他暴跳如雷。他把那些批評他神學理論的人稱為「豬頭」、「笨驢」、「廢物」、「小狗」、「白癡」、「發臭的野獸」。一天早上，他在佈道台上發現了一張海報，上面描述他是「令人噁心的虛偽」，一個嫌疑犯而後被逮捕。儘管沒有任何證據，疑犯還是被日夜折磨了一個月，直到招供。之後他被綁在木柱上鞭打，雙腳被釘進木椿，最終被砍下頭顱。

　　喀爾文揭露出，這種過度懲罰的行為是宗教改革時期宗教審判所的思維模式，包括新教和天主教都是：「既然教宗如此強烈和暴力地維護迷信，那麼基督教的法官不應該為自己並非如此強烈地維護真理而感到羞恥嗎？」顯然他一定會譴責《馬太福音》（5：39, 44），認為它是異端[56]。在喀爾文 1542 年成立的歐威爾式[57]神權政體中，上帝的

---

56. 「不要與惡人作對；如果有人打你的右臉，連左臉也給他打。」「要愛你的敵人，祝福詛咒你的人，對恨你的人行善，為迫害和虐待你的人祈禱。」
57. 歐威爾式（Orwellian），或稱歐威爾現象，指受嚴酷統治而失去人性的社會現象。

★喀爾文（1509~1564）是繼路德之後出現的第二個宗教改革領袖，影響力深遠。

行為——地震、閃電和洪水——都是出自撒旦（當然路德對此也完全贊同）。哥白尼被描繪成是一個騙子。出席教堂禱告和佈道是義務之舉，喀爾文自己就一週佈道3到4次。拒絕參加聖餐禮是犯罪。宗教法庭在宗教和世俗事務上並沒有嚴格區分，可以傳喚任何人，調查任何違背教義的指控，並且定期進入住宅搜查，以確保沒有人欺騙喀爾文的上帝。法律詳細規定了每餐飯菜的量和每日穿著的顏色——就連穿衣服也須由身分來決定，從來沒有一個社會將階級劃分得如此鮮明。喀爾文相信，上帝的每個子民都是命定的，因而都要清楚自己在世上的位置，法律也規定了各階級服飾的品質，以及可進行的活動。

然而，即使是菁英（當然是教會神職人員）也沒有太多的娛樂，連喀爾文都勤勉工作，因為他們不能再做其他消遣。「宴會」被禁止了，同樣被禁止的還有跳舞、唱歌、圖畫、雕像、聖跡、教堂鐘聲、管風琴、聖壇蠟燭；有傷風化或與宗教無關的歌曲、表演或戲劇、擦口紅、戴珠寶首飾、穿蕾絲衣服或其他「不得體」的穿著；對長輩無禮；沉迷娛樂、奢侈；咒罵、賭博、玩撲克、狩獵、飲酒；沒有按《新約》中人物名字給孩子取名；閱讀「不道德或與宗教無關的」書籍；與其他人的配偶發生關係。

為了顯示喀爾文宗的仁慈，第一次觸犯法規者會被嚴重警告，第二次則處以罰款，之後再犯才會面臨真正的麻煩。宗教法庭沒有延緩判

決、緩刑或重新審判的問題。喀爾文認為，所有人都寧可選擇沒有審判的教區服務，因為被革除教籍、逐出教區是極為嚴重的懲罰。總之，懲罰的種類名目繁多，有些與違法行為本身一樣不可思議。例如堅持給孩子取名為「克勞德」（Claude）的父親可能要在牢裡待上數日；頭髮長度「不合時宜」的婦女同樣也可能面臨類似的處罰；毆打父母的子女會被立即砍頭；墮胎不是一個政治問題，因為任何被發現懷孕的單身女性會被溺死（而且一旦肚中孩子的父親被發現，也會面臨相同處罰）：違反第 7 誡的人都會被處死。喀爾文的養子被人捉姦在床，他的兒媳婦也與人在乾草堆中偷情，這 4 個人最終都被處死。

當然，要為美德立法已被證明是場空談。但喀爾文的一些忠誠追隨者並未放棄，他們以為宗教法庭的道德約束已經發揮作用。貝納迪諾・奧奇諾（Bernardino Ochino）曾是一名天主教徒，前來蘇黎世避難。他寫道：「不貞、通姦、墮落，這些現象在我生活過的很多地方隨處可見，這裡卻沒有。」事實上，瑞士也廣泛存在這些現象，市議會的紀錄就是最好的證明。很多與奧奇諾有相同信仰的未婚女孩意外地懷孕了，她們當中有些將剛出生的女兒遺棄在教堂樓梯或森林小道上；有些則說出了孩子父親的名字，使他被迫與她結婚；也有些選擇成為

★利奧十世生前直接或間接地資助了一批偉大的藝術家。這幅油畫為奧拉斯・韋爾內（Horace Vernet）創作的《拉斐爾與教宗利奧十世》。

單親媽媽，因為即便是喀爾文宗，也不會讓嬰兒成為孤兒。

然而，在其他問題上，他們的態度都很堅定。最嚴重的罪當然是異端罪，它被認為比巫術還要邪惡，儘管巫師不可能分清兩者的區別。在一場嚴重的瘟疫後，14名涉嫌教唆撒旦迫害城市的婦女被活活燒死。由於靈魂比身體更珍貴，異教徒的壽命更短。所有不常去教堂做禮拜的人都注定要受到火刑的折磨。在日內瓦或其他新教神權政體中，信奉與多數人不同的宗教無法獲得豁免。這對於反對羅馬的宗教改革來說是一個極大的諷刺，因為它一開始認為每個人都應該有自己的選擇判斷，如今卻完全否認了。叛教被視為冒犯上帝和背叛國家，因而必須對叛教者立即處以死刑。一位歷史學家這樣寫道：「天主教曾經這樣攻擊異端者，現在異端者也如此做了。」

教宗即使不是個好教宗，但畢竟是一個天主教徒，而且由於教會並未改變對異端的看法，人們希望他至少能對新教的叛亂迅速做出應對。這種威脅已經到了刻不容緩的程度，但利奧十世卻絲毫未察覺，他沒有從沃姆斯議會吸取任何教訓。在他看來，這次大分裂不過是「一群僧侶之間的爭論而已」，並且認為所有信徒都受到兩個世紀前由教宗若望二十二世（1316~1334年在位）頒布的《基督教權力大全》（*Summa de ecclesiastica potcsrate*）（1326）的有效管理，這本書宣稱教宗是上帝在世俗世界的代理人，所有人都必須遵守他，即使他是個十惡不赦之徒。

利奧十世當然不是一個十惡不赦之人，但宗教並非他優先關注的議題，至少排在學習、享受、擔任梅迪奇家族領袖，以及發動戰爭之後。他也是歷史上最揮霍的教宗之一，根據教廷的司庫、弗郎西斯科樞機主教阿梅里尼‧梅迪奇（Armellini Medici）的描述，在利奧十世任職教宗7年間，他一共花費了500萬達克特金幣，並且留下超過80萬達克特的債務。這其中有多少用於支持卡洛斯一世擴充軍隊不得而知，但

利奧十世確實一直在策畫擊敗法國，這倒不是因為法蘭索瓦一世暗地裡同情新教——他當時還沒有這種傾向，也不是像儒略教宗一樣出於政治盤算。儘管卡洛斯一世在軍事上取得了勝利，尤其是當他在比可卡（Bicocca）擊敗法軍後，氣勢達到了最高峰，但是利奧十世獲得的唯一戰利品只是義大利北部的兩個省分，這根本無法彌補他失去了德國、瑞士和斯堪地那維亞半島的損失。

然而利奧十世還是無法抵擋慶典的誘惑，在1521年11月的最後一個夜晚，他在梵蒂岡舉辦了一場通宵宴會。宴會上有各種美酒、香檳、賭博、音樂、戲劇和雜技表演、煙火，還有他的親戚們，包括他的3個侄兒和2個表兄弟，他們都戴著他授予的主教帽子。一如往常，雖然他付出了很高昂的代價，但他在宴會上過得很愉快。黎明破曉時，客人陸續離開，他也以身體不適退席。隨後，他染上了風寒，中午開始發高燒，到夜幕降臨時，撒手西歸。

利奧十世去世時年僅46歲，他去世之時，也是他的破產之日。阿梅里尼甚至無法在他的圓頂房間找到足夠的錢來購買棺材上方的蠟燭，最後不得不挪用一位樞機主教葬禮上剩餘下來的蠟燭頭。羅馬人戲謔說，如果死去的教宗復活，他一定會分別賣掉羅馬、教廷和他自己。他生前一直贊助偉大的畫作和雕像，這本來是他值得讚許之處，然而在那個灰暗的12月，沒有任何人為他說好話。同時代的歷史學家法蘭西斯科・維多利（Francesco Vettori）寫道，由於利奧十世沒有恰當處理新教的「異端邪說」，教宗的權威已經減弱，羅馬人對即將舉行的樞機院選舉教宗一事也顯得嗤之以鼻。

他們的藐視是毫無根據的。因為將近1個世紀以來，羅馬主教們第一次做出了正確的選擇。他們原本沒打算這樣，但三方僵持的結果卻令人出人意料。為了打破這種僵局，一些人提名當時並未出席會議的亞德樞機主教、烏特勒支的博因斯（Boeyens），他是利奧十世的兒時導師。當時激烈競爭的各集團一直企圖戰勝其他集團，以保住自己的

★亞德六世臨終之際，將所有財產捐獻給窮人，並留下遺願，要求給自己舉行簡單而樸素的葬禮。

利益，然而，令他們震驚的是，最終選出的卻是一位默默無聞的教長，即後來的亞德六世[58]，歷史上唯一的一位荷蘭人教宗——「野蠻人」（Barbarian），羅馬人很快就這麼稱呼他。當然他並不是未開化的野蠻人，他曾是魯汶大學教授，正是天主教急需的改革家。

在第一次對樞機主教的演說中，他坦率告訴眾人，教會的腐敗已經十分普遍，以至於那些「浸泡在罪孽中的人」無法「察覺自己身上的臭味」。針對前幾任教宗，他說他們是：「濫用聖物，肆意踐踏戒律，讓情況變得愈來愈糟糕。」主教們冷漠地盯著他。之後，他迅速採取行動，停止銷售贖罪券和聖職買賣，削減教宗預算，確保神父職位由真正有能力的人擔任。然而他的命令並未得到有效執行。由於他的助手中只有兩名是荷蘭人，他在頑固不化的教廷中四處碰壁，遲遲無法打破與身邊義大利人之間的文化障礙。他在擔任教宗一年後就去世了，沒有任何哀悼，維多利寫道：「他是一位渺小和受人輕視的教宗。」

義大利主教們非常欣慰這麼快就能中止之前的「錯誤」，於是又選

---

58. 阿德里安六世（1522~1523年在位）也是直到1978年登基的約翰・保羅二世（波蘭人卡羅爾・沃伊蒂瓦）之前，最後一位由選舉產生的非義大利人教宗。

了一個義大利人：利奧十世的堂弟朱利奧‧德‧梅迪奇‧既後來的克勉七世（1523~1534 年在位）。他的性格懦弱、優柔寡斷，企圖挑撥卡洛斯一世和法蘭索瓦一世的關係，並從中得利。他分別與這兩位諸侯王祕密訂立條約，但最後洩露，失去了他們的信任，義大利也因此變成暗無天日的戰場。兩個穿過倫巴底的英格蘭人，寫信回國時提到了在帕維亞（Pavia）看到的飢餓孩子，並說：「我們所過最悲慘的是澈底的荒蕪，田野裡看不到任何人或生物，到了一些較大型的村莊，則看到了數千名可憐的人。」

　　這位教宗做夢也想不到，羅馬受到攻擊時會這麼脆弱——他的基督教同伴可能會讓西歌德人對這座永恆之城的殺戮重新上演。他與法國的結盟激怒了羅馬城內效忠神聖羅馬帝國皇帝人士；而且作為梅迪奇家族的一員，他也有很多宿敵，其中一位就是樞機主教朋佩歐‧科隆納（Pompeo Colonna），他與梅迪奇家族長期不和，甚至恨之入骨，還野心勃勃地覬覦教宗位置。科隆納親手策畫了一場針對克勉七世的暗殺。1526 年，他召集神聖羅馬帝國的擁護者，對梵蒂岡發動了一次突襲。教宗家族的幾名成員在突襲中遇害，教宗則僥倖從祕密通道逃脫。這條通道是波吉亞教宗過去為危急狀況而建造，他比克勉七世更擅長逃跑。

　　在教宗和凶惡的樞機主教達

★克勉七世（1478~1534），在位期間發生了兩件大事：羅馬大洗劫與英格蘭宗教改革。

成協議後，暴徒撤出。於是，克勉七世「寬恕」了自己的行為，請了一幫傭兵，沒收了科隆納的財產。他覺得自己獲得了勝利，為自己慶祝。這夥暴徒的大逆不道之舉應該給了他警告，然而，更糟糕的事情即將發生。在他從祕密通道逃走後，暴徒們穿著教宗的長袍，在聖彼得廣場慶祝，並嘲笑教廷。教宗的祕書在寫給英格蘭教宗特使的信中指出：「我們已經到了毀滅的邊緣。」虔誠的亨利八世雖然遠在英格蘭，還是非常擔心教宗的安危。

卡洛斯一世手下一支紀律渙散、飢腸轆轆且沒領到軍餉的軍隊帶來了毀滅的種子。這支軍隊打敗了法蘭索瓦一世的軍隊，越過阿爾卑斯山，進入義大利北部。法國的叛徒夏爾三世・德・波旁（Constable de Bourbon）率領著他們，來自德國各地的傭兵成了先鋒。守城者聽到德國步兵「前進！前進！」的怒吼，這種怒吼在往後一段時間會讓整個歐洲為之顫抖。作為新教徒，這些日耳曼人被洗腦教宗是異端敵人的頭目。不過他們的動機並沒那麼高尚，而是受到貪婪的驅使，因為指揮官承諾，他們可以在佛羅倫斯和羅馬城內肆意「搶劫和勒贖」。卡洛斯一世本人似乎並未意識到這一點。由於他崇拜教廷，同意停火 8 個月，作為交換條件，而教廷必須支付 6 萬達克特金幣——這筆錢將分給他的軍隊。但這遠遠不夠。這支軍隊發現自己被出賣之後，被澈底激怒，轟然叛變，向基督教世界的首都出發，沿途受到梅迪奇教宗鎮壓的貴族為他們打開城門，甚至送上食物。1527 年 5 月 6 日，他們攻破羅馬城牆。戰鬥中，夏爾三世被暗箭射中不治身亡，他的死讓這支軍隊完全失控。軍隊挨家挨戶搶劫，殺害任何反抗的人，許多建築物燃起了大火，死神降臨羅馬。

克勉七世、大部分樞機主教和教廷官員躲進了聖天使城堡，放下閘門後，受困城堡外的一個主教被用籃子拉上城牆，城堡外的民眾則澈底孤立無援。婦女們在大街上被強姦，修女們被集中起來趕進妓院，牧師們遭到雞姦，平民則被屠殺。這場大規模殺戮開始一週後，台伯河上

漂浮了 2 千多具屍體，還有 9800 具屍體等待火化，而更多的屍體被棄置廢墟，任憑老鼠和餓狗吞噬那些浮腫、發臭的內臟。

這些傭兵原本就是為錢財而來，現在他們如願以償了──光是贖金就有 3、4 百萬達克特金幣。富人們都被嚴刑拷打，能支付贖金的幸運者最終獲得釋放，其餘的則被活生生折磨至死。然而，搶劫並不局限於此，所有值錢之物都未能倖免。他們炸開墓穴，挖走聖物、修道院和宮殿的珠寶裝飾，連教堂的寶石和盤子也不放過。

還有很多褻瀆神靈的行為純粹是為了取樂。檔案館和圖書館遭付之一炬，即便有倖存下來的真跡和手稿，也被拿去做了馬墊。整個梵蒂岡城成了一個巨大的馬廄。醉醺醺的德國傭兵穿戴著紅帽子和紅衣主教的法衣，趾高氣揚且拙劣地模仿著神聖的宗教儀式，還有一名士兵就直接穿著教宗的法衣坐在地上。所有的褻瀆行為斷斷續續長達了 8 個月之久，直到食物吃完，開始出現瘟疫。這些反叛者終於撤離後，曾經象徵榮耀的羅馬古城變成了臭氣熏天的屠宰場。

劫掠的消息傳遍歐洲時，新教徒將其歸因為神的懲罰，一些天主教徒也贊同這些觀點。一名卡洛斯一世軍隊的高級軍官在譴責侮辱天主教會和羅馬教廷的行為同時，也大肆批評：「要讓每個人都知道真相，即神對暴政和混亂的教廷進行了大審判！」9 年前在奧格斯堡跟路德會面的紅衣主教卡耶坦也同意這種說法，他懷著沉痛的心情寫道：「我們本是社會中堅，卻墮落得毫無價值，只剩下一些浮誇的儀式。」

但是大部分天主教高層卻不這麼認為。現在他們相信，他們總算看清了新教徒異端的真面目。他們忽略了侵略的士兵中有一半是西班牙天主教徒，而今他們也要像那些蔑視神的叛徒一樣，理直氣壯、心狠手辣起來。羅馬大屠城事件過去一代人之後，艾薩克・牛頓爵士才發現牛頓第三定律（作用與反作用力），但其實這個定律早就存在了：此

後基督教「叛徒」的任何反叛行為，都會在羅馬激起相同的「回饋」。教廷本能地排斥與分裂者持有某些共同看法：一樣的厄運，同一副虛偽嘴臉，以及折磨、分屍、絞刑、斧刑，還有常見的火刑，都在等待著背叛羅馬的「叛徒」。在那個年代，能照亮世界的只有火。而似乎真正的基督聖人、新教聖人、天主教聖人都有相似的地方，即變成了被火焰包圍、燒得焦黑的殉道者。

一些開明的天主教徒主張重新規範教會紀律，消除讓善良基督徒遠離信仰的不良因素：神職人員的腐敗、大主教的奢靡享受、主教的擅離職守、教宗的任人唯親。他們認為，教宗最起碼應該讓主教們重新主持祈禱，創作好的作品，並且重申受新教徒屢屢挑釁的信仰，例如親自出席聖餐禮，維護聖母瑪利亞的神聖性和聖彼得的聖潔性。

然而事實恰恰相反，梵蒂岡更關心的是，以軍事和政治行動來鎮壓叛教者──找代罪羔羊一直是慣用的伎倆，於是猶太人又一次成了眾

★ 1527 年 5 月 6 日，西班牙和神聖羅馬帝國軍隊攻入羅馬，有人認為這是文藝復興結束之日。

矢之的。在羅馬，他們被集中安置在貧民區並被迫穿上畫有大衛之星的服飾。同時，教會說服了天主教君主以救世主名義開戰，甚至派出刺客去新教徒貴族的城堡進行暗殺行動；教宗則通諭譴責了新教所有教義——信仰的合理性、聖餐禮的重要性、神職人員結婚。即使如此，這些叛逆的信仰仍然在繼續傳播。1530 年，在教廷的一再要求下，查理五世簽署了一項法令，要求帝國法庭採取行動，制止諸侯沒收並分配教會財產。他們有 6 個月的時間來執行這項法令，但是沒有獲得任何回應。

　　西班牙宗教裁判所臭名昭著，而西班牙為了應對宗教改革，於 1542 年恢復了羅馬宗教裁判所，其手段更加殘忍。審判團由 6 名紅衣主教組成，他們殘酷鎮壓了所有違背天主教教義的行為，而且嚴密監控知識分子。於是，任何支持改革、提出阻止基督教分裂建議的人都被懷疑成異端。沒有任何一名天主教徒能逃避審判。一位倡導改革的那不勒斯牧師對當地教會的貪汙腐敗深惡痛絕，於是在世俗法庭中起訴教會。

★克勉七世、大部分樞機主教和教廷的官員們躲進聖天使城堡避難，但德國傭兵仍不肯罷休，在城堡外架起了火炮。

這自然違反了教會享有的特權，於是他立即被開除教籍；開明的喬瓦尼紅衣主教莫歐納（Morone）也被誣告為異教徒並押入大牢；另一位為挽救天主教展開最後一搏的紅衣主教，試圖制止哈布斯堡與法國之間的戰爭，但與梵蒂岡發生衝突。他很快被召回羅馬，受指控為異教徒，被判處死刑。托雷多的總主教公開表達仰慕伊拉斯謨，所以被判了 17 年的監禁。克勉七世死後，另一個仰慕伊拉斯謨的人物——皮特羅·卡尼斯科西（Pietro Carnesecchi），曾擔任過教宗的祕書，也在羅馬被燒死。

在教宗看來，大多數天主教的統治者，包括羅馬皇帝，都對異教徒太仁慈了。尤其法蘭索瓦一世的表現更讓教宗失望，所以在 1547 年聽到法蘭索瓦一世於楓丹白露逝世的消息後，羅馬教廷非常高興，因為虔誠又殘暴的亨利二世隨即繼承了王位，他的身邊還有個情婦——黛安娜·德·波伊蒂絲，她是一位狂熱、嗜血的審判者，他們一起不遺餘力地鎮壓法國所有異教徒。印刷、販賣甚至持有新教藏書都是重罪；宣揚異教理念要被判處死刑；亨利二世鼓勵告密，告密者可以在叛教者被定罪後分得他們三分之一的財產。審判由專門的委員會執行，審判庭就是臭名昭著的「焚燒室」。不到 3 年的時間。這個委員會就對 60 名法國人處以火刑。大學校長、巴黎議會議員安尼·杜·布爾格（Anne du Bourg）建議推遲執行刑罰，應該等特利騰大公會議正式定義天主教教義後再執行。亨利二世下令逮捕他，並打算親眼看他被燒死，然而「天命」——新教徒稱之為神——介入了此事。這位國王在 1559 年的一次巡遊中被刺殺，他的王后、情婦，以及教宗都為他悼念；杜·布爾格當然沒有悼念他，不久後即以殉道者的身分被殺害。

法國國王亨利二世在聖彼得大教堂受到瞻仰、歌頌和祝福，但在接下來的 12 年，隨著路德崛起，羅馬教廷最崇拜的人變成了英格蘭國王亨利八世。亨利八世似乎就是上帝派來幫助教宗的人。儘管他那英俊

的臉龐、金黃色的大鬍鬚、健碩的體格俘獲了眾多女子的芳心，但教廷對此並不介意，此外，教宗也沒有權力譴責皇室的奢靡。更重要的是，在他的兄長去世之前，他就被確定為王位的繼承人，也已經被訓練成為一名「神父」。

1509 年，亨利八世登上王位時，他也的確能用《聖經》來統御王國。當路德將《95 條論綱》張貼在維滕貝格教堂大門上時，亨利八世發表了《七聖禮捍衛論》（Assertio septem sacramentorum contra M. Lutherum）來譴責路德，極力維護大主教徒的聖餐禮。這本書很可能出自外交官理查德・培斯（Richard Pace）或羅徹斯特主教若望・費舍爾（John Fisher），甚至還有可能出自伊拉斯謨。在書中，亨利八世質疑：「什麼人這麼惡毒，竟然把教宗的統治稱為暴政？」並且宣稱「任何違背了大主教、最高法官……耶穌的唯一代理人羅馬教宗」的人，對他的任何處分都不算過分。

路德一如既往地「優雅」回應，把批判他的人形容為「低能兒」、「發狂的瘋子」、「騙子國王」、「海因茨國王」、「讓上帝蒙羞的英格蘭國王」，並且繼續諷刺：「我的國王啊，你到天堂後注定要與邪惡和腐爛的蟲子相伴，所以我應該把你的糞便潑到你身上。」隨後他資助了倫敦市中心的一個新教集團「基督教兄弟會」（Christian Brothers）。這個集團散布了許多反天主教的小冊子，而且聲勢在威廉・廷代爾[59] 發行著名的（當然在羅馬教會看來是聲名狼藉的）英譯版《新約》前一年達到頂峰，而此作也使得這位 34 歲的英格蘭牧師成為教宗和當時天主教統治集團的大敵。

廷代爾是一名人文主義學者，他的經歷是上帝的臣民和知識分子間關係日益對立的典型。英格蘭的人文學者對亨利八世的加冕都歡欣鼓

---

59. William Tyndale，1494~1536，十六世紀著名的基督教學者和宗教改革先驅，被認為是第一位清教徒。他也是英格蘭宗教改革家和英譯版《聖經》的譯者。

★這尊大理石雕像〈帶鹿的黛安娜〉由法國雕塑家讓·古戎（Jean Goujon，約
1510~1572）創作，為亨利二世送給情婦黛安娜·德·波伊蒂絲的禮物。古羅馬神話
中，黛安娜是狩獵女神，這裡無疑是對亨利二世這位臭名昭著的情婦最恰當的暗喻。

舞。蒙喬伊勳爵（Lord Mountjoy）寫信給伊拉斯謨，告訴他亨利八世是「人們學習的榜樣」。湯瑪斯·摩爾爵士說到新國王就稱讚他比之前的國王更有學識，並強調：「對於一位被哲學和九位繆思女神洗禮過的君王，有什麼是我們不能期望從他身上得到的呢？」亨利八世向伊拉斯謨發出邀請，要求他離開羅馬來英格蘭定居，這個行為似乎證實了這位英格蘭學者的熱情。這樣一位受人歡迎的君王，在面對信念和理性的抉擇時，他選擇了信念，這有點令人難以置信。

然而，伊拉斯謨在收到國王的邀請後，發現國王對他已經不感興趣了。隨著宗教改革浪潮一發不可收拾，亨利八世愈發強烈效忠天主教，在國王的默許下，大法官莫爾軟禁了基督教兄弟會的成員和其他的異教徒。而「廷代爾事件」——英格蘭知識分子對此感到不寒而慄——讓其與最反動的異教人士更緊密地聯繫在一起。

威廉·廷代爾在劍橋和牛津閱讀拉丁語《聖經》時，就在醞釀一種譯本。在 1521 年，也就是路德在沃姆斯會議受譴責的那一年，他被授予牧師不久後即開始著手此一構思，一位天主教朋友指責他：「教宗的法律比上帝的法律要重要得多。」廷代爾反駁：「假如上帝能夠饒恕我，若干年後，我將會讓一個犁田耕種的孩子都比你更懂得《聖經》。」

然而事實上是，如果他想繼續活下去，就應該聽從朋友的意見。這與伊拉斯謨用拉丁語和希臘語同時出版的《福音書》不同，畢竟在當時，很少有人能讀懂這些文本。總而言之，情況完全不同。在當時，這是一件很危險的事，因為教會不願意也不允許人們大規模閱讀《新約》，而研究《新約》的特權緊緊掌握在統治階級手中。他們解釋《聖經》中經過篩選的段落，為權術的詭辯提供依據，並且多用於服務世俗政治，或是鞏固教宗的地位或權力。

有人提醒廷代爾，要為他的全部手稿找到出版商相當困難。他在英格蘭受挫後，越過英吉利海峽，在法國的天主教科隆教區找到了一家出版商。當他們鋪開手稿放置在石頭上時，當地牧師恰巧聽到了這件

事，在知道他們的意圖之後，將此事告知科隆高層。廷代爾立即帶著手稿逃跑。法蘭克福教區的牧師將他的犯罪企圖通報了紅衣主教沃爾西和亨利八世，他們宣布廷代爾為重罪犯。英格蘭每一個港口都部署警力，一旦廷代爾返回英格蘭，就立即逮捕他。

然而，與他的行動自由相比，這位逃亡者更在意他的作品能否出版。因此在 1525 年，他來到新教徒聚集地沃姆斯。在這裡，彼得·舍費爾（Peter Schöffer）將他的作品以 8 開本的形式印刷出版。其中 6 千冊被運往英格蘭，而廷代爾再一次被當局監視。此後，他再次開啟了長達 4 年的逃亡生涯，並定居在自以為安全的安特衛普。然而，他低估了自身「罪行」的嚴重性以及國王的毅力。英格蘭密探一直在追蹤他，最終逮捕他。在亨利八世的堅持下，廷代爾被囚禁在布魯塞爾附近菲爾福爾德（Vilvoorde）的城堡 16 個月，之後以異端罪名起訴、定罪，並被公開處以絞刑。他的屍體被綁在火刑柱上焚燒，以此來警告那些被他的「愚蠢行為」所蠱惑的人。

人們沒有理睬國王的警告，一本書不是那麼輕易就能被毀掉，這其中當然包括《聖經》。而且廷代爾翻譯得非常出色，後來詹姆斯一世

★威廉·廷代爾翻譯的《聖經》（未全部完成），是第一部直接譯自希臘語和希伯來語原文的英譯本。

的《聖經》版本就是在此基礎上完成的。儘管莫爾在冗長的《對話集》裡指責廷代爾的譯文有缺陷，然而，在沃姆斯出版的《聖經》經走私進入英格蘭後，受到人們爭先恐後的傳閱。在倫敦主教看來，這是一種無法容忍、散播異端的行為。於是他購買了所有《聖經》英譯本，並在聖保羅教堂燒燬。坎特伯里大主教對此仍然不滿意，因為密探回報還有很多部被私藏著，住在鄉下的新教徒仍像在圖書館那樣四處傳閱。他召集主教，下令追查所有《聖經》的下落，並嚴懲所有持有書的人。在他的命令下，主教們率領手下，開始搜查知識分子的住處，並且獎賞告發者——他們發出警告，不能讓信徒得知耶穌的啟示錄。

　　亨利八世打擊路德宗和異教的做法，贏得了來自羅馬的讚賞。他希望羅馬能明白自己想要獲得回報，之前教宗將西班牙國王稱為「大主教徒的國王」，稱法國國王為「最正統的基督徒」，亨利八世也想獲得類似稱號。於是，利奧十世滿足了他，賜予他和他的繼承者「信仰的捍衛者」（Defender of the Faith）的頭銜。亨利八世下令將這幾個字刻在英格蘭所有硬幣上——任何事物一旦落入國王手上，就不要指望他會歸還。從此，英格蘭國王就一直沿用這個稱號，儘管 10 多年後它的授予方，也就是羅馬教廷企圖將其收回[60]。

亨利八世與湯瑪斯・摩爾之死

　　在一般人想像中，作為宗教改革運動的領袖，亨利八世和馬丁・路德通常會被聯想在一起，雖然他們都厭惡這樣的結合，因為事實上他們確實不是一路人。路德是神學叛逆者，而亨利八世從各方面來說（除了一點）都算得上是忠實的天主教徒。他之所以挑戰羅馬權威，是因為教宗（出於政治而非宗教的原因）反對國王所享有的特權。然而

---

60. 如同伊莉莎白二世，她的全銜是「承上帝洪恩的大不列顛及北愛爾蘭聯合王國及其他領土和屬地女王，英聯邦元首，信仰的捍衛者伊莉莎白二世」。

在此事上，亨利八世比教宗的做法更值得商榷，但因涉及婚姻，他們各自的動機都不單純。

最直接的矛盾發生在 1527 年，當時亨利八世決定解除與凱薩琳 18 年的婚姻。凱薩琳來自阿拉貢，是西班牙國王斐迪南和王后伊莎貝拉的女兒。雖然後人看來無法接受亨利八世的離婚動機，但在當時是被允許的。中世紀的王國都是世襲制，必須有子嗣繼承皇位，這對亨利八世來說尤為重要。約克家族和蘭開斯特家族之間的玫瑰戰爭長達了 31 年，在他出生前 6 年才剛剛結束，他的家族王位並不穩固，如果他在去世前

★英格蘭國王亨利八世（1491~1547）在位期間推行宗教改革，使英格蘭教會脫離羅馬教廷，促使英格蘭的社會經濟狀況、政治體制、文化、思想、宗教各方向都發生了巨大變化。

沒有子嗣，英格蘭將會再興內戰。

　　不幸的是，那時的凱薩琳已經 42 歲，沒有能力再生育一個健康的男孩，她唯一活下來的孩子是個女孩瑪麗。亨利八世知道問題不在自己，因為在 1519 年，他曾經跟他第一個王室情婦有過一個私生子，這位情婦名叫伊莉莎白・布倫特（Elizabeth Blount），她是伊拉斯謨的贊助人蒙喬伊勳爵威廉・布倫特（William Blount）的姊姊。雖然是通姦，但亨利八世的婚外情都得到了世俗的默許，而按照慣例，當王室成員之間為了國家利益而結成夫妻，任何一方都可以選擇出軌。還有另一件事

★凱薩琳是亨利八世的第一任妻子。在這幅創作於 1846~1848 年的作品中，凱薩琳正在懇請法庭拒絕亨利八世解除婚姻的要求。

需要考慮，假設王后生了兒子和女兒，國王就要把女兒瑪麗嫁給法國王子；一旦亨利八世沒有留下男孩就去世，瑪麗將繼承英格蘭王位，並且在她丈夫成為法國國王之後，英格蘭也將變成法國的一個省分。

解除婚姻必須得到羅馬教宗的同意，亨利八世堅信這沒有問題，獲得教宗的豁免並不困難，通常只要在婚姻中挑出一些瑕疵，而這些瑕疵足以解除婚姻關係即可。而在亨利八世的婚姻中，問題顯而易見。凱薩琳是其兄長亞瑟留下的遺孀，在英格蘭教會法規裡，他和凱薩琳是禁止結婚的。《聖經》的《利未記》中就有這樣的敘述（20：21）：「如果一個男人娶了他兄長的妻子，這是不純潔的，他們不會有孩子。」羅馬教廷為亨利八世豁免了這一項禁令，允許亨利八世和她結婚。但教宗是否有權推翻《聖經》的禁令，尤其是在王后「不孕」的預言似乎已應驗了的情況下，是值得懷疑的。於是，國王宣稱這次豁免以及他與凱薩琳的結合是非法的、歐洲的神學家也都認同他的說法。

然而在羅馬，英格蘭王室離婚會造成不好的政治影響。教宗克勉七世正在竭力從聖城的洗劫中恢復元氣，然而，由於他自身的問題，其處境變得更加艱難。如果他同意亨利八世離婚，那麼他將面對一個比亨利八世更強大的統治者——神聖羅馬帝國皇帝，他的統治範圍橫跨整個歐洲大陸，曾在爭奪米蘭、勃艮第、那不勒斯和納瓦拉中兩度擊敗法國。查理五世這個無可置疑的義大利統治者，實際上已經包圍了梵蒂岡，這對任何一位教宗來說都是嚴重的威脅，尤其是在教宗捲入王權爭奪的情況下。由於克勉七世被困在梵蒂岡，皇帝的意見更會受到重視，特別是當他堅持的時候。

而在這個問題上他當然會堅持。查理五世的童年導師，也就是後來的亞德教宗，從小灌輸他要尊重教宗的思想。凱薩琳是他的姑姑，因而這個爭論格外讓他惱火——亨利八世竟然派人將此爭論提交給教宗。作為亞瑟的遺孀，她與亨利八世的婚姻不僅非法，而且亂倫。一旦梵蒂岡認可，那麼她將成為被遺棄的「情婦」，她的女兒瑪麗，英格蘭的王

位繼承人、查理五世的表妹，也將成為「私生女」。如果克勉七世拒絕給予豁免，亨利八世的企圖將不會得逞——除非他選擇退出教廷，但這種情況只有在他公開宣布時才有可能。這讓英格蘭的天主教徒大為震驚：他們要在自己的信仰和國王之間做出痛苦的選擇。不過，了解亨利八世的人都知道，他不會同情人民的進退維艱。當人文主義者胡安・路易斯・維佛斯站出來支持凱薩琳，他立刻被解除了瑪麗教師的職位，並被逐出王宮。

亨利八世的祖先們做夢都沒想過要與羅馬決裂，但他已經下定決心，尤其是他已經選好了凱薩琳的接班人——安妮・博林（Anne Boleyn），並被她深深吸引。安妮出生高貴，當時只有 19 歲，美貌動人，擁有神采流動的眼神、飄逸的頭髮和活潑開朗的性格。但亨利八世的判斷有嚴重的缺陷。表面上看，安妮完全有資格成為王后，她的父親是子爵、祖父是公爵，她從小在巴黎女子學校接受教育，擔任過納瓦拉的瑪格麗特的侍女，之後回到英格蘭服侍凱薩琳。她聰明活潑，但反復無常，自我且不貞。

她用身體勾引了亨利八世。博林家族的女性以放蕩出名，為了取悅國王，安妮的母親和姊姊與國王關係曖昧，但她更勝一籌。在亨利八世眼中，這個女孩似乎很有生育能力，一旦教廷批准他離婚，他會立即與安妮結婚，給她戴上后冠，讓她誕下子嗣，那麼英格蘭也將國泰民安。安妮在引誘亨利八世前，擁有很多情人，包括詩人托馬斯・懷亞特和未來的諾森伯蘭伯爵亨利・珀西（Henry Percy）。漢普頓宮一位歷史學家說她「極度腐化和墮落」，她與單身和已婚的王室侍從都發生過關係，事實上有證據顯示，在國王選她做王后時，安妮和珀西早已祕密結了婚。

因為安妮的引誘（接下來還有更多類似的事），國王決定放棄凱薩琳，開始一段歷史上最混亂的婚姻。然而，就算沒有安妮・博林，亨利八世仍然會找一位新王后，其實早在 1514 年，他就開始考慮離婚，

那個時候安妮只有 7 歲。到了 1524 年，亨利八世已經與凱薩琳分居，開始與瑪麗‧博林同居，而非她的妹妹安妮。3 年後，安妮成了他的情婦，他第一次試探性地向羅馬教廷尋求豁免。

　　亨利八世把希望寄託在大法官、紅衣主教沃爾西身上。沃爾西同情國王想要個兒子來繼承王位的迫切心情，但沃爾西也有他自己中意的王后候選人，那就是法王路易十二的女兒蕾妮（Renee）公主。他私底下對安妮深表不滿，他深知安妮的名聲，並且相信國王也一定有所耳聞。然而，對於一個像亨利八世這樣極度自負的國王來說，王后有出軌的念頭（更別說敢這麼做了）是不可想像的。更何況，如今他已經愛上了她。

　　沃爾西急需功績。這位曾經叱吒風雲的大法官，現在卻被視為諸多失敗的罪魁禍首。他發起的戰爭讓他疏遠了下議院和商人；他的獨裁冒犯了神職人員；他的外交政策——為了與法國聯盟而得罪查理五世——帶來了災難性的後果。如果他夠聰明，他就應該選擇低調。但對於王室所稱的「國王的大事」，他實在無法掩飾自己的冷漠。然而亨利八世已經失去了耐心，他繞過紅衣主教，直接派大臣威廉‧奈特（William Knight）把消息送到羅馬。奈特代表國王提交離婚案給教宗克勉七世。他聲稱教宗應該宣布亨利八世

★安妮‧博林是英格蘭歷史上最著名的女性之一。亨利八世為了與她結婚，發動宗教改革，永遠改變了英格蘭的歷史。

現在的婚姻無效。他甚至提議，在任何情況下，這種事情都應該在英格蘭決定。教宗同意了。奈特還建議派一名德高望重的主教擔任法官，做出最後裁決。教宗當然清楚亨利八世中意沃爾西，他也還記得，在前一年羅馬被洗劫的時候，他和隨從被困在聖天使城堡整整 7 個月——而今軍隊仍包圍著這座城市，他們的指揮官就是英格蘭王后的侄子。如果克勉七世同意了奈特的建議，將會引起查理五世的憤怒，然而他又不能完全忽視英格蘭紅衣主教。所以，克勉七世決定，由樞機團的兩位紅衣主教主持審判。除了沃爾西，還有義大利主教洛倫佐·坎佩奇奧。這讓沃爾西顏面掃地，最終未能說服教宗同意這樁離婚案。之後當安妮也與他作對，他完全被孤立了。亨利八世沒收了他在懷特霍爾街的住所，剝奪了他的政府職務（但仍保留他的約克郡大主教職位）。一年後，國王下令逮捕他，最終，他在被押往倫敦的途中死去。

　　與此同時，坎佩奇奧主教發現這位英格蘭國王主意已定，他在寫給羅馬教宗的信件中表示：「這種激情非同尋常。除了安妮，他的眼中和腦海裡沒有任何事物。他一個小時都離不開她。」然而，亨利八世雖固執卻也機敏，一直以來，他做事都很精明。他曾任命一個委員會收集歐洲所有天主教學者的法律見解，用這些支持意見與教宗派來的代表對質。坎佩奇奧也認為英格蘭需要一位能為皇室生下繼承人的王后。他強烈要求凱薩琳歸隱女修道院，凱薩琳表面上同意了，但她同時要求也讓亨利八世住進修道院。紅衣主教覺得被冒犯了，他知道凱薩琳的嘲諷：讓亨利八世退位，做一個順服、忠貞、貧窮的人，這種想法十足荒誕。紅衣主教並沒意識到凱薩琳的棘手，她那位居神聖羅馬帝國皇帝的侄子，以及受皇帝控制的教宗都支持她，這意味著英格蘭脫離天主教的可能性將持續增高。

　　亨利八世經常被描繪成脾氣暴躁、不計後果、一意孤行的人。但

在這件事上，他不僅有決心，同時也表現出極大的耐性。他於 1521 年完成給路德的答覆〈忠實的天主教國王的著作〉。1522 年，安妮．博林 15 歲時成為凱薩琳的侍女，從那時起，她就吸引了國王的注意。當時亨利八世已經對不能懷孕的凱薩琳澈底絕望，但直到 5 年後，他才開始祕密廢除他們的婚姻。由於受到凱薩琳侄子查理五世的壓力，教宗忽視了他的申訴整整 6 年。1533 年，他和 26 歲的安妮正式結婚，但很快被教宗逐出教會。英格蘭議會也於 1534 年通過《繼承法》（Act of Succession），該法案宣稱國王和凱薩琳的婚姻無效，並承認安妮是新的王后，因此所有質疑她和亨利八世婚姻的人都會被判處死刑，法案還要求亨利八世的所有臣民都必須對其宣誓效忠。這可不是童話故事。之後，面對一連串嚴重的後果，國王和安妮的幻想硬生生破滅了。

國王一開始認為教宗會很快地同意他的請求，解除那段無子的婚姻，因為之前有很多類似的先例。而且紅衣主教坎佩奇奧在 1528 年第一次來倫敦的時候，也表示支持他。但是讓亨利八世備感沮喪的是，教宗似乎無力做出決定。坎佩奇奧也明白，義大利紅衣主教對倫敦的影響力並不大。如果他判決支持凱薩琳，那他會立即被驅逐出境，所以他希望盡快收到梵蒂岡的指示。克勉七世的匆忙答覆反映了他對此事的無能為力。他告訴這位紅衣主教：「沒有樞機團的指示，不要做出

★安妮．博林的姊姊瑪麗．博林。亨利八世在位期間，博林家族對英格蘭有很大的影響力。

任何判決……如果因而導致皇帝遭受巨大的打擊，那麼和平的希望將就此破滅，教會也將難逃毀滅的下場，因為教會完全受皇帝牽制……所以要盡可能地拖延。」於是教宗用計，成功地將這個問題拖延了 5 年之久。

最終，已經無法再拖下去了。國王一直期盼著豁免。他在格林威治宮殿旁為安妮建造了一座豪華別墅，侍從開始向她直接匯報情況，似乎她已經加冕成為王后。大批人群聚集在她窗外，完全忽視了凱薩琳，而亨利八世經常待到中午才離開格林威治。但教宗的政策讓他們的關係危機四伏，尤其當安妮發現自己懷孕後，情況變得更加危急。劍橋大學神學家湯瑪斯‧克蘭默（Thomas Cranmer）起草了很多新的論點，國王緊急派出談判團將這些論點呈送給教宗，然而教宗還是猶豫不決。這時安妮的懷孕跡象日益明顯，但只有王后誕下的孩子才可能繼承王位。

亨利八世等不及了。他任命克蘭默為坎特伯里大主教，授予他特別權利，並且要求他在新職位上盡可能做出充分的闡釋。這位新任大主教迅速行動，判決教宗無權授予豁免。他向凱薩琳宣布離婚判決，並祕密為亨利八世和他的情婦證婚。1533 年 5 月聖靈降臨日這天，在西敏寺舉行了一場隆重的婚禮，27 歲的安妮如願以償成為王后，這時她已經懷有 7 個月身孕了。

★在這幅版畫中，亨利八世正在向安妮‧博林求愛。

　　現在，基督教分裂眼看已勢不可免。國王熱血沸騰，他召開了特別國會，激起議員的反教會情緒，更不顧剛上任的大法官湯瑪斯・摩爾勳爵反對，強制通過一部特別法，限制神職人員權利，提高對教會的稅收，將聖職者首年向羅馬教會的捐稅縮減至 5%。最後一條法令極大損害了教宗的利益。克勉七世這幾年來對那份來自倫敦的離婚請願書置之不理，但他也起草了通諭，要將國王逐出教會，而今羅馬教廷開始正式執行。

　　亨利八世同樣做出了強烈反應。在他的引導下，議會通過了 32 份宗教法案，其中包括停止對羅馬教廷的所有稅捐，沒收教會擁有的全部土地——據一名保守的天主教教徒估計，這些土地占英格蘭總面積的20%；其他措施則是為了壓抑修道院，規定只能向坎特伯里大主教或國王懺悔，神職人員在被授予官職前要先向國王宣誓效忠，並且規定只有經國王提名才能成為主教和大主教。接著亨利八世使出了最後一招，他在《至尊法案》（Acts of Supremacy，1534 年 11 月頒布）中宣布完全脫離羅馬教廷，建立新國教（英格蘭國教），並任命自己和他的王位繼承人為教會最高首領。

　　沃爾西的繼任者、大法官湯瑪斯・摩爾已經追隨亨利八世一段時間，但他現在深陷忠於皇權或神權的兩難中而極度痛苦。摩爾是國王的臣子，但同時也是一名虔誠的天主教徒。他認為減少和國王的互動，或許處境不會如此尷尬，於是他在 1532 年，辭去了大法官的職務。不過這一切都是徒勞。他無處可藏，因為他太出色了，國王一直在關注他。他的「個人危機」在 1534 年春天達到頂峰。當時國王下令所有臣民必須宣誓遵守《繼承法》，但摩爾做不到，因為這意味著要效忠亨利八世、背棄羅馬教宗。大多數英格蘭神職人員順從地宣誓遵守；摩爾沒有反對，卻保持沉默。他既沒譴責宣誓，也從未指責那些宣誓的人；儘管在言行上對皇權忠誠，但也拒絕背棄羅馬——這是一種毀滅性的沉默，因為亨利八世正在進行一場豪賭。儘管他是一位強大的國王，但他的統

治權僅限於活著的人。正如德國人支持路德一樣，英格蘭不斷高漲的民族精神也支持著他，但是如果教宗將他的王國剔除出教會，詛咒每個英格蘭人死後下地獄，那麼很有可能不久之後就會發生暴動。在此危急時刻，國王不能猶豫。

　　摩爾反對亨利八世與安妮結婚，因此拒絕出席安妮的加冕典禮，這對國王而言是一個極大的侮辱。如果亨利八世繼續容忍這種不敬，會被視為軟弱，尤其是這位前大法官在英格蘭民眾中有很強的號召力。要麼心狠手辣、要麼放棄皇權，除此之外他別無選擇。最終，摩爾以叛國罪被起訴，關押在倫敦塔。

　　摩爾在審判時終於開始為自己辯護。他說，分裂教會是令人痛心疾首的罪行，他不能違背自己的良心助紂為虐。他補充道，他無論如何都不相信「一個世俗者可以成為宗教領袖」。他是當時最擅長雄辯的人

★湯瑪斯‧摩爾在被宣告死刑後，與女兒見了最後一面。

之一，然而由於當時審判環境過於嘈雜，他說的話幾乎沒人聽到，何況聽證會只是一個形式，判決其實早已做出。審判他的法官有安妮的父親、叔叔和她的兄弟羅奇福德勳爵，他們判決摩爾「吊死、砍頭、裂屍」，這些都是對背叛國王最嚴厲的處罰。這意味著，這位前大法官僵硬的屍體將被分成四部分，拋棄在倫敦碼頭上任其腐爛。

不過這個判決在亨利八世看來有些過分了。但是礙於怒氣沖沖的安妮（摩爾取代沃爾西時便成為她憎恨的對象），亨利只得收回只將摩爾砍頭的判決。這位曾對他忠心耿耿的學者抬頭挺胸走向了死亡。他走上斷頭臺，一切都將結束。他平靜地對一名軍官說：「中尉閣下，可憐我吧。在我倒下時，不要碰我，讓我自己著地。」隨後，他無視要求蒙住雙眼的規定，讓聚集的人群親眼觀看他「作為國王忠誠的僕人之前，首先是上帝的僕人，懷著並為了天主教信仰」而犧牲。他死後，頭顱被懸掛在倫敦大橋上示眾。

整個英格蘭都震驚了。沒有人相信這位前大法官會出賣自己的國王和祖國。伊拉斯謨為他的朋友默哀，「他的靈魂比雪還要純潔，他的天賦前無古人後無來者」。梵蒂岡追贈他為基督教殉道者，教宗為他舉行了宣福禮[61]，並且追封他為聖人。

不到一年，安妮．博林也和摩爾一樣，成了亨利八世的眼中釘。她在王后寶座上待了 1 千天，期間發生了各種災難，使得人們又回頭相信教宗的威望，因為他們深信，只有在神的干預之下，才會如此懲罰這位倫敦的國王。亨利八世原本希望安妮能為他誕下王子，事實證明他錯了；她的第一個孩子，和凱薩琳一樣也是個女孩。當然，沒有人能夠因此怪罪她，她在生育上的失敗只是眾多事件中的一件小事。她一當上王

---

61. Beatification，天主教會追封死者的一種儀式，用意在於尊崇其德行、信仰足以升入天堂。

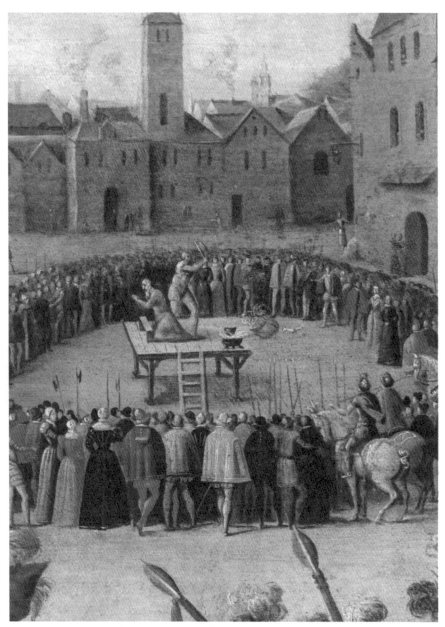

★ 1535 年，摩爾被處決。這幅作品由法國畫家安東尼‧卡隆（Antoine Canon，
1521~1599）於約 1536 年創作。執行死刑時，摩爾蒙住自己的雙眼。1935 年，羅馬
天主教會封摩爾為聖人。

后，性格大變，她的活潑可愛消失了，取而代之的是脾氣暴躁、尖酸刻薄、蠻橫無理，以及永不滿足的欲望，這一切讓亨利八世逐漸難以忍受；凱薩琳至少是溫柔體貼的，他開始想念她了，在她去世後，他大哭了一場，並且下令整個王宮為她默哀。安妮斷然拒絕默哀。在她為亨利八世誕下第二個死胎——一個畸形的早產兒後，他開始冷落她。他告訴朋友，是安妮蠱惑了他，並且把孩子的畸形視為她會巫術的證據。而最讓安妮惱火的是，他將手伸向了自己的侍女——出身貴族的珍·西摩（Jane Seymour）[62]。

如果後來指控安妮的證據都是真實可信的，那麼她就是英格蘭最沒有資格抗議亨利八世出軌的女性。按照證據來看，她剛生完女兒後就開始尋找獵物了，在她 3 年婚姻生活中，一直持續偷情。證人宣稱，一旦她看中一個年輕男子，就會邀請他到臥室，並在他腳下故意丟下一塊手帕，如果該男子撿起手帕，並用它擦臉，就表示接受她的勾引，而她的貼身侍女會在半夜時把風警戒。

這些指控有可能是捏造的——後來據說這些被指控與王后有染的男子有些是同性戀，但在當時卻沒有人這麼認為。據記載，亨利八世聽說自己被戴了綠帽子，並被告知了手帕信號的傳言。在一次親眼目睹後，他在當晚帶著全副武裝的衛兵捉姦並進行了拷問。新任大法官將安妮帶入倫敦塔，宣讀對她的指控，她哭泣著跪下，堅稱自己的無辜。

聽證會上，王宮的 3 名侍衛和 1 名樂師承認「與王后有不正當親密交往」。隨後諾森伯蘭伯爵也證實與王后有染。最後，最具戲劇性的一幕發生了：安妮的兄長羅奇福德勳爵——他曾經判決湯瑪斯·摩爾爵士有罪——也被帶入被告席，他的妻子檢舉他，聲稱有充分的證據證明他

---

62. 珍後來成為亨利八世的第三任妻子，她是當時少數誠實且守本分的女性之一。作為薩默塞特公爵的妹妹，她在安妮在世期間一直刻意與亨利八世保持距離，並要求兩人獨處時也不能對她說話，也從未打開過他送來的信件和禮物。她成為王后做的第一件事，就是讓亨利八世和凱薩琳的女兒重歸於好。

與自己的親妹妹媾和。這些人被包括安妮父親在內的陪審團審判。那名樂師當庭認罪，由於他只是一介平民，最終被處以絞刑；3 名侍衛則被斬首示眾。

　　3 天後，由 26 名陪審員組成的陪審團開始審判安妮和她的兄長，陪審團主席是安妮的叔叔諾福克公爵。她的叔叔認定他們犯了通姦和亂倫罪，判處其死刑。那時非正常死亡非常普遍，而且人們相信來世，所以當時被判死刑的人都很淡定地接受命運，這在現代人看起來很不可思議。做完乞求寬恕禱告後，年僅 29 歲的安妮要求盡快把頭從她身上取走。她嘲諷地說，她一想到「劊子手刀法不錯，而且我的脖子很細」，就感到很欣慰。她在斷頭臺上請求人群向國王祈禱，「他是最溫柔、仁慈的國王，即使對於我，他也是善良、溫柔的。」她和羅奇福德勳爵在幾分鐘內被先後問斬。安妮由於身分較高貴，率先登上斷頭臺。

　　諷刺的是，這一系列由國王渴望王位繼承人引發的特殊事件，最終卻由兩位女繼承人收割，她們不僅統治了英格蘭，還留下了深刻的影響。凱薩琳的女兒瑪麗，在母親被廢後倖存了下來，並且很快就找上幫凶算帳。父母離婚後，瑪麗被宣布為非法的私生女。然而，後來在亨利八世的兒子（即珍·西摩的兒子、後來的愛德華六世）誕生後，議會也鬆口通過了一項複雜的法案，其中包括恢復凱薩琳女兒王位繼承人的資格，並且允許她在王位上待 5 年。從 1553 年開始，她成為女王瑪麗一世。

　　瑪麗一世不是一位受人敬重的國王，當然她也沒打算這麼做，她從未試圖獲得人民的擁戴，胡安·路易斯·維佛斯在他的作品中如實記錄了這些。瑪麗一世從未拋棄羅馬天主教，當然也不會原諒那些狂熱的新教徒，因為他們拒絕讓她探望自己的母親，甚至連最後一面都沒能見到。作為國王，她誓言要「倒行逆施」，拒絕宗教改革的勢潮，儘管這根本不可能，但她還是努力嘗試。她任命自己的首席顧問紅衣主教雷吉納爾德·博勒（Reginald Pole）為教宗特使。博勒雖然是英格蘭的紅衣主

★這是一幅都鐸王朝繼承體系的寓意畫，描繪了亨利八世和他的三個子女。亨利八世
坐在王位上，居於畫面中央。王位右側單膝跪地、伸手接過正義之劍的是亨利八世
的兒子愛德華，即未來的愛德華六世。畫面左側是瑪麗和她的丈夫西班牙國王腓力
二世，兩人身後是羅馬神話中的戰神瑪爾斯（Mars），象徵了兩人發動的戰爭。與此
形成對比的是，畫面右側的伊莉莎白正牽著和平女神的手，其後還有一個侍女手捧
裝滿花果及穀穗的豐裕之角，象徵了伊莉莎白一世在位期間英格蘭的和平與繁榮。

教，但一直效忠於羅馬教廷。他曾經在亨利八世離婚議題上與他發生爭
論，並且當面詛咒他死後會下地獄。

　　這種對國王大不韙的行為很快就受到了懲罰。國王大發雷霆，懸
賞捉拿博勒，這位紅衣主教不得不四處逃亡。儘管逃過追捕，但在他逃
亡期間，他的母親和兄弟都被處死了。現在，在他的要求下，瑪麗一世
恢復了教宗在英格蘭的權威，也重新啟用懲罰異端的刑法。瑪麗一世還
下令燒死大主教克蘭默——其他殉道者還色括主教利得里（Ridley）和
拉蒂默（Latimer），博勒則接替克蘭默成為坎特伯里大主教；另外還有
約 300 名英格蘭人被處死，他們都是追隨瑪麗一世的父親脫離羅馬教廷

的僕從。也許她最大的成就，是證明英格蘭可以變得和十六世紀歐洲其他地方一樣野蠻。甚至現在，人們一提起她的名字，就會想起「血腥瑪麗」這個充滿嘲諷意味的綽號。

❖

永垂不朽的聖女貞德仍然活在十六世紀以前的人們記憶中，但是至今十六世紀已經過去了大半，還沒有出現任何一位能與她相提並論的女性。然而，在十六世紀後期，誕生了英格蘭歷史上最偉大的國王，她帶來一個新時代，澈底沖刷了先人留下的汙穢——她就是名譽掃地的安妮‧博林之女。她在安妮加冕為王后時就已經在安妮的肚子裡，這也是湯瑪斯‧摩爾拒絕出席加冕儀式的原因之一。她剛出生那天，就被梵蒂岡宣布為非法之子。在她母親被處決後，坎特伯里大主教（在得知安妮與亨利八世結婚前就已和珀西結婚後，判決安妮犯了重婚罪、通姦罪和亂倫罪）也附和羅馬，宣布她為私生子。

由於安妮被正式宣布為淫婦，導致她的境況連當初的凱薩琳都不如；後者離婚後，相對來說還是受人尊重的。皇家法官宣布亨利八世的第二次婚姻非法，因此，這個 3 歲的孩子自然也就不受到法律上的承認。然而，

★瑪麗一世即位後在英格蘭復辟天主教，下令燒死了約 300 名反對人士，因而被稱為「血腥瑪麗」（Blood Mary）。後來，「Blood Mary」在英語中成為女巫的同義詞。

★伊莉莎白一世就任後，推翻了瑪麗
一世大部分的宗教政策。她統治英
格蘭期間，不論在經濟還是文化
上，都達到前所未有的高峰。

與她同父異母的姊姊一樣，
甚至就是因為她姊姊，她最
終從這段被遺忘的歷史中翻
了身。瑪麗一世恢復合法
本身就是史無前例的。在
珍・西摩因難產而死後，議
會根據亨利八世的遺願，正
式承認了他 3 個同父異母孩
子的合法地位，並且規定了他們繼承都鐸王朝王位的順序：第一繼承人
是珍的兒子愛德華，第二繼承人是凱薩琳的女兒瑪麗，最後便是安妮的
女兒伊莉莎白。

　　1558 年，25 歲的伊莉莎白登上王位後，立即恢復了新教以及她父
親的《至尊法案》，並且在隨後的 45 年間統治著英格蘭。考慮到她父
母私生活過於開放的後果（這在當時的歐洲貴族中也相當普遍），也
許她一生未嫁是個明智的決定，因此伊莉莎白一世也被稱為「童貞女
王」（The Virgin Queen）。

3

一個人擁抱地球

One Man Alone

　　1519 年 9 月 19 日，星期一，桑盧卡爾—德巴拉梅達（Sanlúcar de Barrameda）港口熱鬧非凡。

　　船隊指揮官、新組成的聖地牙哥騎士團團長斐迪南・麥哲倫正對即將環遊全球的 5 艘帆船——「聖安東尼奧號」、「特立尼達號」、「康塞普西翁號」、「維多利亞號」和「聖地牙哥號」做最後的檢查。它們將從塞維亞啟程，沿瓜達爾其維爾河直下，安達魯西亞人稱它們是「艦隊」。然而，它們的指揮官是一名軍人，對他來說，這 5 艘船就是無敵艦隊——正式來說，應該是摩鹿加無敵艦隊。然而這支船隊破損不堪，與 21 年前克里斯多福・哥倫布第三度橫跨大西洋所率領的船隊比起來，相差甚遠。

　　儘管如此，這位船隊指揮官的船隊看起來比哥倫布的船隊更適合航行——他一直這麼認為。雖然快 40 歲了，這位十六世紀最偉大的航海家還是一絲不苟，甚至極其挑剔。他親自檢查每一塊木板和繩子，並叫人用新的木板替換所有腐壞的木板，監督船員安裝好新的橫桅索和結實的亞麻帆，每張帆布上都印著西班牙的守護神聖詹姆斯十字架。5 艘船都需要小心駕駛。這些小船——最大的「聖安東尼奧號」排水量只有 120 噸——實際上是三桅、橫帆混雜組裝在一起的商船，由十四世紀的獨木船與阿拉伯獨桅帆船改裝而成，稍不留心，它們就會被撞散。因此，人們從船首到船尾都反復進行檢查，並修補所有問題。現在，這位頭髮灰白的指揮官正在耐心檢查航行兩年所需的食物儲備——當然他從未想過這次航行會耗時 3 年，而他自己也將一去不回。

★這幅十九世紀手工上色的木版畫頌揚
了麥哲倫發現麥哲倫海峽的偉大時刻。

　　麥哲倫長相並不出眾。他出生於葡萄牙一個沒
落的貴族家庭，體格像農民——個子矮小、皮膚黝
黑、體型稍胖。他皮膚粗糙，鬍子既黑又密，眼神
中流露出悲傷和冷僻。他很小的時候，鼻梁在一場
鬥毆中骨折；他在摩洛哥的一場戰爭中，被長矛刺傷，留下傷疤，從
此走路時明顯地一瘸一拐。儘管他性格魯莽（在生命的最後數小時也
是如此），但大多時候他很少衝動。相反地，他沉默寡言，喜歡獨處，
活在自己的世界，也能適當地克制自己。作為指揮官，他可能是殘酷
的——用與他同行的另一位船長的話來說就是：嚴厲、冷酷、無情。儘
管他的手下不喜歡他，卻很佩服他的能力、判斷力和賞罰分明——這在
當時的指揮官中很罕見。正因如此，他在船員中倍受歡迎。

　　這位船隊指揮官對自己的出身充滿驕傲，而且做事一絲不苟、雄
心勃勃、堅忍不拔、深藏不露、意志堅強。他擁有自己的夢想，但從
未向人透露。這個隱藏的夢想在當時人們眼中很不可思議。他充滿想
像力，在那樣一個惡棍和暴君橫行的時代，他信仰英雄主義。在十六
世紀，浪漫主義並不流行，但也並未完全消亡。年輕的麥哲倫當然聽
說過西班牙的民族英雄熙德（El Cid），在中世紀的多首民謠中，傳唱
著這位十一世紀英雄的故事；他也癡迷於亞瑟王的故事，即使他沒有
看過馬洛禮的《亞瑟王之死》，但也知道了卡美洛[1]的存在。中世紀的
騎士故事一直流傳了幾個世紀，代代相傳。亞瑟王本身是個人才，雖
然他是一個模糊的歷史人物，但這位英格蘭強大的戰爭之神連續贏得
了 12 場殘酷戰役，打敗了來自日耳曼的撒克遜侵略者，最後於 539 年

1.　Camelot，英格蘭傳說中亞瑟王的宮殿及國事會議所在地。

在卡姆蘭（Camlann）戰役中遇害。蘭斯洛特爵士（Lancelot du Lac）的故事也許不真實，但是在 1170 年經過法國行吟詩人克雷蒂安・德・特魯瓦（Chretien de Troyes）的藝術加持後，引起了孩子們極大的興趣，其中就包括年少的麥哲倫。德・特魯瓦的另一部名著是《聖杯的傳說》（Perceval），這本書是聖杯首次在文獻中登場。1203 年，德國詩人沃爾夫拉姆・馮・埃申巴赫（Wolfram von Eschenbach）在《珀西瓦里》（Parzival）中再次講述了這個故事，他們的作品被翻譯成葡萄牙語等多種歐洲語言。1210 年，哥特弗里德・馮・史特拉斯堡（Gottforide von Strassburg）在完成《崔斯坦和伊索德》（Tristan and Isolde）之後離世。1225 年，法國詩人紀堯姆・德・洛利思（Guillaume de Lorris）根據奧維德的《愛的藝術》創作了《玫瑰傳奇》（Roman de la Rose）的第一部，這部詩歌韻律優美，充滿浪漫色彩。1 個世紀後，喬叟將它翻譯成英文。大約在 1370 年，一部關於亞瑟王外甥的傳奇史詩《高文爵士與綠騎士》（Sir Gawain and the Green Knight）在英格蘭問世。

好奇心強烈的麥哲倫，發現現實原來也如此迷人，於是瘋狂地閱讀若望・柏郎嘉賓（Giovanni da Pian del Carpine）和馬可・波羅的作品——前者於 1245 年向東出使到中亞的哈拉和林（Karakorum）；後者遊歷東方，於 1296 年在獄中口述

★裴迪南・麥哲倫（1480 ～ 1521 年）是地圓說的信奉者，他最早向葡萄牙提出了環球航行計畫，在沒有得到支持後，轉而尋求西班牙國王的支援。

了在中國的經歷。更重要的是，這 5 艘船的指揮官均受到了哥倫布及其探險者事蹟的鼓舞；其他歐洲人也夢想著追尋他們的足跡，但麥哲倫與他們不同的是，他有堅定不移的決心，這讓他成為英雄。伊拉斯謨和他的同伴們當然令人敬仰，但他們大多是作家和空談者；而麥哲倫堅信，行動才是至高無上的。他同意喬治·梅瑞狄斯（George Meredith）的觀點：想獲得權勢，就必須採取實際行動，這是生活的殘

★身穿韃靼人服裝的馬可·波羅。

酷法則。在為獲得權勢而奮鬥的過程中，他最寶貴的財富就是意志。他可以忍受失落和沮喪，但永遠不接受失敗。

　　然而，到目前為止，他的事業還只停留在口頭承諾上。儘管渴求別人的認可，但他為人過於正直——絲毫談不上老練圓滑，這讓他不易取得能給予他榮譽的達官顯貴的支持。例如在里斯本，他蔑視宮廷中那些穿著絲綢的諂媚之徒，結果災難降臨了。在那些國王身邊文質彬彬、阿諛奉承的侍臣眼裡，他就如同一個愚蠢的農民。在洗刷了一個莫須有的盜竊罪名之後，他要求觀見葡萄牙國王曼努埃爾一世，謀求王室支持自己的航海冒險。當時葡萄牙和西班牙都對香料群島垂涎三尺，麥哲倫請求國王幫助他到那裡宣示葡萄牙主權。然而，他沒有把握好難得的觀見機會。曼努埃爾一世是一個愛慕虛榮的人，他希望臣民能時刻奉承自己，而麥哲倫不顧宮廷禮儀，直接提出了要求。國王被他的魯莽激怒，

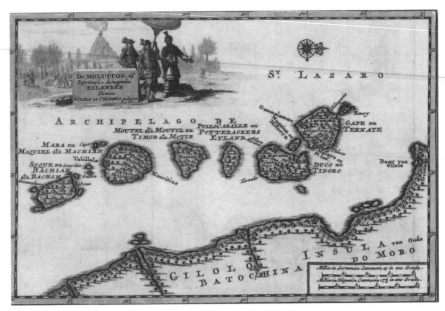

★最早的香料群島地圖，指引一批歐洲人開啟了航海冒險。

於是罷免了他的官職，也拒絕了他的要求，侍臣們則在一旁幸災樂禍。這位國王甚至表達不再需要他的效忠，他可以帶著自己的方案到其他國家去。一心想實現夢想的麥哲倫，於是找上了 18 歲的西班牙國王卡洛斯一世，也就是後來的神聖羅馬帝國皇帝查理五世。1518 年 3 月 22 日，卡洛斯一世以自己和患有精神病的母親胡安娜（Juana）的名義簽署了《國王》（Yo el Rey）協定，承諾贊助這位船隊指揮官航行的所有物資，任命他為所有航海過程中新發現陸地的最高長官。

現在，麥哲倫正從一艘船走到另一艘船，首先清點 265 名船員的儲備物資——大量的白米、豆類、麵粉、大蒜、洋蔥、葡萄乾、葡萄酒（約 700 桶）、鯤魚（200 桶）、蜂蜜（5402 磅）、豬肉（將近 3 噸）；還有成千上萬張漁網、魚叉、魚鉤，以及航海所用的天體觀測儀、沙漏和指南針；鐵製和石製的炮彈，大量的長矛、尖釘、盾牌、頭盔和護胸甲，這些裝備是為了應付靠岸時可能遇到的危險；另外還有 40 車木

材、瀝青、柏油、蜂蠟、麻絮和船索等，這些在船隻損壞時能派上用場；鏡子、鐘錶、剪刀、手鍛、彩色手帕和透明玻璃器皿，則是送給東方朋友的禮物……總之物品清單多不勝數，不過這位指揮官仍是饒富興致地一一清點它們。

一幅「巨畫」的誕生

在羅馬，米開朗基羅在完成〈摩西〉和西斯汀小堂穹頂壁畫後，正在為他的偶像但丁寫一首十四行詩。塞巴斯蒂亞尼‧德爾‧畢翁伯（Sebastiano del Piombo）的〈克里斯多福‧哥倫布〉上的顏料還未風乾，提香剛創作完〈聖母升天〉，拉斐爾剛完成利奧十世和他的樞機團肖像，杜勒則畫完了銀行家、教宗和國王的好友雅各布‧福格的微型畫像。有的人則剛過世不久：67 歲的李奧納多‧達文西死在法國安博瓦茲附近的一座城堡；60 歲的馬克西米利安一世病逝於維也納新城（Wiener Neustadt）；贖罪券兜售者、54 歲的若望‧特次勒在萊比錫去世；還有盧克莉齊婭‧波吉亞，她年輕貌美，39 歲即早逝於義大利北部。盧克莉齊婭在最後幾年虔誠信教，並且教育兒子喬瓦尼有方。喬瓦尼是教宗亞歷山大六世的兒子，也是他的孫子。

雅各布‧福格那時還在世，雖已時日不多，仍在拚命賺錢。據估計，他的財富高達 203 萬 2652 金幣。在英格蘭，大法官沃爾西剛搬進漢普頓皇宮。當時在歐洲受歡迎的文學作品包括湯瑪斯‧摩爾的《烏托邦》、亞歷山大‧巴克利（Alexander Barclay）的《田園詩》和馬基維利的《君主論》。伊拉斯謨此時正陶醉於他第三本著作《對話集》的成功之中。在他的推動下，諷刺和道德劇在劇院中很受歡迎，尤其是彼得‧多蘭德‧范‧戴斯特的《凡夫俗子》，約翰‧斯凱爾頓的《富麗堂皇》（*Magnificence*），以及吉爾‧比森特（Gil Vicente）的《奧特‧達‧格諾麗婭》（*Auto da Barca da Glória*）。

哥白尼的《小注解》和波吉亞教宗為葡萄牙和西班牙劃分勢力範圍

★就在麥哲倫準備自己環球之旅的同時，文藝復興時期的藝術家、思想家並未停下創造的腳步。這幅男子的肖像由威尼斯著名畫家塞巴斯蒂亞尼·德爾·畢翁伯創作於 1519 年，人們普遍認為，畫中的主人公便是克里斯多福·哥倫布，正是他在 1492~1504 年間的探險之旅鼓舞了麥哲倫。

發布的通諭，是當時讀者最少的作品。西班牙和法國正在摩拳擦掌，準備為爭奪義大利北部地方進行戰爭。當時所有的國王都忽視了一場影響更為深遠的衝突——宗教改革，儘管此時距離路德在維滕貝格教堂大門張貼《95 條論綱》已經過去兩年了，現在，他正在起草《致德意志基督教貴族公開書》，號召德意志貴族全面挺身反對羅馬教廷。

麥哲倫對這些了解多少，我們永遠不得而知，也許很少。他對政治一直不怎麼感興趣，即使感興趣，他也不可能密切關注。例如，當路德在沃姆斯捍衛自己的立場，他已經航行在人跡罕至的大海上。因此，他直到臨死都不知道基督教世界正在發生的分裂，儘管這對於包括他在內的所有天主教徒來說都是一場巨大的災難，而他也隨時願意為捍衛自己的宗教而獻出生命。至於在歐洲同時發生的其他混亂，也似乎都跟他無關。然而這是錯誤的。事實上，所有的事件都交織成了一幅「巨畫」，而麥哲倫的探險只是其中一個局部。歷史不會任由無關事件雜亂組合，每一件事都有其意義且相互影響，這在現代尤其如此。只有時間

能釐清所有事情。這時候，輪廓開始浮現了。

　　現在，麥哲倫所生活的時代輪廓愈來愈清晰了，最顯著的就是中世紀（文藝復興時期的人文主義者對那個時代的稱呼）的解體。它的瓦解是無數歷史事件交織影響的結果，同時也引發了自野蠻人征服羅馬之後歐洲的最大動亂。宗教改革——摧毀了文藝復興——是人類歷史長河中最受人矚目的事件；其他重大事件還包括 1453 年穆罕默德二世攻陷君士坦丁堡，以及人文主義者在古代文明價值中發現的知識，由此也注定了經院哲學的失敗，因為它將異教徒知識與基督教教義揉合在了一起。隨著教會放棄壟斷教育，重生的歐洲開始意識到理性和信仰之間有一道不可逾越的鴻溝，儘管大眾依舊虔誠，但思想前衛者已經在理性的思考中找到了寧靜。

　　與此同時，商業的發展，尤其是英格蘭和德國經濟的繁榮，讓中產階級和商人階級不斷壯大，而且隨著其權力與影響力不斷增強，這兩個階級開始對狂妄自大的教長們日漸不滿；與此同時，教宗的權威也開始受到崛起的民族國家和國王的挑戰。印刷術的發明、文學的興盛，以及通俗版《聖經》的廣泛流傳，刺激並加速了世俗主義的傳播。而這些都引發質疑，敗壞社會風俗，降低道德標準，吞噬了所有傳統帶給人們的安慰與支持。統一的基督教世界逐漸分裂為不同的文明體，現代歐洲就此誕生。

　　這一切都意味著改變，並引起了中世紀思想頑固分子的不安。當時在所有學科中，進展最緩慢的可能是地理學。由於《聖經》在人們心目中的神聖性，人們很少質疑其內容。義大利改革家彼得・馬蒂爾・菲密格理（Pietro Martire Vermigli）說：「如果《創世紀》中關於上帝創造世界的描述有誤，那麼基督教的所有承諾都將蕩然無存，我們的宗教生活也將失去意義。」

　　哥白尼帶來的威脅則更大。《聖經》說，萬物都是為人創造的。如果地球萎縮成宇宙中的一個小點，那麼人類也會滅絕。當「上天堂」和

「下地獄」失去意義，天堂也就不復存在——因為「天堂」和「地獄」每隔 24 小時會輪換一次。1575 年，歷史學家、史譜編撰和整理者傑姆・沃爾夫（Jerome Wolf）在寫給丹麥天文學家、占星學家第谷・布拉赫（Tycho Brahe）的信中表示：「宇宙的浩翰無邊和深不可測是對基督教的最大威脅。」

最後，人們對歐洲以外陸地的探索（以麥哲倫的遠航為最高潮）打開了整個世界，標誌著現代史的到來。地理大發現摧毀了教宗教義對世界的描述，對教宗的威望帶來了威脅。羅馬有個古老的論點，即教會所說的都是對的，因為所有人都相信基督教的神聖。在中世紀，這個說法看似合理，但是現在，隨著航海員、旅行家、征服者，甚至傳教士帶回的更多資訊，歐洲人意識到，在新大陸上還有其他宗教，這些信仰異教神的人並沒有因此而生活困難。

在中世紀，《聖經》字面上的闡釋迫使教會承認了《基督教世界風土誌》（*Topographia Christina*）中荒唐可笑的地理描述，這本書的作者是六世紀的修道士科斯馬斯（Cosmas）。他去過印度，按理說應該更深刻了解地理，但他堅信世界是個長方形的平面，周圍是天空，天堂就在天空之上；耶穌在平地的中間，附近是由四條天河澆灌的伊甸園；太陽比地球小很多，圍繞著朝北的一道圓錐形山脈旋轉。他的觀點很脆弱，因此並不是所有人都認可，有一些人，例如中世紀編年史家及神學家聖比德（Venerable Bede）就認為地球是圓的，但科斯馬斯不以為然。不過，羅馬教廷也贊同科斯馬斯的觀點，因此將其他反對觀點均視為對常識的侮辱。

從這樣一個最基本的事實我們不難看出，古代文明的智慧被埋得有多深。在耶穌誕生 300 多年前，亞里斯多德就認為地球是一個球體。在一次月食之後，他發現只有球狀物才會在月亮上投下環形的影子。因此，儘管雅典人也知道印度和西班牙的存在，但亞里斯多德沒有找到能夠證明自己觀點的地理和科學証據，導致他犯了一個重大失誤：他認為

陸地比水更重，而地球要保持平衡，所以他推斷伊比利半島和印度次大陸之間的距離並不遙遠，並且進一步推斷出它們之間沒有大陸，也就是說，沒有北美洲和南美洲——這也是哥倫布犯錯的根源。其他人對此僅僅只是質疑，而麥哲倫最終以行動推翻了這個觀點。

　　亞里斯多德的球體論成為古典地理學的基礎。希臘人直接把地球分成五個區域，其中兩個是極地，過於寒冷，沒有人居住；另外兩個是溫帶，最後一個是赤道區域。中世紀的德國哲學家艾爾伯圖斯·麥格努斯（Albertus Magnus）和英格蘭方濟各會修士、哲學家羅傑·培根（Roger Bacon）繼承這些觀點，並得出一個結論：赤道地區溫度過高，生物不可能存活。因此，他們做出了人類不可能在熱帶地區生存的結論。直到十五世紀，大多數人都認同這個說法。

　　除了曾做出貢獻的羅馬博物學家普林尼，拉丁語法學家、哲學家馬克羅比烏斯（Macrobius）和前羅馬執政官阿格里帕（Agrippa），羅馬人在地理學方面幾乎沒有取得任何成就。然而，在羅馬帝國邊境城市亞歷山大港——一所由古希臘天文學家托勒密和喜帕恰斯（Hipparchus）創立的埃及天文學學校，在亞里斯多德之後已經發展壯大了 400 年。他們計算出的地球周長（2.5 萬地理英里，即 46300 公里）相當精確。他們還把地球分割成 360 度，用平行線表示地球表面的緯線，用子午線表示經線，並使用新發明的天體觀測儀以「對準太陽」的方式來測量緯度，為包括麥哲倫在內的伊莉

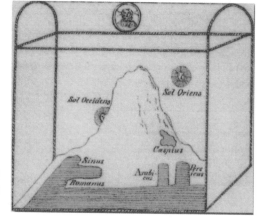

★修道士科斯馬斯於六世紀描繪的世界模型：地球是一座高高的山，聳立在一個平面之上。

莎白時代航海人員提供了航海工具。

　　然而，與希臘人一樣，亞歷山大港的人們也犯了一個錯誤。他們認為地球是靜止的，而且是宇宙的中心。另外，托勒密的《地理學指南》（*Guide to Geography*）對中世紀地理學家影響深遠，認為亞洲的範圍要比人們想像的更靠東，受這種錯誤理論引導的也包括了哥倫布，他堅信一直向西航行就能到達亞洲。他所有的疑慮都被《世界圖像》（*Imago Mundi*）一書消除，該書由十四世紀的紅衣主教、納瓦拉大學校長皮耶·戴伊（Pierre d'Ailly）所編。戴伊贊同亞里斯多德的觀點，即一直向西航行就能到達印度。《世界圖像》成為哥倫布最愛的書，他的手抄本至今仍保存在塞維亞的哥倫比亞藏書室，書頁邊沿還有他潦草的筆記。

　　在漫長的中世紀之夜，中東的穆斯林學者保留下古希臘和古埃及的文明，後來文藝復興的人文主義者繼承了這些知識。紅衣主教波吉亞的宿敵庇護二世認真研讀之後，寫下了《歷史新地理》（*Historia rerum ubique gestarum*）。雖然其中大部分都來自托勒密的觀點，但這本書並非乏善可陳，至少庇護二世得出了一個驚人的結論：人們可以環繞非洲航行。他推測存在一條赤道，儘管看不見，但這個猜測並未被質疑。在當時，除了對《聖經》深信不疑者，人們逐漸接受了地球是一個球體，以及希臘人劃分的氣候帶觀點。

　　學者們也接受了這個觀點。然而，一般人至少對於世界的理解大多來自神話傳說。這些傳說來源多樣：有些故事源於荷馬；另一些則是旅行者的浪漫故事；亞歷山大大帝和聖托馬斯的傳說；西元前四世紀為波斯國王效勞的希臘人、歷史學家克特西亞斯（Ctesias）的虛構；羅馬人普林尼和加伊烏斯·朱利葉斯·索利努斯（Gaius Julius Solinus）的捏造；也可能來自十四世紀一本廣為流行的書《曼德維爾爵士旅行記》（*The Voyage and Travels of Sir John Mandeville, Knight*）。據說，這本書寫

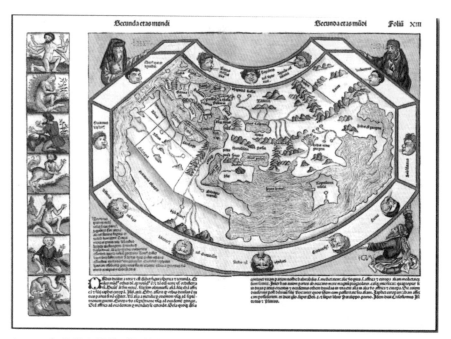

★ 1493 年德國出版的《紐倫堡編年史》，這張地圖中繪有許多奇異的人物。中世紀時，很多人相信這些奇異的人就住在人類尚未探索的地區裡。

成於英格蘭諾曼時期，由曼德維爾講述，記錄的都是真實事件。儘管事實上所有故事都是虛構的，但是由於這些故事太具信服力，人們認為曼德維爾爵士（或者曼德維爾騎士）所描述的事件都是真的，而馬可‧波羅描述的東方反倒沒那麼真實了。

　　大多數中世紀的神話都是以亞洲為背景，這更加引起了人們的好奇，因為直到十三世紀中期的韃靼和平時期，歐洲人也從未去過巴格達以東之地。聖戰和朝聖加深了歐洲人對巴勒斯坦和敘利亞的了解，但是他們認為東方（中國）充滿著巨大的魅力和吸引力，還有不計其數的財富。也有個說法是天堂就在中國的某個地方，更增添了神祕感。自從1221 年成吉思汗的威名第一次傳到歐洲，歐洲人就認為他是一位偉大的基督徒國王，並把自己的一生都奉獻在感化異教徒上。

　　因此，這些輕信別人的歐洲人相信了巨人歌革和瑪各[2]的故事；長牙和全身長滿毛髮的森林民族的故事；半獅半鷲怪獸格里芬的故事；鸛和矮人族爭鬥的故事；人躺在地上用一隻巨大的腳擋住太陽來製造自己影子的故事；狗頭人身者整夜嘶吼、吠叫的故事；以及俄斐[3]寶藏的故事。據說所羅門王曾將大量的珠寶和黃金埋藏在俄斐，俄斐因此成為眾多傳說中的藏寶地之一。另外一個是已經消失的亞特蘭提斯大陸，它來自於柏拉圖的傳說。還有夢想中的黃金國（EL Dorado）、黃金之河；莫諾莫塔帕帝國（the Empire of Monomotapa）；西波拉七城之島（the Island of the Seven Cities of Cibola），據說是由逃避摩爾人迫害的 7 位主教在大西洋所發現；還有聖布倫丹島（St. Brendan's lsland），來源於看似合理的聖布倫丹傳說，據說這是他在愛爾蘭西北海域發現的一個神奇島嶼。在麥哲倫時代，這些島嶼大多數都可以在地圖上找到。葡萄牙的王子、航海家亨利曾遇上一個自稱已登上七城之島的船長。直到 1755 年，人們才發現聖布倫丹島位於西經 5 度的加那利群島；1873 年，英國航海圖上才刪除了虛構的巴西礁堡。

　　這些都是經典的子虛烏有故事，它們迷惑和誤導了探險家們進入未知的海域。由於這些地圖的誤導，很多船隻有去無回。但令人驚訝的是，他們還是取得了一些「發現」：非洲和印度相鄰；印度洋和紅海是片狹窄水域；埃及和衣索比亞被放在亞洲裡。航海家仔細審視地圖，發現一些令人困惑的圖例及疑惑，如「印度衣索比亞」、「印度埃及」；以及十四世紀出現的卡塔蘭地圖（Catalan Atlas），現保存於巴黎國家圖書館，實際上都是虛構的，包括格里芬群島、歌革和瑪各王國，位於印度和中國之間的小人國，一個名叫「伊安娜」（Iana）的小島（有可能是現在的馬來西亞），以及被寬闊海洋包圍的「塔拉帕博

---

2. Gog and Magog，是《啟示錄》（20：8）等古書中寫到的預言，描述兩個民族受撒旦迷惑，在世界末日善惡決戰中於神的王國作亂。
3. Ophir，《聖經・列王紀》中盛產黃金和寶石之地。

納」（Trapabona）島嶼……

❖

雖然歐洲其他國家並沒有發現這些地區，但一些居住在西部和北部邊界的人從中世紀開始就一直在探險未知世界。十六世紀初，愛爾蘭人來到奧克尼群島、昔德蘭群島和法羅群島，並在這裡定居。毫無疑問，他們曾踏足之地遠遠不止於此，因為在九世紀維京海盜占領冰島時，他們就已經在那裡了。之後由挪威人接管。十世紀末，在經歷了 1 千英里的航行，通過世界上最危險的幾片海域之後，挪威的紅鬍子艾瑞克（Erik the Red）終於到達了格陵蘭島。大約在 1 千年，艾瑞克的兒子萊夫（Leif）到達了北美洲。這些成就僅僅是歐洲擴張的前奏，但不是第一階段。事實上，人們還未發現愛爾蘭島，對於斯堪地那維亞半島南部的人來說，維京海盜是異教徒、劫掠者，愛爾蘭島幾乎和東方一樣遙遠，甚至不屬於文明世界。另一方面，古代挪威人和凱爾特人也不受關注，因為他們幾乎不在探索名單之上，對其他大陸的影響也微乎其微。

中東的情況則恰好相反。大多數歐洲人對真正的亞洲幾乎一無所知時，有些人已經在中東一帶辛勤工作了 300 年。他們是舉足輕重的商人，他們來這裡探索的最初動力不是好奇心，而是利益。他們當中有熱那亞人、威尼斯人，還有小部分的比薩人。這些人在這裡取得了巨大的成功，大幅提升義大利的經濟繁榮；他們隨後的衰落——在勇敢的西班牙人和葡萄牙人開闢了一條東方的新路徑後——對義大利的繁榮造成了致命打擊。而後續的經濟大滑落也推動了文藝復興，同時讓反對羅馬教會的宗教改革運動劃上句點。

十字軍東征（1096~1291）開始以後，東西方貿易主要有三條通道：一條橫跨大陸，沿著數條商路經過中國北部和亞洲中部到達黑海；另外兩條穿越印度洋到達中東。貨物由阿拉伯半島南部運出，途經葉門、紅海，再由陸路抵達亞歷山大港和加沙港；或者選擇另一條航路（這條航

路一般用來運輸利潤可觀的香料）從波斯灣出發，再轉乘馬車到達地中海東部。在每條路的終點，都有其他商人前來接應，再將這些商品轉運往義大利、法國南部和伊比利半島，最後再用馬車將大批商品運往歐洲北部。

這種高回報的貿易在義大利人之間的競爭異常激烈。即使五艘帆船只有一艘安全返回，也能為貿易商帶來豐厚的利潤；一麻袋胡椒、肉桂、生薑或肉豆蔻，就能讓一名水手下半生衣食無憂。經過阿拉伯半島轉運的貨物還包括龍涎香、麝香、玫瑰精油、絲綢、花緞、黃金、印度鑽石、錫蘭寶石，以及能夠引發幻覺的鴉片，精明的商人千方百計打通了航行的各個環節。在中東的戰爭中，他們選好邊站，因為他們知道，只有勝利的一方才能帶來回報。在拉丁人占領君士坦丁堡的 57 年間裡，威尼斯人獲得了貿易特權，然而隨著 1261 年君士坦丁堡落入米海爾·帕里奧洛格斯（Michael Palaeologus）——即後來的拜占庭帝國皇帝米海爾八世（Michael VIII）——領導的希臘軍隊手中，威尼斯人失去了這種特權，隨後崛起的熱那亞人通過加強與帕里奧洛格斯的聯繫，取代了威尼斯人的地位。他們以君士坦丁堡為跳板，將貿易觸角延伸到波斯、克里米亞，甚至遠到黑海和裏海。他們是如此善於心計、精力充沛，以至於他們在中亞的貿易並沒有因為蒙古帝國的興亡而中斷。在非洲，他們沿著尼羅河最遠到達了蘇丹北部的棟古拉（Dongola），也從突尼西亞穿過撒哈拉沙漠，進入尼日利亞盆地。與此同時，威尼斯人壟斷了埃及的外貿。他們的貨物從南亞出發，途經摩鹿加群島、馬來西亞、印度馬拉巴爾海岸。接著，十五世紀，一些威尼斯人，例如尼科洛·達·康提（Niccolò de'Conti）和約翰·卡博特（John Cabot，他的原名叫喬瓦尼·卡博托〔Giovanni Caboto〕）直接從西方進入東方。此時，大西洋開始發出召喚了。傳統的貿易路線要繞過很多彎路，例如印度香料就要經過 12 道交易流程才能到達買主者手上。距離中東愈遠，商人面臨的障礙自然就愈大，從這點來說，西班牙和葡萄牙的地理位置最

不利，但義大利也有很多不利因素，於是人們開始探索一條更直接的貿易航路。1291 年，熱那亞船隊成為第一批經直布羅陀海峽，繞過伊比利半島的港口，並由英吉利海峽進入荷蘭的船隻；葡萄牙人和西班牙人如果想從海外貿易中大賺一筆，就必須找到一條通往亞洲的新途徑。這是一個嚴峻的挑戰，而且拒絕任何懦夫。同年，探險家在直布羅陀海峽實現了人類歷史上的首航。熱那亞兩兄弟，烏戈里諾·維瓦迪（Ugolino Vivaldi）和凡第諾·維瓦迪（Vandino Vivaldi），誓言由非洲最南端抵達印度。他們無所畏懼地出發，朝南駛去，之後就再也沒有聽過他們的消息。直到 1 個世紀之後，好望角之謎解開了，從此，義大利失去了航海事業的領先地位。

喬叟與航海王子亨利

在地理探險時期，一位十六世紀的英格蘭人發揮了特殊作用。他就是傑弗里·喬叟。跟所有作家一樣，為了償還債務，他也經常兼差。1368 年，他成為王室的侍從，之後。被任命為王室建築工程主管。他在王室中有一個仰慕者菲利帕（Philippa），她是岡特的約翰之女、英格蘭國王愛德華三世的孫女。喬叟的業餘愛好是研究航海，他

★喬叟，英國文學之父，被公認為中世紀最偉大的英國詩人。他曾經為十歲的兒子寫下關於星盤的著作。

謙虛地稱自己為「占星家成果的愚昧無知編纂者」。事實上，他的《論星盤》（*A Treatise on the Astrolabe*）中有很多內容都是翻譯改編自八世紀阿拉伯天文學家馬沙阿拉（Meshallah）的作品。喬叟的熱情具有傳染力，年輕的菲利帕就被這種熱情所感染。喬叟對航海的研究引起了她的好奇心，於是在成為葡萄牙王后之後，她把這些教給了兒子亨利。亨利長大成人後，也對航海充滿熱情，並致力去實現目標。在歷史上，人們稱他為航海王子亨利（Prince Henry the Navigator，1394~1460）。雖然這位王子航海的次數並不多，但他支持探索發現未知世界的航行，鼓勵海上貿易，建成了著名的葡萄牙帆船。為了遏制和包圍伊斯蘭勢力，他制定了一個偉大的戰略：首先與非洲的南撒哈拉建立聯繫，再與東方取得聯繫。儘管伊斯蘭世界承受住這個挑戰，但是那些受亨利王子鼓舞的航海家們也建立了一個海外葡萄牙帝國，之後，它成為世界上地域最廣闊的帝國，在長達 150 年的時間裡，控制了歐洲與印度和東印度群島之間的

★這是位於葡萄牙首都里斯本的一尊雕像局部，立於船頭的就是航海王子亨利。葡萄牙能在十六世紀的大航海時代成為海上強國，亨利王子功不可沒。

貿易。

　　現在回想起來，他們幾乎取得了奇蹟般的成就。但儘管喬叟和亨利王子等人做了極大的努力，航海依然是一門很不精確的科學。據說，王子改進了航海工具，我們很好奇這些航海工具的本來面目。可以肯定的是，除了借助於一些天體觀測儀來測量緯度，主要還包括了英格蘭的直角器、十字測天儀，以及麥哲倫用的反向高度觀測儀。和埃及人最早使用的工具一樣，它們都是很原始的象限儀，僅能用於測量太陽和地平線之間的角度。在陸地上，最優秀的天文學家可以根據學過的知識大致計算出經度——但他們在陸地；在海上，沒人能夠確定船隻的經度。要確定經度，必須掌握星宿位置，但要知道準確時間也是不可能的，因為直到下個世紀中葉，才發明出裝有平衡的齒輪和遊絲的精確鐘錶。當然，船長們都有羅盤，能推算出船位，然而，他們還沒有掌握地理北極和地磁北極的區別，也沒有認識到船位推算法會受到水流影響而出現嚴重誤差。

　　在十二世紀地理學家伊德里西（al-Idrisi）的時代，阿拉伯人教會了西西里人如何航海，西西里人也把這些方法傳授給義大利的熱那亞人，之後義大利人又教會了西班牙人和葡萄牙人。雖然地圖上已經標記出地中海沿岸，但很少有船隻駛出地中海；而被標記在地圖海岸線上的地點，也很少標明水深。由於缺乏大量資訊以及擁有大量錯誤資訊，經驗對於那些敢於探險未知海域的水手來說，顯得尤為重要了。

　　在航行中，水手們仔細記錄著每次探險過程。當他們的希望最後成為現實，到達陌生陸地，並安全返航，這些航海日誌或航海圖就成了無價之寶。它們敘述整個旅程從開始到結束的每個細節，具體資訊包括潮水、礁石、海峽、港口和岬角之間的磁羅方位、風力和風向、船隻按某一航行方向的航行天數、何時維修船隻、在哪裡找到了淡水、水深和水流速度……他們記錄每件事情，甚至是海水顏色的變化，都可能會對下一位想要到達同一地點的水手提供有利的幫助。

航線圖都是手抄的，並且在嚴格監督下翻譯完成。但是那些開闢新貿易航道的路線圖卻從未被印刷出版，因為它們太珍貴了，而有些更早即已售罄；有些則成為國家機密，一旦有人洩露，就是死罪。因為如果被競爭對手的船長拿到了，他就能夠利用對方花費巨大代價得來的寶貴資訊。一旦發現了新的航道，航行危險程度就能大幅降低。由此可見，最早一批探索者所經歷的危險，再怎麼被誇大也不過分。

值得注意的是，這些人幾乎都來自歐洲的角落。在這之前，葡萄牙和西班牙對西方文明幾乎沒有太多貢獻，500 年間，它們只出現過幾個著名的藝術家，除此之外，再無其他值得一提的成就。然而現在，尤其是伊比利半島的時代，短短 30 年間，幾百艘船從里斯本、帕洛斯（Palos）和桑盧卡爾（Sanlúcar）起航，這時期發現的新大陸，比一千年以來所有人發現的還要多。

初期的試探性航行往往十分謹慎，甚至猶豫不決，因此並沒有獲得多大成果。截至 1460 年亨利王子去世，葡萄牙航海家僅獲得了 6 次尋常的地理發現：葡萄牙海岸附近的 3 個小群島：亞速群島、馬德拉群島和加那利群島；在非洲北部，發現了肥沃的維德角、塞內加爾河和休達港口。直到亨利王子去世 11 年後，若

★迪亞士被認為是第一個繞過非洲好望角的歐洲人，這尊雕像位於英國倫敦的特拉法加廣場。

昂‧德‧聖塔倫（João de Santarém）才成為第一個穿過赤道並成功返航
的歐洲人。又過了 11 年，葡萄牙探險家迪亞哥‧康（Diogo Cao）發現
了剛果河河口。最終在 1488 年，即王子首度航行半個世紀後，航海家
巴爾托洛梅烏‧迪亞士（Bartolomeu Dias）取得了一次重要的地理發現。
他們的船隊在遭遇了一場巨大的暴風雨之後，繞過非洲大陸最南端的
海角。他雖然焦慮不安，但堅持一直向前航行，因為他堅信前方就是印
度，可惜最後船員們都已筋疲力盡，只得返航。若昂二世為慶祝他的返
航，將這個海角命名為「好望角」（Cape of Good Hope）。然而，讓迪亞
士失望的是，同胞們對他的航線圈漠不關心，而該路線其實能直接通往
印度的水路，並繞過經銷香料、香水、絲綢、藥品、黃金和寶石的中東
商人。

　　6 年後，主動權回到了西班牙人手裡，此時卡斯提亞人已經摧毀
了摩爾人的最後據點，正準備迎接新的挑戰。由於阿拉伯商人已經到
過亞洲各地區，歐洲人對這個大陸的海岸線有了大致的理解：印度、

★由佛羅倫斯數學家保羅‧托斯卡內利繪製的熱那亞世界地圖（Genoese World Map）。當
　時的製圖者還不知道南北美洲的存在，所以他們認為東方位於里斯本以西僅 3 千海里
　距離處，但實際上中國疆域的寬度都不止這個數字。

中國、日本、東印度群島。佛羅倫斯數學家保羅・托斯卡內利（Paolo Toscanelli）發現東方就在里斯本以西的 3 千海里，這也增強了義大利航海家克里斯多福・哥倫布的信心。他為探險募得鉅額的 50 萬金幣，還說服了西班牙的王室財務主管路易斯・德・桑塔戈爾（Luis de Santángel），使其遊說國王投資了 100 萬金幣資助哥倫布的東方航行。

這位熱那亞人出發了，依靠船位推算導航開始了他的傳奇航行，他大聲對水手們說：「前進！前進！」1493 年初，哥倫布返回歐洲，宣布自己取得了巨大成就，震驚基督教世界。在巴塞隆納，斐迪南國王和伊莎貝拉王后隆重接待他，授予他印度群島總督和海軍上將的頭銜，希望他能夠組織更多探索東方的航行。事實上，哥倫布沒有成功，他發現的不是亞洲，而是聖薩爾瓦多的巴哈馬群島。然而，他不願放棄發現中國的宣言，儘管他三度回到新發現的陸地，也沒有改變想法。他把遇見的當地居民稱為印第安人，從此，人們就把加勒比群島稱為西印度群

★哥倫布並不是第一個抵達美洲的歐洲探險家，但他的航行成果帶來了歐洲與美洲首度且持續的接觸。圖為哥倫布返航後受到西班牙王室的隆重接待。

島。1496 年，他的船隊未能繞古巴航行，船長說是惡劣的天氣阻撓，但哥倫布拒絕這個解釋。他認為真正的原因是他們處於一個東方的半島外，而這座島很可能就是馬來半島。

　　人們仍繼續相信哥倫布。1495 年國王曼努埃爾一世在里斯本加冕，他認為西班牙搶了航海先機，出於嫉妒以及受到巴爾托洛梅烏·迪亞士的請求，他給了瓦斯科·達伽馬 4 條船，讓他率領船隊經由好望角到達印度。在當時，雖然達伽馬也算是個典型的航海家，但聲名狼藉。他健壯、粗暴、殘酷、滿懷鬥志，試圖通過恐嚇當地原住民達到征服新世界的目的。他甚至蓄意在一條阿拉伯船上放火，燒死了 300 人，其中包括婦女和孩童。然而國王依舊授予他海軍上將的頭銜，因為葡萄牙的崛起很大程度上得歸功於他。1497 年 9 月 22 日，他繞過迪亞士發現的好望角，在阿拉伯航海地圖和阿拉伯領航員的幫助下，船隊繼續前進，

★ 1498 年 5 月 20 日，達伽馬的船隊抵達印度南部最著名的商業中心卡利卡特港。葡萄牙經過近百年的探險、屠殺和搶掠，終於建立起橫跨半個地球的東方殖民帝國。

首先抵達了非洲東海岸的莫三比克和肯亞，再經過 23 天的航行穿越印度洋，到達印度西南岸的卡利卡特港（Calicut）。

❖

葡萄牙人終於找到了一條通往印度的新航道。之前人們都是經過義大利從埃及、阿拉伯半島出發，需要繳納巨額的裝運費和通行費。一個多世紀以來，由此所引發的商業革命以及隨之而生的巨大經濟收益，比哥倫布和其他探險家發現的新大陸更加輝煌。當西班牙航海員還困擾於加勒比的「印度群島」時，新貿易帶來的利潤正逐漸充盈里斯本的國庫。事實上，直到十六世紀初，葡萄牙人幾乎沒有想到可能會來到大西洋的邊遠之處，曼努埃爾一世的大臣們也時刻關注著從好望角航線開闢的巨大市場。

1509 年，阿方索・德・阿爾布克爾克（Afonso de Albuquerque）被任命為葡萄牙駐印度總督。與其說是行政職，不如說負有軍事責任。他與印度教徒和穆斯林戰鬥，占領了果亞邦（Goa）和亞丁灣地區。之後，他抵達錫蘭，控制了馬來半島的馬六甲海峽，即後來的東印度香料貿易中心。他從馬六甲向葡萄牙運輸了價值 2500 萬美元的戰利品。他的軍隊在亞洲各地橫行，他派遣了 20 艘船到紅海，並於 1512 年控制了西里伯斯島（Celebes Islands）和摩鹿加群島。葡萄牙持續對外擴張，1516 年，杜亞特・科埃略（Duarte Coelho）打開了泰國和越南南部的貿易市場；隔年，費南佩剌・安篤拉篤（Fernão pires de Andrade）在中國的北京和廣州分別簽訂了貿易協定。

在世界的另一端，哥倫布繼續發現新大陸，並向歐洲發回自己對「東方世界」的了解。然而，水手們愈來愈懷疑他們所踏足之處根本就不是亞洲。十五世紀 90 年代末，他們的足跡已經到達了宏都拉斯、委內瑞拉、紐芬蘭島和北美大陸。1500 年，加斯帕・克爾特・雷阿爾（Gaspar Corte-Red）抵達拉布拉多半島；同年，佩德羅・卡布拉

爾（Pedro Cabral）在通往好望角的航道上遇到了風暴，被困在巴西，就在這裡升起了葡萄牙國旗；而文森特·亞涅斯·平松（Vicente Yáñez Pinzón）卻宣稱這是西班牙的領土。

　　在發現了巴拿馬、哥倫比亞以及亞馬遜河口後，一條漫長的海岸線輪廓日漸清晰，不過這仍有待於佛羅倫斯商人亞美利哥·維斯普奇（Amerigo Vespucci）的證實，而他服務於梅迪奇家族。在西班牙做生意時，他也曾受到探險熱的影響，駕駛懸掛葡萄牙旗幟的船隻向西航行。後來他在寫給義大利友人的信中聲稱，1497 年 6 月 16 日，他在前往四度探險中發現的「諾活蒙多」（novo mondo）時，找到了一片新大陸。雖然人們對此懷疑，但哥倫布和西班牙政府都深信不疑，並任命他為西班牙水手首領。1507 年 4 月，聖蒂艾的馬丁·瓦爾德澤米勒製作了第一幅標有西半球的地圖，並將其稱作「美洲」（America）。30 年後，傑拉杜斯·麥卡托（Gerardus Mercator）繼瓦爾德澤米勒後又製作出另一幅地圖，從此，人們才漸漸明白世界不僅僅只有一個大陸。

　　在新世紀（即十六世紀）的第二個 10 年，歐洲對美洲的印象類似一個巨大的拼圖，只是這些拼圖的碎片正在迅速變成一片片陸地。約翰·卡博特受英格蘭國王的委任，考查了聖羅倫斯河，其他人則負責繪製從薩凡納河（Savannah River）到查爾斯頓（Charleston）的北美海岸線。為了追求中世紀的長生不老之夢，1513 年 4 月 2 日，胡安·龐塞·德萊昂（Juan Ponce de León）在薩凡納河以南 400 英里登陸，把新發現的地方命名為佛羅里達[4]，並宣稱這裡是西班牙的領土。其他西班牙人則宣稱阿根廷為西班牙所有，並在墨西哥灣插上西班牙國旗。1519 年，蒙特蘇馬二世（Monteauma II）犯了一個致命錯誤，他熱情迎接了西班牙征服者埃爾南·科爾特斯（Hernándo Cortés），因而導致墨西哥阿

---

4. Florida，來自西班牙語「Pascua Florida」。因為在發現此地時，正值西班牙「Pascua Florida」（花的復活節）節日，所以便以「Florida」命名。

★「對歐洲以外未知疆域的探險——麥哲倫的環球航行是這波探險浪潮的最高峰，將整個世界呈現在人類面前。」1507 年，即麥哲倫啟航 12 年前，德國宇宙學家、製圖家馬丁・瓦爾德澤米勒與人文學家馬蒂亞斯・林曼出版了最早的世界地圖。在這幅地圖中，美洲第一次被命名，並分隔出大西洋和太平洋。

茲特克帝國的覆滅。

　　對國家的忠誠在這些探險家內心熊熊燃燒，但他們從未忘記自己最重要的目標：他們依舊在尋找神祕的東方。新大陸的出現僅僅是刺激了這股尚待滿足的欲望。哥倫布的信譽已經完全掃地，但是謎底依舊沒解開：既然美洲被誤認為是東方國度，那麼真正的東方到底在哪裡？這片新大陸的另一邊還有什麼？根據探險家的航海日誌，十六世紀初，有一些人已經快要找到答案了。1501 年，羅德里戈・德・巴斯蒂達斯（Rodrigo de Bastidas）就抵達了巴拿馬的大西洋海岸。第二年，哥倫布在最後一次大西洋之行中被風暴吹到了巴拿馬地峽岸邊。這是他在航海經歷中遇到最大一次風暴。他在日誌中寫到，水手們已經精疲力竭，只想用死來結束這可怕的痛苦。但他們當時沒有意識到，太平洋距離他們只有 40 英里了。他們在這裡的海灣慶祝耶誕節和新年，這個海灣就是現在巴拿馬運河的東端。7 年後，西班牙的殖民者在達連灣（Darien）開闢了一個殖民地，但他們也沒有跨越這個大陸上的狹長地帶。

　　最終，巴斯寇・努涅茲・德・巴爾柏（Vasco Nunez de Balboa）做到了。38 歲的巴爾柏是羅德里戈・德・巴斯蒂達斯率領的探險隊成員之一，1513 年 9 月 25 日，他爬上了一座高峰，看到了腳下的太平洋。4 天後，他抵達太平洋海岸，把這片大洋命名為「南海」（South Sea），並宣稱它和它的海岸都屬於西班牙國王。這種做法並不妥，甚至在某種程度上不夠虔誠。因為他違反了亞歷山大六世在哥倫布首度航海後，於梵蒂岡制定的政策。

　　波吉亞教宗是西班牙人，他自然偏袒西班牙，但葡萄牙人也有權建立新帝國，他們在這次探險中發揮了關鍵力量。因此，教宗把大陸東邊所有非基督教土地分給了葡萄牙，把西邊分給了西班牙，規定了一條在亞速群島和維德角群島以西 100 里格（League，1 里格等於 3 海里，約 5.5 公里）虛擬的南北向分界線（即教宗子午線）。這激怒了英格蘭國王亨利七世，他拒絕承認教宗的劃分，發誓要建立自己的帝國，並

★ 1513 年，巴爾博亞穿過巴拿馬地峽，宣稱對「南海」（太平洋）擁有主權。這是 1601 年出版的關於西班牙探險和征服新世界的書中插畫。

任命喬瓦尼・卡博托為第一個建立者。由於各種原因。里斯本和瓦拉多利德（Valladolid）⁵也不滿這種劃分，它們很快就向西班牙宣戰，隨後雙方達成《托爾德西里亞斯條約》（Treaty of Toredesillas），將分界線西移了270里格。直到那時，教宗的決議還是被認可的，但在日後，西班牙向西發現的所有土地都歸西班牙所有，而葡萄牙向東發現的土地都歸葡萄牙所有。不過這仍然不能滿足兩個國家的貪欲，雙方都沒有意識到地球是圓的，最終這兩個國家的探險家們將會相遇。這樣一來，摩鹿加群島（香料群島）就成了灰色地帶。葡萄牙占據了這座群島，西班牙對此一直耿耿於懷。每個人都在虎視眈眈。而對斐迪南・麥哲倫來說，他有了可趁之機。

我們的明鏡：斐迪南・麥哲倫的探險

在美洲發生一系列激動人心的事件時，麥哲倫還在地球的另一頭為葡萄牙效力。在那裡，里斯本的貿易正在蓬勃發展，而無數像他這樣的人正在為曼努埃爾一世開拓殖民地。從1505年開始，他已經在那裡待了7年，去過非洲、印度、馬六甲和莫三比克。此一時期，葡萄牙也在印度擊敗了穆斯林。麥哲倫無論在殖民戰役或海上航行的表現，都相當出色。

在航行空閒的時候，麥哲倫會在甲板上與來自亞洲甚至是沖繩的水手和領航員交談，詢問潮水、風向、磁盤讀數，這些資訊都是航海日誌的重要構成元素。通過這種方式，他對印尼群島的了解已經遠遠超過任何歐洲水手，而且他還對來自新世界的報告，尤其是巴爾博亞的描述充滿興趣。與其他來自歐洲的水手一樣，他也認為巴拿馬以西的海域很狹窄，因此擺在眼前的問題是如何經由水陸抵達，並在那裡找到葡萄牙

---

5. 也叫杜羅河畔阿蘭達（Aranda de Duero），位於阿拉貢的巴塞隆納或卡斯提亞。由於斐迪南和伊莎貝拉的聯姻，卡斯提亞和阿拉貢結為同一國家，宮廷成了一個「流動馬戲團」。直到1561年，馬德里才成為西班牙的首都。

人所說的巴拉多瑪（Obraço do mar）、西班牙人所說的艾爾帕索（el paso）
之地，一條從大西洋通往「南海」的海峽。

　　他們不斷探測這條南北半球的分界線，結果卻讓人失望。巴拿馬
海峽太狹窄了。從北緯 60 度的拉布拉多到南緯 30 度的巴西，美洲海岸
到處是岩石地帶，令人心生畏懼。在北部，成千上萬的島嶼和入海口呈
現在現今稱作加拿大的陸地上，為朝西北方開闢道路提供了可能性。
在某些人心裡，這種想法一直延續了 4 個世紀，直到挪威探險家羅爾
德·阿蒙森（Roald Amundsen）在 1906 年到 1909 年穿過了多不勝數的海
峽，才發現周圍滿是冰封的海水，加上其他極地條件，幾乎不可能在這
裡開闢新航道。事實上，早在 4 個世紀以前，多數航海家就放棄了向北
探險。人們普遍認為，如果一定有一個入口，那一定是在南邊。然而，
探險家們還是灰心喪志了，因為很早以前，一些地圖繪製者就告訴他
們，大陸的南邊一直延伸到南極洲。

　　這就是 1517 年 10 月 20 日那天之前的大致形勢。就在這天，近 40
歲的麥哲倫宣布放棄葡萄牙國籍，偕同幾名水手和馬來西亞奴隸埃里
克抵達了西班牙南部的塞維亞。他決定效忠西班牙國王。在那裡，即將
發生在他身上的事，就如同維多利亞女王時代的道德劇：衣衫襤褸的男
孩迪克，或是忠實的弗雷德，來到了一座繁華城市，被這裡的喧囂所迷
惑，遇到了想利用他的狡猾之徒，也邂逅了善良的盟友，經歷一連串令
人沮喪的遭遇後活了下來，最後終於憑藉勇敢戰勝一切。

　　那時，麥哲倫還沒有遇到任何盜賊，但是塞維亞的確是一片混
亂，尤其是在西印度交易所（Casa de Contratación）。準備贊助探險事業
的商人與船長們在此會晤，雙方在國王的監督下達成協議，探險家將從
這裡出發。整個大廳如同酒館一樣，擠滿了探險家、領航員和經驗豐富
的水手，其中一些人曾和哥倫布、克爾特·雷阿爾、約翰·卡博托、塞
巴斯蒂安·卡伯特（Sebastian Cabot）一起出海，而且他們都帶著自己的
地圖和航海計畫，保證能為國王卡洛斯一世及其他贊助者（當然還有他

們自己）帶來財富。急需盟友的麥哲倫找到了迪爾戈‧巴博薩（Diego Barbosa），他也是葡萄牙裔，而且與麥哲倫一家是世交。迪爾戈已經為西班牙國王效勞了 14 年，他一見到麥哲倫就對他頗有好感。迪爾戈的兒子、航海員杜亞特‧巴博薩（Duarte Barbosa），也被麥哲倫所吸引。最後，他的女兒貝阿特麗絲‧巴博薩愛上了麥哲倫，在一場簡短的求婚儀式後，她成了麥哲倫的妻子。

在岳父支持下，麥哲倫來到西印度交易所，正式呈交了他和一位葡萄牙天文學家魯伊‧法萊羅（Ruy Faleiro）規畫的航海方案。這份方案早在里斯本就已經寫好了。它描繪了一場向西航行、跨越半個地球到達摩鹿加群島的航行，這場航行由麥哲倫親自帶隊，並有西班牙國王資助。而作為回報的是，這些島嶼將歸西班牙所有。3 名官員組成的委員會拒絕了這份方案，但是在聽了具體內容之後，其中一名官員胡安‧德‧阿蘭達（Juan de Aranda）派人傳話，想要單獨會見這份計畫的

★中世紀的塞維亞是西班牙唯一有內河港口的城市。1492 年，哥倫布就是從這裡出發，開啟了偉大的美洲探險之旅。

撰寫者。阿蘭達是貿易局的代理人，想要更深入了解麥哲倫。從商人的角度來看，能從葡萄牙香料群島中獲利的想法深深吸引了他。聽完進一步的描述之後，他同意以王室的名義資助麥哲倫。同時，他要得到探險利潤的八分之一作為回報。那年冬天，他與卡斯提亞的大臣展開了一場精心設計的協商，爭取了樞密院委員會的支持。同時，麥哲倫寫了一封信給法萊羅，叫他立刻來西班牙。

　　第二年年初，在樞密院的支持下，卡洛斯一世在瓦拉多利德接待了麥哲倫等人。麥哲倫和法萊羅告訴國王，摩鹿加群島（也就是印度洋的香料群島）位於教宗子午線的西班牙一側。他們還指出葡萄牙的航行路線（從印度洋到巽他海〔Sunda sea〕）過長，完全沒必要走。如果從西邊出發，就有一條更短的路線可以到達。當然，這意味著要從南部穿過美洲，亦即得找到通過南美洲的通道，而這個通道只有麥哲倫知道。卡洛斯一世被說服了，承諾支持這兩名里斯本人，還寫了書面協定。隨後，他冊封麥哲倫為爵士，並任命他為摩鹿加船隊的指揮官。

　　就這樣，一場偉大的探險（或稱締造紀錄之旅）正式啟航。然而常識告訴我們，事情遠遠沒有那麼簡單。在那天，這位新任的船隊指揮官不過是交易所中成千上萬的申請者之一，絕大多數人的申請都被拒絕，而他卻成功了。這不是因為他吸引了巴博薩、阿蘭達、樞密院和國王，他的魅力是微不足道的，而是因為這些人判斷他是一位有能力的船長和航海員，而且他很清楚自己正在做的事情。

　　他對南邊的海洋瞭若指掌。雖然他從未到過香料群島，但他從一個朋友弗蘭西斯科・塞勞（Francisco Sewao）身上獲得了很多資訊。塞勞也是一位葡萄牙船長，他愛上了香料群島，並決定在當地度過餘生、生兒育女，享受天堂般的氣候。他還寫了許多抒情調的長詩，詳細描寫這個群島。麥哲倫在瓦拉多利德曾把這些信展示給西班牙人看。他承認

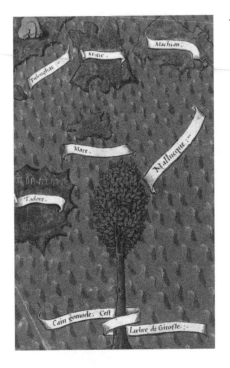

★安東尼奧‧皮加費塔（Antonio Pigafetta）是麥哲倫船隊的船員，負責寫航海日記。他是活著返回西班牙、首次環繞地球的 18 位倖存者之一。他為這次麥哲倫的歷史性航行留下了詳細而珍貴的紀錄。這是他出版的《麥哲倫航行日記》一書的插圖，描述香料群島中的 5 座島嶼，「世界上最好的丁香就長在這 5 座島嶼的 5 座山上」。

自己還沒有去過西半球的海洋，但他因此比許多人更了解這些海洋。作為一名有貴族血統的葡萄牙人，他曾經在非洲、亞洲及周圍島嶼為國家服務，並且進入了里斯本著名的藏寶室。在那裡，在「叛逃」到西班牙之前，他仔細研究了無數的地圖和航海日誌，以及那些到過美洲的同胞們的航海路程。他掌握了所有的相關資訊。

　　然而，給西班牙皇室留下最深刻印象的是他的自信。其他的申請人對自己的航海方案僅僅基於一種猜測。但麥哲倫卻表示自己明確知道香料群島的位置，而且話風果斷有力。他更肯定地指出摩鹿加群島屬於西班牙，而且法萊羅帶來了一個親自設計的地球儀。兩人不約而同向王室拍胸脯保證，他們知道通往巴爾博亞海的神奇通道。當國王詢問為什麼地圖上沒有標明入口位置，麥哲倫說這是最高機密，他們不能冒任何可能洩漏這個祕密的風險。

　　他的言之鑿鑿的確發自內心，但就像建在沙丘上的城堡。法萊羅的地球儀是有缺陷的，儘管在經度的誤差範圍僅有 4 度，但已足夠讓他們聲名掃地。這個群島其實在葡萄牙領土的一側，而不是西班牙。不過，隨著更多人了解這片島嶼，里斯本的主權聲浪就愈強。更重要

的是，這對搭檔聲稱能找到連接大西洋和太平洋的海峽，但這些聲明完全是假的。5 個世紀之後，他們的誤判完全被揭露，儘管當時導致他們犯錯的源頭看似合理：第一件物品是紐倫堡地理學家馬丁‧倍海姆（Martin Behaim）繪製的地圖，他是葡萄牙皇室的地圖繪製員；第二件物品是一個地球儀，由約翰內斯‧朔（Johannes Schöner）於 1515 年製作；第三件物品是西大西洋航海日誌，麥哲倫從里斯本到塞維亞航程中得到的。地圖和地球儀都顯示出兩大洋之間有一個南部航道。後來證明了，倍海姆和朔都弄錯了這個航道的位置。但是在 1516 年，它們似乎得到了證實。當胡安‧迪亞斯‧德索利斯（Juan Díaz de Solís）沿著美洲海岸航行，以為自己到達了馬來半島，發現了一個巨大的漏斗狀河口，通向現在的布宜諾斯艾利斯。

雖然德索利斯後來被印第安人殺死，船員們還是找到了回國的路。對麥哲倫來說，生還的船員對拉布拉他河（塞巴斯蒂安‧卡伯特日後的命名）的描述，終於解答了最後一個疑惑。即使在今天，我們確實也難以相信這個河口（事實上，它是兩條河的入海口）不是一個寬闊的海域。河口寬 140 英里，而且西部海岸距此 170 英里，對熟悉葡萄牙和西班牙的瓜地亞納河、台伯河或萊茵河的歐洲人來說，這個海峽一定和他們熟悉的達達尼爾海峽或直布羅陀海峽沒什麼不同。但他們錯了，麥哲倫也因而被誤導了。人們信以為真的錯誤認知曾在歷史上扮演了重要角色，這次也不例外。如果這位船隊指揮官知道了事實，他就不會那麼自信滿滿，而卡洛斯一世和他的樞密院也會拒絕這個申請；即使他們同意了，麥哲倫在航海中至關重要的意志力也可能會動搖，從而導致致命的災難。

❖

里斯本的人並不了解正發生在瓦拉多利德的事情，他們只知道：一位經驗豐富、熟悉最高機密的葡萄牙航海家，離開了葡萄牙，受西班

★這是一幅 1754 年製作的地圖，其藍本是約翰內斯・朔於 1515 年製作的地球儀。在
這幅地圖上，一條「海峽」分開了「America」和「Brasilie Regio」兩個大洲，但實
際上那不過是拉布拉他河的河口。

牙國王的委派，要從葡萄牙手中奪走香料群島，而他已經組織好船隊。
這讓葡萄牙國王曼努埃爾一世深感憂心。為此，他向馬德里派遣了使者
阿爾瓦羅・達・科斯塔（Alvaroda Costa），想破壞這次的航行。幸運的
是，科斯塔很愚蠢。他起初脅迫麥哲倫，失敗後轉為恐嚇西班牙國王，
表示葡萄牙會把西班牙繼續支持麥哲倫航海的行動，視為不友好的舉
動；接著又說麥哲倫和法萊羅打算回國，但是西班牙禁止他們離開塞維
亞——這自然是一個謊言，被揭穿後，這位愚蠢的使者被解除了職務。
然而，阻止這次航海的陰謀仍然在繼續，並確實給麥哲倫帶來了一定的

麻煩。當麥哲倫開始招募船員，葡萄牙的領事突然要求他們離開，還散布惡毒謠言，祕密召集西班牙的四位船長，告訴他們指揮官麥哲倫實際上是一個雙面間諜，他這麼做是為了降低西班牙的地位，提高葡萄牙的地位，並帶著整支船隊「叛變」。

這顆邪惡的種子落入了肥沃的土壤。因為四位船長中，只有一位是經驗豐富的職業水手；其餘三位都是傲慢的年輕人，是深得西班牙國王寵愛的侍臣，現在卻成為一個外國人的下屬，這讓他們很憤怒。由於葡萄牙領事四處散布謠言，謊稱任務艱險且使用船隻根本不適合遠航，招募水手變得很困難。最後招募來的人都是碼頭上被挑剩的水手：他們衣衫襤褸，渾身汗垢，罹患各種疾病，流浪無居所，說著西班牙語、葡萄牙語、義大利語、德語、英語，甚至阿拉伯語。塞維亞港一些愛管閒事的官員試圖拒絕招收葡萄牙人，包括麥哲倫的幾個親戚、妻弟杜亞特，以及葡萄牙最出色的水手之——埃斯特萬・戈麥斯（Estêvão Gomes）。

在整個籌備過程中，作為船隊指揮官的麥哲倫受到了一次又一次的刁難。他沒有收到自己訂製的航海設備，卡洛斯一世和樞密院也沒有兌現許諾的資金，最終他憑藉極大的耐心打動了國王和王室代理人。然而最後，他又遇到了一個最棘手的問題：他的夥伴法萊羅沒有任何航海經歷，卻認為自己應該和麥哲倫同時擔任指揮官。如果滿足了這個要求，麥哲倫的船隊連在漫長航行之初都無法倖存下來。沒有人確切知道麥哲倫如何克服了這個挑戰。有人說，法萊羅後來病了；有人說，西班牙任命他為另一個航海行動的指揮官，但是該計畫從來沒有實施過。不管怎樣，法萊羅還是把自己的地圖和天文航海表交給了麥哲倫。1519年9月20日，麥哲倫和船員們拉起了印有聖詹姆斯十字架的船帆，順風向西啟航。

隨著「特立尼達」號的起航，這位船隊指揮官看到身後的大陸慢慢消失。然後，他不安地打開了岳父在啟航前送來的緊急信件，他從信

★麥哲倫的摩鹿加船隊從西班牙啟程，開啟了一場未知的探險之旅。

中得知了三位船長的陰謀。為首的是「聖安東尼奧號」船長胡安・德卡塔赫納（Juan de Cartagena），他是布爾戈斯主教的親信，據說是主教的私生子。迪爾戈・巴博薩獲知，只要時機成熟，卡塔赫納就會發出反叛的暗號。

　　巴博薩所言並非危言聳聽，麥哲倫能感受到這些年輕船長的敵意。其中一位在船隊離開塞維亞之前，就預謀了一場與麥哲倫的公開爭吵，而且西班牙人可能在麥哲倫公布航海計畫路線之後就殺害他。麥哲倫相當認真看待這個警告，他的領導權威在航行剛開始就遇到了挑戰。如果無法完全消除疑慮，他就必須揭穿這個陰謀。如果說他的特點是耐心和慎密，那麼他也是個深謀遠慮、堅持紀律嚴明的人，而且不惜任何代價在下屬面前樹立威信。假設情報為真，密謀叛亂就是犯罪，但是三位船長的怨恨不能算犯罪。而作為交易所的官員，他們認為麥哲倫理所

當然要信任船長，提供他們地圖和具體的航線，最重要的是，那個神祕的南方通道的明確方位。

然而，麥哲倫什麼也沒有說，什麼也沒給。他決心鎮壓叛亂，卻不造成任何損失，於是小心翼翼地和幾位西班牙船長保持安全距離。從西班牙到巴西的前 10 週，所有船隻都要跟隨在主船之後。每天傍晚，「特利尼達號」會掛上一盞燈，其他船隻依令保持在這盞燈的視線範圍之內。日落之後，這盞燈就會亮起，「聖安東尼奧號」、「康塞普森號」、「聖地牙哥號」和「維多利亞號」會來到主船的船尾，輪夜班巡邏。

西班牙船員們對此感到非常憤怒。作為一名船長，而且是這支船隊最大船隻的船長，卡塔赫納想為其他人出頭，卻遭受冷落。幾位西班牙船長對指揮官的航海方向充滿困惑，他們以為麥哲倫會直接帶他們到新大陸去。然而，到達北緯 27 度時，麥哲倫卻改變了前進方向。現在，他們順著美洲海岸航行——他有充分的理由這麼做。他在離開西班牙之前，得到了一個可靠的消息：葡萄牙國王曼努埃爾一世派出了兩支艦隊，試圖在途中攔截他。麥哲倫決心甩掉它們，於是先沿著非洲海岸航行，之後橫穿大西洋航道。如果他把原因告訴那些船長，他們會理解這樣的做法，但是他生性沉默寡言，而且不信任他們。因此，當卡塔赫納在甲板上大聲詢問船隊到底要駛往何處，麥哲倫只回答道：「跟我走，不要問任何問題。」

卡塔赫納大怒，決定用自己的方式回應侮辱。他連續三天不履行輪班的規定。他依舊保持下屬的姿態，但派遣他的舵手到主船，稱麥哲倫為船長，而不是按規定稱船隊指揮官。麥哲倫察覺了這種輕蔑，卻不予理會，並召集船隊所有官員開會。卡塔赫納再一次質詢他，而麥哲倫也再一次無視了他。當他故意煽動其他人違抗麥哲倫，並表示以後不會再聽從麥哲倫的命令，麥哲倫逮捕了他，大喊「你現在是我的囚犯」，並把他交給護衛隊看管，另一名西班牙軍官安東尼奧·德科卡（Antonio de Coca）接替了卡塔赫納船長的位置；其餘三位船長嚇得默不作聲，錯

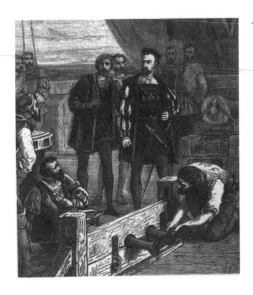

★船隊起航後僅僅過了幾週，身為西班牙貴族的「聖安東尼奧號」船長胡安·德·卡塔赫納就因為不服從命令而被麥哲倫逮捕。

過了反叛的機會。至少，麥哲倫暫時度過危機，挽回了船隊指揮官的威嚴。

1519 年 11 月 29 日星期二，「特立尼達號」的觀察員看到了巴西海岸，兩週之後，5 艘船駛入了里約熱內盧海灣。其實早在 18 年前，葡萄牙人就發現了這裡。航行途中，麥哲倫從沒向任何人坦露太多心聲，但是在里約，他第一次與船隊中一位年輕的航海員談話，這位航海員在航行結束後成為麥哲倫傳記的作者。安東尼奧·皮加費塔（Antonio Pigafetta）是威尼斯的貴族，曾代表威尼斯航行海外。他此次隨隊出行的任務本來是觀察香料貿易並向國內匯報，但麥哲倫很快就成為他關注的對象。他在日記中詳細記錄麥哲倫的一言一行，例如，他記下了麥哲倫在里約第一次嚐到鳳梨，以及讓海岸原住民轉為信仰基督教的場景。

里約的天氣舒適，還有美女相陪，船員們很不情願離開，但是他們的指揮官下令立即啟航。根據夏納爾的地球儀標記，索利斯河（Rio de Solis），也就是現在的拉布拉他河，就在南邊 1 千英里處，他迫不及待想找到這條珍貴的通道。在海邊逗留兩週後，主船帶領著其他船隻穿過了聖瑪麗亞海灣。之後，眼前出現了一座山丘，他們將其命名為蒙特維多（Montevideo，也就是今天烏拉圭的首都），觀察員在此發現了一個巨大的河口，他們高興地歡呼起來。皮加費塔寫道，對於這就是傳說中的海峽入口，每個人、包括嚴謹的指揮官都深信不疑。對他們來說，這

裡就是 3 年前胡安・迪亞斯・德索利斯去世之地，從這裡可以到達巴爾博亞的「南海」，然後再往西 600 里格就是傳說中讓人垂涎三尺的香料群島。

❖

但麥哲倫漸漸意識到了一個致命的錯誤，就如同人意識到自己永久丟失了一筆原本屬於自己的最寶貴財富一般。他告訴自己，應該就在這裡，或者我錯過它了。可是它一定就在某處，因為它不可能憑空消失。但隨後他漸漸接受了這個「災難」，伴隨而來的是巨大的空虛感，這個淒涼的事實就這樣發生在他身上。即使有法萊羅的精確計算、夏納爾的地球儀、倍海姆的地圖，以及在里斯本藏寶室珍藏了 14 年的航海圖……最後這位船隊指揮官發現，那不是一個海峽，只是一個巨大的海灣。但他是個不到黃河心不死的人，又花了一個月的時間，多次探索拉布拉他河，想要找到答案，可惜最後都失敗了。最終，在 1520 年 2 月 2 日星期四，他放棄了。當他意識到自己的失敗，我們可以想像他心中的悲傷。這意味著，他將無法實現在瓦拉多利德對國王和樞密院許下的諾言，但他不能對任何人坦承。如果那位西班牙船長知道了這個事實，就會用手銬銬住他，把他關進船隊的禁閉室，送回西班牙，免去他「聖地牙哥勳章授勳者」的榮譽，並以欺騙、敲詐王室錢財的罪名控告他。因此，他不能放棄探索。就像在韋拉克魯斯州的科迪斯一樣，他只能破釜沉舟，如果返回葡萄牙，一定會以叛國罪被起訴。他知道自己若不是光榮地活下去，就要恥辱地接受判決。

如果這個海峽存在，那只可能在西南方。他的命運跟這個海峽緊緊相繫。2 月的第一週，他沒有向困惑的眾官員和水手們解釋理由（他們只知道南部海域是最終目的地），而是帶領他們穿過了危險湍急的海浪，直接駛向荒無人煙、寸草不生、日益凍寒的南極洲附近的巴塔哥尼亞海岸，祈禱著他的夢想能在下一個海角，或下下個海角實現。

他仔細勘探每個海港和海灣，派出測深員仔細勘查附近環境，直到淺水區再撤出，前往下一個海灣。2 月 24 日，他把希望寄託在聖馬蒂亞斯灣（Golfo San Matías），派遣幾隊小船前往澈底勘察，但仍是一無所獲。接下來他們又勘測了巴伊亞港（Bahaí de los Patos），以及聖豪爾赫灣（San Jorge Gulf），但結果也令他大失所望。

　　天氣愈來愈冷了，之前沒有任何一個歐洲人曾如此靠近過南極。[6] 白天變短了，風更加凶猛，海洋暗了下來，浪也愈打愈高，這預示著南極的冬天即將來臨。要想戰勝惡劣的天氣，只能由南緯迅速駛向北緯。他們最先登陸的里約熱內盧遠在赤道之下，如同基韋斯特（Key West）遠在赤道之上一樣。同樣地，拉布拉他河一如北部的佛羅里達州、聖馬蒂亞斯灣則像波士頓，而他們在惡劣天象中掙扎了 37 天後才抵達的聖胡利安港（Puerto Son Julián），就如同加拿大東南部的新斯科細亞省一般。夾雜在雨雪和冰雹的摧殘下，5 艘船已經呈一片白色。他們一週內至少遭遇兩次龍捲風，所有船隻的前艙和後艙多次被狂風吹移，木工反復修繕，水手們像活屍般蜷縮著，幾乎要從冰冷的甲板掉落海面。然而，依然沒看到海峽。

　　他們在離開拉布拉他河之後緩慢前行 1330 英里，抵達了陰冷、淒涼的聖胡利安港。麥哲倫決定在這裡過冬，他們已經抵達了南緯 49 度。3 月 31 日星期六，他告訴船長們，他打算繼續南行，直到找到那座海峽，即使它在南緯 70 度以下。有人聽見他說如果在南緯 75 度還是找不到海峽，就承諾折返回國；但如果他真的這麼說了，也許他並不知道那意味著什麼──在南緯 75 度的威德爾海中，整個船隊都會被迅速凍住。然而，他的意志堅定不移。在聖枝主日，也就是復活節前的星期日，他減少了所有船員的麵包和葡萄酒，故意激起反抗。他知道導火線就在那裡，只等著火花濺起。船員當中有許多忠於國王的西班牙人，而

6.　亞美利哥‧維斯普奇曾於 1502 年聲稱自己已航行到南緯 50 度，但這個說法仍有爭議。

且他知道那幾位船長心懷鬼胎。週一，他邀請他們一起用餐，但他們拒絕了。這是一個挑釁。事實上，他們早已等待著行動。就在那天晚上，也就是 1520 年 4 月 2 日的夜晚，船員叛變了。

他們在晚上行動。胡安・德・卡塔赫納、安東尼奧・德・科卡和加斯帕德・克薩達（Gaspar de Quesada）率領 30 名武裝水手登上大划艇，小心翼翼駛向「聖安東尼奧號」（船隊中最大的船）。卡洛斯一世的樞密院如果得知卡塔赫納並未繼續擔任這條船的船長，一定會非常吃驚。在瓦拉多利德，原本的設想是船隊指揮官站在主船「特立尼達號」的甲板上，4 名西班牙船長指揮其餘 4 艘船；沒想到航行才開始不久，麥哲倫就利用船隊指揮官的權力，換掉了船長。如今他們已經出發 6 個半月了，麥哲倫派表哥、葡萄牙軍官阿爾瓦羅・迪梅斯基塔（Alvaro de Mesquita）擔任「聖安東尼奧號」船長；「康塞普森號」和「維多利亞號」仍由年輕的西班牙人指揮。如果卡塔赫納恢復船長之職，控制了 3 條船的叛亂者們就會阻擋通向寬闊海域的航線，在海灣抓住他們的船隊指揮官。在「聖安東尼奧號」上，所有船員都在熟睡。為什麼麥哲倫沒有提醒迪梅斯基塔，讓他提高戒備？這一直是個謎。眾所周知，他是所有船長中最警惕的，而且叛亂的徵兆已經確定無疑。也許，他不相信他們會真的叛亂。畢竟，他們都是受過良好教育的貴族，並且在塞維亞發誓會服從麥哲倫；而且叛國不僅僅是死罪，也是恥辱，所以他也懷疑他們的叛亂決心。事實上，在之前的幾天，叛亂者們遲遲下不了決定，可是一旦開始行動卻信心百倍。他們借助繩梯爬上了主船的甲板，很快就占領了「聖安東尼奧號」。迪梅斯基塔醒來時發現自己被一群手持刀劍者團團包圍。沒過多久，他被戴上鐐銬，關進了囚室。到目前為止，這場叛變還沒有流一滴血。隨後，迪梅斯基塔的手下驚醒，其中「聖安東尼奧號」的大副胡安・德・埃羅利亞加（Juan de Elorriage）當面質問

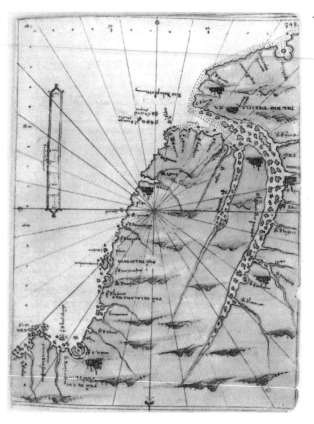

★西班牙地圖學家阿隆佐·德·桑塔·克魯斯（Alonso de Santa Cruz）於約 1542 年繪製了這幅拉布拉他河的地圖。他曾於 1525 年和威尼斯探險家塞巴斯蒂安·卡伯特航行此處。當麥哲倫意識到這裡根本不是海峽而只是一個巨大的河口時，他感到相當震驚、失望而且不知所措。

叛亂者，克薩達和其手下砍了他六刀，埃羅利亞加奄奄一息躺在甲板上，之後再沒有人反抗。一陣歡呼過後，所有忠於麥哲倫的船員都被關押，叛亂者們闖入食物儲藏室，把紅酒分給其他人。克薩達在甲板上任命胡安·塞巴斯提安·艾爾卡諾（Juan Sebastian el Cano）為船長，其他人則悄悄地回到自己船上。

　　星期二早晨，麥哲倫像往常一樣起床，在指揮過程中並沒有發現異常。但很快他就明白發生了什麼。在冬季，船隊每天都會派出一艘船上岸。這艘船的任務是為所有船隻收集淡水和木材，每艘船都派出了專責的作業小組，但這艘船駛近「聖安東尼奧號」時，水手長十分生氣，因為繩梯沒有放下來，也沒有水手來幫忙。他怒氣衝衝地要求解釋，船

上的人表示這艘船目前由克薩達領導，不會聽從指揮官的命令。水手長匆忙回到「特立尼達號」匯報，麥哲倫冷靜地派他改巡視其他船隻，確認他們向麥哲倫宣誓效忠。不過，「維多利亞號」和「康塞普森號」拒絕了這個要求；只有「聖地牙哥號」的船長塞拉諾（Senano），這個忠實的西班牙人承諾效忠。

　　戰爭的序幕就這樣拉開了。在任何一場戰鬥中，「聖地亞哥號」（5艘船中噸位最小，排水量只有 75 噸）都會很快被擊沉，它也不可能獨自環遊世界。麥哲倫似乎已經徹底失敗了，然而探索航道時對抗困境的堅毅，使他不可能屈服。一如以往，他所能仰賴的只剩意志力。他靜靜等待著叛徒的消息。當消息傳來了──克薩達代表所有叛徒送來信件（暴露了他們可憐的弱點），他們高貴的出身成為自尋毀滅的根源。這封信沒有透露他們的憤怒和海盜式的反叛之舉，也沒有最後通諜，甚至連要求也沒有；他們僅僅聯名寫了一封請願書，聲明他們承認國王授予麥哲倫至高無上的權力，作為下屬，他們只是希望他能對待他們更友善，給他們高貴的出身留一點尊嚴。除此之外，還詢問了航海計畫內容，尤其是他計畫前往香料群島的方法。這些全都以辭藻華麗的西班牙詩歌寫成。

　　叛亂者可以提出要求，但是不能乞求原諒。他們的力量僅僅來源自實力，如果他們放棄了，就沒辦法保護自己。現在，麥哲倫找到了對付他們的辦法，他將憑藉著勇氣再次控制整個船隊。他知道，一些反叛的船長都認為他會先攻擊「聖安東尼奧號」，因為這條船最小，而且他被囚禁的表哥和主謀者克薩達都在那裡。但麥哲倫認為要出其不意，於是，他決定先奪回「維多利亞號」，這條船的船長路易斯・德・門多薩（Luis de Mendoza）更容易被打敗。這場反攻由兩艘大划艇負責：較大的一艘可以在風力的推動下搭載 15 名全副武裝的水手，由杜亞特・巴博薩帶領；另外較小的一艘由干沙路・高梅茲・德・伊斯皮諾薩（Gonzalo Gómez de Espinosa）帶領，他是船隊的水手長和衛隊長，雖

然只帶領了5名水手，但他的任務十分重大：先發制人，聲東擊西。

高梅茲率領船隻逐漸逼近「維多利亞號」，並且自稱帶著麥哲倫的親筆信。門多薩沒有把這艘小船放在眼裡，他的船上就有60名西班牙人，因此同意高梅茲上船。這是一個精心設計的陷阱，高梅茲分散了水手們的注意力，而巴博薩率領小分隊在濃霧的掩護下，悄悄繞到了「維多利亞號」背面。

麥哲倫在信中直言不諱地要求門多薩歸順，門多薩讀完信後嘲弄地大笑：「你不可能在這裡抓住我！」但他的笑聲突然戛然而止，高梅茲冷不防上前在他的咽喉上劃了一刀，這是給巴博薩的信號，他們隨後跳上甲板，從背後襲擊了叛亂者。就這樣，在數分鐘之內，他們便收服了「維多利亞號」。巴博薩下令升起船帆，在其他兩條船還未察覺時，「特立尼達號」、「聖地牙哥號」和「維多利亞號」形成了一道堅固的防

★這是十九世紀出版的一本書中插畫，描繪了高梅茲突襲門多薩的場景。

線，橫跨在整個海灣口，截斷了唯一的出口。最終，絕望的兩艘船選擇投降，迪梅斯基塔獲釋，隨後擔任了軍事法庭的法官。星期六，由他的表弟麥哲倫宣布判決。

麥哲倫清楚，繼續航行需要更多人手。因此，除了克薩達、卡塔赫納和一個挑起叛亂的西班牙新教徒，他赦免了所有的叛亂者。只有克薩達犯了謀殺罪，必須判處死刑，但由於他是一名貴族，所以最終處以絞刑。克薩達的隨從路易斯・德・莫里諾（Luis de Molino）也殺了人，但莫里諾爭辯自己是執行命令。麥哲倫權衡利弊之後，表示如果莫里詰親手砍掉克薩達的頭顱，就可免去一死。這是一個恐怖的選擇，按照當時慣例，門多薩和克薩達的屍體會被開膛肢解，然後把這些血淋淋的腐臭身軀懸掛在竹竿上，警示那些企圖反叛的人。

麥哲倫放過了曾經在國王身邊擔任重要職位的卡塔赫納和一個曾塗聖油的牧師。他不會親手殺掉這兩個人，但是又不能囚禁著他們繼續航行。8 月 24 日，5 艘船啟航，兩名罪犯被遺棄在寒冷的海岸上，只留給他們一點酒和食物。麥哲倫宣布他們的命運已交給了仁慈的上帝。想到被遺棄後的恐怖日子，或許兩人反倒會羨慕起已被開膛肢解的同伴吧。

在此次事件之後，麥哲倫的前途並沒有因此變得更加平坦。雖然叛亂的可能性降低了，但他在某種程度上也斷了自己的後路。如果他的航行以失敗告終，返回塞維亞時將名譽掃地；西班牙政府也不太可能接受他在聖胡利安灣的所作所為，一定會調查 3 名西班牙貴族和 1 名牧師的慘死，這位船隊指揮官極可能以謀殺罪受審，唯有航行成功，他才可能被赦免。但隨著一週週過去，征服似乎愈來愈難以實現，這支船隊只剩 4 艘船了，「聖地牙哥號」在一次探勘中，遇到暴風雨失蹤。每個人、每艘船都在狂風暴雨中顛簸前行，天氣則更加惡劣了。他們的西邊，是一座座被白雪覆蓋的山峰，還見到了海豹及企鵝（當時人們把牠們叫作「沒有翅膀的鴨子」）。他們在南緯 50 度拋下錨，麥哲倫決定

再休整 8 個星期，直到寒冷的冬季過去。他幾乎陷入了澈底的絕望中，希望如此渺茫，眼看就要失敗。在過去的一年裡，他幾乎航行了 9 千英里，鎮壓了一場血腥的叛亂，探索著無窮的岩石和沙灘的每道缺口，結果卻毫無所獲。

從 8 月 26 日到 10 月 18 日，在這充滿焦慮、壓抑、不安的 8 週裡，他們僅僅航行了 150 英里——正常來說，這應該是兩個航行日就走完的路程。

1520 年 10 月 21 日星期天，這天狂風大作。觀察員們抓緊帆船的桅桿，看見遠方有一座突起處，慢慢地，突起處逐漸高起成一堵白色的懸崖。再靠近一點，他們看見了一個海角，海角後面是一個巨大的黑水海灣。這天是聖烏爾蘇拉節 [7]，為了紀念聖烏爾蘇拉，麥哲倫把這裡命名為維爾赫納斯角（Cabo de los Vírgenes）。但是他的船長們依舊想著南方海域，認為這裡的海浪聲和挪威旁海峽的聲音一樣。「我們都認為死路一條了。」安東尼奧‧皮加費塔後來寫道，只剩下指揮官仍充滿了好奇心。然而，由於他早在 9 個月之前就浪費了 3 週多的時間勘察拉布拉他河，現在他能探索這裡的時間所剩無多。他下令「聖安東尼奧號」和「康塞普森號」計算從西邊駛入這個海灣的距離，同時要求他們在最遲 5 天內返回。

然而直到第 5 天，還是不見他們返回的蹤影，麥哲倫不由得焦慮起來。不久，觀察員在桅頂看見遠處冒出一柱煙霧，他警覺了起來。這是失事的海員們發出的信號。麥哲倫命令當兩艘船出現在船首左舷，就放下救生艇。救生艇上面插滿了鮮豔的旗幟，所有船員都揮手吶喊，並架起大炮，點火發出 3 聲巨響。顯然發生了特殊狀況。

---

7. St. Ursula，傳說中的英格蘭公主，她後來與 1 萬 1 千名童貞女子一起被匈奴人殺害於科隆。

★這是安東尼奧·皮加費塔在《麥哲倫航行日記》中關於麥哲倫海峽的一張插圖。他在 1521 年 10 月 21 日這天寫道：「我們奇蹟般地發現了一個海角，並將其命名為維爾赫納斯角……它的周圍群山環繞，山上覆蓋著積雪，連接了另一個大洋：太平洋。」

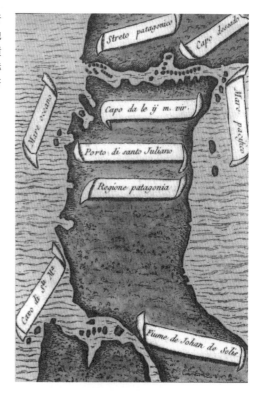

塞拉諾從「康塞普森號」登上了主船。他說，遭遇風暴襲擊的時候，船隊已經接近了港灣的西部末端，但始終沒看見它的終點；相反地，他們看見了一個海峽（他稱它為「第一海峽」），穿過這個海峽，進入了一片寬闊的水域，遇見了更寬闊的「第二海峽」。第三天，為了在規定的 5 天之內返回，他們只得掉頭。但是，他們依然沒看見水域的終點，每個海峽都是另一個海域的入口，海域寬度參差不齊，從 2 英里到 20 英里。領航的船員發現水域深不見底，他們進入的不是一條河，一路上水都是鹹的，而在海峽的兩邊，潮水不斷漲落。

　　一向沉著冷靜的麥哲倫沒有露出任何喜悅之情，他下令齊發最後一輪炮彈向卡洛斯一世致敬，並帶著船員們祈禱。此時的他並不知道，這位國王已經成為神聖羅馬帝國皇帝查理五世。第二天早上，10 月 25 日星期四，「特立尼達號」帶領著其餘 3 艘船駛過荒涼的岬角，進入另一個陌生水道，麥哲倫稱它為「聖徒海峽」（Estrecho de Todos los Santos），也就是現在的「麥哲倫海峽」。在麥哲倫右舷船首就是南美洲最南端，但當時他並不知道，他們在一座大島和一群迷宮般的小島前拋錨，這些島嶼位於合恩角下方，距離南極 350 英里。由於溫度太低，當

地的原住民凍得瑟瑟發抖，不斷生火取暖。船上的麥哲倫能清楚看見火光，因此他把這裡稱為「火地島」。

對所有船員來說，穿過這條蜿蜒曲折的水道是個極大的挑戰，尤其是船上的舵手，他們只能依靠木製的舵柄和笨重的船帆吃力航行。這讓他們筋疲力盡。只見各個通道交叉纏結，船員們都疑惑不已。在不同的交叉口，可以通向西方、北方和南方。他們前方經常突然出現兩條水道，麥哲倫只能被迫停止前進，派遣船員向前探勘，直到確定哪條道路能夠通行。海灣形狀各異，經常有大量岩石突然橫在中間，差點撞破船底。從第一天開始，他們就接連遭遇一陣又一陣的風暴，有時幾乎要掀翻領航船隻，即麥哲倫的「特立尼達號」。他們十分幸運，之後天氣好轉。後來船員發現，這種惡劣天氣在這裡很常見，也是一個阻礙航行的重要原因。

他們在海上又航行了 1 個月，沒有人認為能找到傳說中的通道。他們已經向前行駛了 300 英里，不時會看見從未見過的鳥兒從頭頂飛過，很明顯地，船隊進入了另一個海域。這時前面出現了一個岔道，麥哲倫命令「聖安東尼奧號」和「康塞普森號」偵測東南方位的海路，5 天內必須返航；「特立尼達號」和「維多利亞號」原地等候，同時召集所有船長開會。他現在面臨了抉擇：帶著目前的發現立刻回國；或是繼續尋找香料群島。他也必須考量僅剩的食糧。所有人都認為。食物很快就要吃完了，最多只能再撐 3 個月。「聖安東尼奧號」的領航員艾斯特瓦·高莫斯強烈建議立即返抗；食物短缺不是唯一的原因，船隻也急需修理，更重要的是；沒人知道香料群島還有多遠。一旦判斷失誤，船員們或渴死、餓死，整個船隊將難逃厄運。

這是一個理智的提議，但麥哲倫不贊同。他認為應該繼續前行，即便困難重重，儘管最後只能吃船上的皮革，也一定會遵守對卡洛斯一世的諾言，而且上帝一定會指明一條出路，麥哲倫還下令船長不能向船員透露食物短缺的消息，否則就判處死刑。然而，高莫斯並沒有把他的

話當真，繼續航行面臨的危險讓他不寒而慄，甚至超過了對麥哲倫發出的死亡威脅的恐懼。他決定帶著自己的船逃離船隊。偵測東南方位的通道期間，迪梅斯基塔指揮的「聖安東尼奧號」便已經向塞拉諾的「康塞普森號」透露出明顯的逃跑跡象。當時塞拉諾還不明究理，但迪梅斯基塔是船隊指揮官的表哥，不可能背叛麥哲倫，他猜想「聖安東尼奧號」的領航員可能成功地發動了反抗麥哲倫的叛亂。

於是，麥哲倫只能眼睜睜地看著自己最大的船隻以及船上的大批食物駛回西班牙。他只剩 3 艘船了，而且原本就短缺的糧食補給狀況，如今更加惡化。但他仍然沒有考慮改變航線。11 月 21 日，「在南緯 53 度的伊斯裡奧河（Río del Isleo）河口、托多斯・洛斯・桑托斯海峽」，身為船隊指揮官的麥哲倫，做出一個「重要決定」——繼續航行。

航行到第三天時，他加深了決心，因為之前派出去的另一艘小艇回來了，還帶回了一個激動人心的消息：巴爾博亞所說的「南海」已經找到了。他匆忙趕過去，眼前是一片一望無際、深不見底、神祕莫測的藍色大海。這是哥倫布、平松、卡伯特和維斯普奇窮盡一生都在苦苦尋找之地。它的寧靜外表讓他想為它命名，而且應該要與「寧靜」有關。他一見之下，完全說不出話來，這也許是他長大成人後第一次如此激動，終於，他累積已久的情緒爆發了。唐・安東尼奧（Don Antonio）寫道：「指揮官（麥哲倫）激動得哭了。」

這支船隊在太平洋（地球上面積最大的海洋）行駛了 12600 英里，這是歷史上一個偉大的傳奇。就像其他許許多多的傳奇一樣，它也是人類受苦受難、被逼到絕境忍受超乎常人想像痛苦的真實經歷。沒有地圖，沒有充足的導航工具，甚至早已不確知自己身處何地，就這樣，他們毫不停歇地航行了 3 個多月，從 11 月一直到隔年 3 月。他們憑藉著破爛的桅帆，冒著炎炎烈日向西北方航行。

　　即使在航海大發現時代，麥哲倫的情況也是絕無僅有的。以前的探險家們知道，如果失敗了，還是能回到歐洲。但是，麥哲倫完全沒有這個選項。因為當時他不了解南美洲——他駛入的那個海灣，之前從未有人到達過，他也沒有可以靠岸的補給站，一旦駛離了東邊的海岸，他就只能繼續向前航行。

　　他並不知道太平洋的廣闊。事實上，他掌握的所有資訊都大大低估了太平洋的寬度。歐洲人相信托勒密的說法，也就是有一個未知的南方大陸在支撐世界，它是平衡球形世界的關鍵，沒有它世界就會倒塌。麥哲倫所有的行動依據都建立在這些假說之上，然而始料未及的是，這些假說都是錯誤的。如果麥哲倫一開始就確知實際的航行距離，他一定會表示質疑。在歐洲，沒有人想像過世界上存在著如此寬廣的海洋。這

★麥哲倫看到太平洋的第一眼。

樣看來，彷彿所有資訊的來源（地圖繪製員、天文學家和地質學家）都聯合起來背叛了人們。當時被認為最可靠的夏納爾地球儀，將日本的位置標在墨西哥以西僅幾百里格處，而麥哲倫看過或聽過的所有情報都告訴他，航行後不久就能夠找到日本。也因此，毫無設防的他就在地球上最浩瀚的海洋上迷失了方向。這個人跡罕至的大海是如此廣闊，就算納入地球上的所有大陸，海面依然寬廣。

　　這支遠航船隊在離開聖盧卡爾前帶了 420 桶酒，現在所有的酒都喝

★這幅具有歷史意義的地圖被稱作「馬里斯太平洋海圖」（Maris Pacifici），由十六世紀著名的佛蘭芒地圖學家亞伯拉罕‧奧特柳斯（Abraham Ortelius）創作於 1589 年。當時人們對太平洋的了解還很少，這幅圖是太平洋海圖最早的印刷版本。為了彰顯麥哲倫的功績，「維多利亞號」被明顯畫在南美洲西海岸的位置。奧特柳斯畫筆下的太平洋顯然比實際要小上許多，卻就此揭開了人類探索地球上最大海洋的序幕。

光了，隨後食物也愈來愈少——乳酪、魚乾、鹹豬肉、大豆、豌豆、鳳尾魚、穀物、洋蔥、葡萄乾、扁豆，最後只剩下一桶桶令人作嘔的餿水，以及一些餅乾，這些餅乾被碾成了灰色粉末，裡面混雜了黏糊糊的老鼠屎和蛆蟲，還混了木屑，就像一堆令人作嘔的垃圾，人們只能捏著鼻子吞下去。甚至連老鼠也成了搶手貨，一隻老鼠值半個金幣。撤離的領航員曾經告誡，船員們最後可能會以吃皮革維生，這種情況果然發生了。安東尼奧·皮加費塔寫道，這些「餓得發慌的夥計們」不得不去啃覆蓋在桅杆上面的獸皮；他解釋：「被扒下來的皮革都經過『風吹雨打日曬』而硬化了，所以必須先將它們放在甲板上4、5天使其軟化，然後再架在火上烤來吃。」

太平洋的寧靜使船員們感到抓狂。然而正如唐·安東尼奧所說的，這樣的太平洋也拯救了他們：「要不是聖母和上帝賜予了好天氣，人們早就死在這片茫茫大海中了。」但還是有一些人死去，19名餓死的水手被扔進大海；活下來的也瘦得兩頰凹陷、身形枯槁，皮膚滿是潰瘍，腹部因水腫脹起。壞血病讓他們牙齦腫脹，牙齒脫落，疼痛蔓延口腔，難以吞嚥食物，最後甚至完全不能吞嚥。許多人因為身體太過虛弱，站都站不起來，只能在甲板上爬行或蜷縮在角落；能站起來的也得拄著拐杖走，20歲的青年看上去卻像是老人。

他們沒見到任何船隻的蹤影。事實上，在他們離開聖胡利安灣後的6個月裡，就再也沒碰見任何人了。當他們飽受折磨，在半途發現島嶼的時候，誤認為那是他們要尋找的地方，但最後都證明是無人島，沒有任何地方能讓他們靠岸。最後，在1521年3月6日，他們當中最堅強者眼中的生命之火都將熄滅之時，他們終於上岸了。這個島嶼位於馬里亞納群島的關島海域，島上的密克羅尼西亞人對他們充滿敵意（也許來自那3艘破船上散發的惡臭）。不管怎樣，關島總算暫時解救了他們。島民一度偷走了船隊的一艘小帆船，麥哲倫派了40名士兵奪回了小船。士兵回到船隊，令人振奮的是帶回了水、魚、水果、家禽和肉類。

　　經過 3 天的休整，船隊重新啟程。3 月 16 日，「特立尼達號」、「康塞普森號」和「維多利亞號」在今天的雷伊泰灣（Leyte Gulf）看到了菲律賓薩馬島（Island of Samar），它的南邊是蘇祿群島（Sulu Archipelago）和霍蒙洪島（Homonhon）。據皮加費塔的記載，麥哲倫認為自己已經找到了摩鹿加群島，但這是不可信的——麥哲倫是一名經驗豐富的航海員，十分了解大洋洲，他不可能混淆南北緯，而香料群島遠在 1 千多英里之外。最可能消除唐·安東尼奧內心不安的是，船隊指揮官意識到了要從葡萄牙奪走摩鹿加群島是不可能的，所以他決定轉而求其次，將這個群島變為西班牙領土。他宣布這座島嶼及島上所有人和動物都屬於他的國王，即卡斯提亞和阿拉貢國王[8]。

　　他選擇在霍蒙洪島登陸是因為島上似乎沒人居住，他的手下已經很虛弱了，無法再應對任何不友好的行為。但是有一些當地土著十分熱情，從蘇祿群島送來了大量橘子、棕櫚酒、家禽、蔬菜，以及歐洲人從沒見過卻極富營養的兩種食物：香蕉和椰子；土著們則非常喜歡船隊回贈的方巾、鐘錶、黃銅、手鐲、絢麗的紅帽和五彩玻璃珠。

　　眾人休息放鬆時，麥哲倫想起了過去被「冤枉」的事：塞維亞港口的官員曾嘲笑他的貨物清單中竟有這麼多花俏的物品；瓦拉多利德樞密院發現麥哲倫的貨物中包括 1 千多把鏡子、50 把剪刀和 2 萬個口哨等小用品時，甚至開始猶豫是否要支持這次的探險。當時麥哲倫解釋，與一個陌生民族建立友好關係時可能會遇到困難，有鑑於他的東方航行經歷，這些花俏的小物品能讓彼此更有機會相互理解，以建立起良好的關係。他一再炫耀自己對這些島嶼的了解，甚至展示他的馬來西亞奴隸埃里克，樞密院最終相信了他，但是碼頭上那些裝腔作勢的達官貴人仍對他懷恨在心。

　　奴隸埃里克仍然追隨著他。在當了麥哲倫 3 年忠心耿耿、有權有勢

---

8. 麥哲倫將這裡命名為「聖拉薩羅群島」（San Lazaro），20 年後，菲力浦二世重新命名此地。

★熱情的土著居民給麥哲倫船隊送去了糧食、水果和蔬菜。

的奴僕後，他出乎意料地送給主人一份寶貴的禮物。3 月 25 日，船隊
到達菲律賓後的第二個星期，登上與利馬薩瓦島（Island of Limaswa）相
鄰的島嶼——維薩亞斯群島（Visayan Islands），這個群島是菲律賓群島
的一部分，與蘇門答臘島及馬來半島都有著文化和語言上的聯繫。剛登
上島嶼，麥哲倫就聽到了一陣陣歡呼聲，他順著喧嘩聲走過去，發現他
的僕人被一群興高采烈的土著包圍著。他很快便弄明白了事情的原委。
原來埃里克正是出生在維薩亞斯群島，後來成為奴隸被賣到了蘇門答臘
島，再被送往馬六甲，麥哲倫就是在那裡買到他的。埃里克自從 1512
年離開馬來半島後，陪他主人去過印度、非洲、葡萄牙、西班牙，並且
在 18 個月前加入了這次航行。他在語言上十分有天賦，能說流利的葡
萄牙語和西班牙語。因此一到利馬薩瓦島，他聽到當地人說的是自己的

母語，便開心地與他們交談，當地人也像見到自己人一樣熱烈歡迎他。

　　這個偶然事件意義重大。埃里克只是高興地用馬來語與當地人交談，麥哲倫見狀簡直是欣喜若狂。他們回到或將回到熟悉之地，也就是說，如果一直向西航行，很可能會回到他與埃里克第一次見面的地方。很顯然地，埃里克才是世界上第一位環繞地球的航海家。若能完成這次的航行，這支探險隊即以實際行動首度證明地球是圓的。

　　在基督教世界，這一天是復活節，即聖週。聖胡利安灣叛亂已經過去整整一年了；探險隊也已經找到傳說中的通道，並通過它穿越大洋，實現了環球航行。麥哲倫及其夥伴們都十分高興，激動不已，似乎重獲新生，這是可以理解的，卻也是不祥的。之所以不祥，是因為其他人與麥哲倫的慶祝方式完全不一樣，甚至是互相衝突。4月7日，當麥哲倫花了3天時間帶領船隊來到雷伊泰島和內格羅斯島（Island of Negros）之間的宿霧島（Island of Cebu），人們在航行中爆發衝突；指揮官和船員之間以戲劇性的衝突開始，最後以悲劇告終。

　　當時，水手們以古老的方式來吹灰逃脫死亡的僥倖。他們大多很年輕，經過2個星期的休息和正常飲食後，彷彿獲得重生般充滿精力。自從1519年末，即15個月前離開巴西時，他們就再也沒有碰過女人了。即使宿霧島的女孩們都用長罩衣裹得嚴實，情慾也能打敗水手們的紀律。事實上，當地的傳統是已婚的女性才能穿衣服。而這群年輕人成長的社會視裸體為不雅，如今卻被一群裸體的少女包圍，頓時春心萌動。兩性的接觸帶來了巨大的誘惑，而濃密的雨林又提供了機會，結果就是縱情狂歡。男人們談到菲律賓少女都很喜歡白人，因為他們比當地男孩有情調也更強壯。當然，這都是他們事後說的。即便如此，還沒有跡象顯示這些行為受到抵制。很顯然地，兩種文化的相遇解放了性觀念的歧異。作為基督教徒，這些船員受到了罪惡感的壓抑，這種壓抑增強

了對性慾的渴望：而毫無罪惡感、天真無邪的女孩們卻享受著過程的愉悅。當然她們也非常喜歡那些禮物：鏡子、手鐲和小刀。

這一切都應是意料中事，麥哲倫應該早點下令規範，但是太晚了，之後的禁令再也約束不了他們。麥哲倫處在非常被動的立場，而他需要一個嚴守紀律的人，然而在這個危機時刻，卻沒人能擔此重任。他嘗試了一些補救措施：在他的命令下，牧師佩德羅·德·瓦爾德拉瑪（Pedro de Valderrama）宣布與異教徒的女性發生關係是死罪，不幸的是，這道禁令帶來的後果僅僅是一場無禮的鬧劇：船員們在與這些女孩發生關係前，會先給她們受洗，這樣做不僅是種褻瀆，而且將牧師的威脅視為一個玩笑。另一方面，菲律賓男人們也不覺得有趣，他們的自尊心受到了傷害。土著父親、兄弟們認為他們的熱情被利用了，尤其是那些已婚男子。因為在樹叢裡與船員們尋歡作樂的女人不僅是未婚少女，還有不少已婚婦女。船員已經失去了自制力，而婦女們也很感激收到的鏡子、手鐲等禮物。於是情況開始失控。

發洩情慾是船員們犯下最臭名遠揚的事，但遠不止這一宗。船長和船員們也公然藐視船隊的各種規定，而最惡劣的犯罪者是船隊指揮官的小舅子。入秋以來，麥哲倫最信任的是「維多利亞號」船長杜爾特·巴博薩和「康塞普森號」船長胡安·塞拉諾。所有船員都被禁止私下與當地人進行交易，但還是有一些船長，例如「維多利亞號」船長偷偷用鐵與當地人交換黃金和珍珠。對於島上的人來說，鐵是十分新奇也很有用的東西，而黃金和珍珠對他們來說卻很常見且毫無用處。此外，巴博薩還犯了酗酒罪，並且未經許可就擅自離隊。尤其是他的好色，在那群放蕩不羈的人中也是出了名的。在這個危機關頭，麥哲倫正在思考航程的下一步，而他的小舅子在大吃大喝 3 天後被士兵綁回船上，此時，船隊指揮官也不得不採取措施了。巴博薩被銬上手銬、降職，並被解除船長一職。

如果船隊指揮官早就採取行動，嚴整紀律，也許他能在這次航行

中倖存下來，並享受勝利的果實。然而他也和其他人一樣沉浸在喜悅中，甚至有點忘形。當船員們沉湎於歡樂時，他開啟了另一個探索。自從來到菲律賓群島後，他就對宗教十分狂熱，但並不是百分之百的虔誠。正如 4 個世紀後到世界各地的傳教士一樣，他已經混淆了對宗教的熱情與對帝國主義的狂熱——當他勸說菲律賓人信仰基督教時，也希望他們能臣服於西班牙。他需要的是絕對的忠誠和絕對的信仰，對他而言，這是一次帶著耶穌受難像和旗幟的「十字軍東征」。

3 月 31 日是復活節，也是他們在利馬薩瓦島的第一個星期天。虔誠的麥哲倫相信這是上帝為他提供的機會，於是他戴起具有神聖色彩的手鐲、珠子，以一場絢爛的彌撒，向利馬薩瓦島的主人傳教。他要求牧師瓦爾德拉瑪盡可能盛大慶祝這場宗教儀式，並命令其他人盡可能提供所有幫助。這位船隊指揮官想要一場表演，他如願以償了。祭壇設在岸上，發光的十字架固定在祭壇上。祭司穿上祭衣主持復活節儀式，船隊指揮官和船員們一一登上祭壇，親吻耶穌十字受難像。島民們一靠近，炮兵們就在船上齊發炮彈，所有人都拍手叫好。

那天早晨，船隊來了兩位客人——克拉姆布酋長（Rajah Colambu）和他的弟弟西阿努伊（Siaui）。克拉姆布統治著民答那峨島，統治範圍還包括蘇祿群島。麥哲倫已經開始留意有影響力的酋長——一旦他們接受基督教，就可以以國王名義統治，直到西班牙任命的官員到來。復活節的精采表演讓麥哲倫達到了目的，在瓦爾德拉瑪主持完彌撒儀式後，兩位尊貴的客人跪在祭壇前，模仿前一位受洗者的動作。根據記載，他們命令當地的木匠製作了一個很大的十字架，立在最高的山頂上，讓島民們可以看見並膜拜。麥哲倫在離開前告訴這對兄弟，如果這裡發生了異教徒與原住民的戰爭，他的士兵和船隊都交給他們指揮。如果人數不夠，他會再從西班牙帶一支艦隊過來。

　　他在宿霧島，見到了一位更有權勢的人物——酋長達圖‧胡馬邦（Datu Humabon）。酋長的隨從包括一位不久前來自暹羅的穆斯林商人，他認出了船隊上面的聖詹姆斯十字架，低聲說眼前的外來者是印度和馬來半島的海盜。胡馬邦沒有聽從他的告誡，他一見面就熱情招待麥哲倫，在埃里克的翻譯下，很快就同意永遠和西班牙保持友好關係。他也在麥哲倫的強迫下，同意焚燬異教徒聖像，把耶穌尊奉為神和救贖者。酋長改信基督教的入教儀式在復活節後的第二個星期天舉行，而且比在利馬薩瓦島上的更盛大隆重。胡馬邦的子民們密密麻麻地圍在集市的廣場上，廣場中間設有一座高大肅穆的祭壇，上方裝飾著棕櫚枝。祭壇後面的大棚下方是兩個纏繞著紅色和紫色綢緞的寶座，胡馬邦坐在其中一個寶座上，麥哲倫則坐在另一個寶座上。

★ 1521 年 4 月，麥哲倫在宿霧島立起了一個巨大的十字架，為酋長達圖‧胡馬邦及其數百名追隨者舉行受洗儀式。現在宿霧有一座小教堂，當年的十字架還在，用一個空心外框包裹著。教堂的穹頂壁畫描繪了當時當地民眾皈依基督教的場景。

　　麥哲倫導演了一場聲勢浩大的入城儀式。他穿著整潔的白色長袍，後面跟著 40 名穿戴閃亮盔甲的士兵，舉著卡斯提亞和阿拉貢王旗，這是王旗繼 20 個月前在塞維亞聖瑪利亞教堂亮相後首度被展示。樂隊演奏進行曲時，船隊指揮官身後的西班牙人都低下了頭，一個巨大的十字架豎立在祭壇上，船隊的大炮在港口發出轟隆聲。不過這差點就打斷了儀式。當地人是第一次聽到大炮聲，恐慌地四處竄逃，但是當他們看見自己的首領仍然保持鎮定時，又都回到了原地。

　　酋長跪下來接受洗禮，麥哲倫以神父之名為他重新取名為唐·卡洛斯（Don Carlos）；他的繼承人、兄弟，以及利馬薩瓦國王的姪子都受洗了，那名穆斯林隨從也只得跟著受洗，他們分別取名為赫爾南多、胡安、米格爾和克里斯托巴爾。按規定，所有的基督教徒都必須遵守一夫一妻制（至少要在口頭上承諾），然而胡馬邦拒絕了，因為他既想拯救自己的靈魂，又不願拋棄妻妾。在漫長的協商後，麥哲倫成功解決了這個問題（要知道，亨利八世的特使在向教宗克勉七世上訴類似問題的過程中就失敗了），神父被說服放過酋長的癖好，而那些穿著花俏、擦脂抹粉的女人（一共 40 位）都被賜予了西班牙名字，如胡安娜、卡塔里娜、胡安妮塔和伊莎貝拉。胡馬邦最寵愛的女人取了與患精神病的西班牙王太后同樣的名字：丹娜·胡安娜（Doña Johanna），並獲得特別關照，而且由於她的身分較高貴，麥哲倫還送給她一個聖母瑪利亞及聖嬰的木雕像。隨後，觀禮的民眾也被邀請受洗。

　　當天只有幾百人前來觀看，但到了第二個週末，幾乎每一個宿霧島居民（根據船員描述，共有 2200 人）都成了基督教徒。這種大規模信仰轉變對麥哲倫來說是一個偉大的勝利，這也是宗教狂熱的一個顯著例子，像他這樣的宗教狂熱分子也許被賦予了超自然能力。胡馬邦在戶外受洗後，將他帶入屋內，告訴他島上的統治家族裡有個成員很想受洗，但由於重病未能參加，實際上他已經快死了。船隊指揮官前去探視該重病患者——按唐·安東尼奧的說法是「已不能動彈也無法說話

了」。麥哲倫注意到，照顧病人的女人在祈禱著，但是以異教徒的身分進行祈禱，因此激怒了才剛拋棄異教神的酋長；身兼船隊指揮官和傳道者身分的麥哲倫也感到十分震驚。他譴責了這些異教徒護理人員，把她們趕出去，並決定依靠信仰來治療病人。在胡馬邦的見證下，他發誓要證明基督教信仰可以治癒任何疾病。於是他讓病人、病人的妻子和他的 10 個孩子進行受洗。之後，奇蹟出現，病人有力氣說話了，隨後麥哲倫讓他泡在牛奶和草藥裡，不到 5 天，這個原本已經被放棄的男人竟然可以起身活動。

這件事在菲律賓人及船員中引起了很大的反響，不過雙方的看法不同。當地居民一湧而上皈依基督教；船員們則感到很擔心，麥哲倫對宗教的狂熱讓他們困擾。他們本身很虔誠，但是他們也知道充滿智慧的上帝並不會一直關照創造奇蹟的人。他們想，一旦麥哲倫祈禱的病人死去，會發生什麼？一想到這些，他們就不寒而慄。而且他們將麥哲倫對當地人的無私和寬容視為愚蠢之舉，這與指導早期探險者們建立殖民統治的伊比利亞學派形成了鮮明的對比。如果這次探險是由科迪斯或冷酷無情的達伽馬帶領，那麼菲律賓人就會成為異教的奴隸了。不過並非所有船員都持這種觀點，也沒有人打算和麥哲倫起正面衝突，但是所有人都認為在宿霧島已經停留了 3 星期，是時候啟航了。

他們在船隊會議上提議應立即啟航，沒有人提到船員的貪色，使得當地人的敵意日益加深；相反地，他們選出一個最擅長演說的代表塞拉諾，他是船隊的資深船長，他指出此次航行的目的不是殖民或傳教，而是探索西行香料群島的路線，這才是船隊的使命。事實上，國王的命令裡也是如此明確規定。其他人也紛紛說。現在他們已經完全了解宿霧島，沒有理由再繼續停留，是時候出發了。

但麥哲倫再次表示反對。他與菲律賓人接觸之後，認為讓他們忠

於西班牙是自己的責任。對他而言，胡馬邦不僅僅是一個地方酋長，他是一位基督教國王唐‧卡洛斯。更讓與會者不安的是，麥哲倫透露已經向唐‧卡洛斯做出保證（實際上是重複對克拉姆布和西阿努伊的承諾），即胡馬邦的敵人也是西班牙的敵人；任何人若拒絕承認其權力或基督教神聖性，都會被殺並沒收財產。

他還告訴目瞪口呆的與會者，這樣的敵人是存在的。敵人的名字就叫拉普拉普（Lapulapu），是鄰近小島麥克坦（Mactan）的酋長。在歷史上，麥克坦一直歸宿霧島酋長統治，但拉普拉普是一個脾氣暴躁的反叛者。他對西班牙船隊充滿敵意，最近甚至拒絕提供食物給這些遠道而來的客人。麥哲倫並不覺得被冒犯，反而視為一次炫耀實力的大好機會。他想建立一支海上鎮壓隊，給反叛者一個教訓，而且他要親自領導。

船員們對此都感到很惶恐。西班牙國王特意在出發前交代船隊，指揮官必須與船隊時刻待在一起，遠離所有岸上勢力。事實上，不論是西班牙還是葡萄牙政府的最基本規則之一，就是探險隊的指揮官不能冒險參加任何危險行動。杜亞特‧巴博薩提醒他的姊夫，胡安‧迪亞斯‧德‧索利斯就因為違反這個規則，在拉布拉他河丟了性命。麥哲倫對警告置之不理。自從麥哲倫首次成功以信仰治癒人們之後，他愈發覺得自己擁有不可戰勝的力量。他決定在接下來的戰鬥中，持續仰賴耶穌及聖母的支持。他相信有祂們的支持，絕對不會失敗。

1521 年 4 月末，在一場完全沒有必要的戰鬥前夕，麥哲倫像變了一個人似的。他從來不曾如此魯莽、輕率，也彷彿把自己在東非、印度、摩洛哥、馬來西亞學到的軍事策略忘得一乾二淨。但當時他並不是一名基督教士兵，再加上有了上帝的庇護，因此他十分蔑視那些在軍事行動前應做的預防措施。他同時向西班牙人和菲律賓人宣布，將在 4 月 27 日進攻麥克坦，他相信這一天是他的幸運日，還邀請宿霧島居民前來觀

戰。進攻前，專業的士兵們開始偵察地形和潮汐，以防水陸作戰。然而，自恃有神力加持的麥哲倫完全沒有發現麥克坦的暗礁，這些暗礁在退潮時（正是麥哲倫決定進攻的時刻）會阻撓海上船隻的炮火攻擊。西班牙士兵要求盟軍支援，酋長表示願意提供 1 千名精兵；魯麥王子主動請纓率領一支隊伍繞到敵人後方登陸夾擊；而與拉普拉普不和的祖拉酋長也在西班牙人登陸時，親自率領手下從側翼進攻，但麥哲倫高傲地拒絕了。他要求所有皈依基督教的酋長在菲律賓木舟上觀戰，並表示不需要任何幫助，他的士兵一定能在毫無外援的情況下打贏這場戰鬥。

麥哲倫的戰略並非沒有先例可循。塞繆爾．艾略特．莫里森（Samuel Eliot Morison）曾指出：「絕大多數入侵非洲和美洲的歐洲人都認為要與當地最近的部落聯盟，就必須要有效部署火炮去對付周圍敵

★麥哲倫認為受洗的胡馬邦已經變成基督教國王唐．卡洛斯，是西班牙的同盟國領袖，他的敵人就是西班牙人的敵人。這幅十九世紀的插畫，描繪胡馬邦受洗的場景。

人。」尚普蘭（Champlain）攻打加拿大、科迪斯攻打墨西哥、英格蘭攻打卡羅萊納，以及葡萄牙攻打印度和非洲的戰爭都勝利了，因為他們都採用分散的軍事戰略。相較於麥哲倫，雖然他手中掌握大好形勢，做法卻十分愚蠢。

如果麥哲倫選對了作戰對象，有足夠兵力，而且戰略運用得當，也許會成功。即使他面對的敵軍人數約有 1500 到 2 千人，但都是一些未經訓練、如驚弓之鳥的暴民，裝備也只有最原始的武器；由護衛隊長貢薩洛‧戈麥斯‧埃斯皮諾薩率領的 150 名裝備精良、配有弓箭和火槍的西班牙士兵原本可以輕易擊敗這些人。科迪斯和法蘭西斯克‧皮薩羅（Francisco Pizarro）都曾擊敗人數遠勝己軍的墨西哥人和祕魯人；但自大的麥哲倫拒絕採常規作戰方法，他將作戰人數限制在 60 人，因為他想讓菲律賓人看看基督教士兵是如何戰勝強大的對手，而且他只打算從每條船挑選 20 名志願者，這意味著船隊中強健的水手會被留在船上。根據唐‧安東尼奧記載，麥哲倫的軍隊清一色是雜牌軍，由毫無戰鬥經驗的廚師、船員、船艙服務員等組成，這些人根本就不適合戰鬥，他們不熟悉武器，甚至穿不好盔甲。船隊指揮官成了他們唯一的軍官，這是他一意孤行所造成的，因為所有管理成員都反對他的計畫，麥哲倫就把他們全部排除在外。於是，為了羞辱拉普拉普，導致了他的失敗。星期五下半夜，志願軍準備上船登岸——他們沒有經過任何訓練、演習，甚至沒有軍官同行。麥哲倫向岸上發出了最後通牒，他選了奴隸埃里克和穆斯林商人（現在他的名字是克里斯托巴爾）擔任使者。叛軍首領被告知，如果他承認宿霧島酋長為「基督教國王」，接受西班牙國王統治，並向船隊指揮官致敬，就可以獲得赦免；如果他繼續反抗，將會嘗到西班牙長矛的厲害。拉普拉普對這些條件嗤之以鼻，憤怒地譏諷麥哲倫，表示自己軍隊的長矛是用最好的竹子製成，還有堅硬鋒利的矛頭。他在信的最後還不忘嘲諷，如果西班牙士兵能將這場戰鬥拖延到第二天早晨，他將十分感激，因為他的軍隊在那時會更強大。麥哲倫誤認

為酋長想誘使他在晚上發動攻擊，於是麥哲倫推遲了作戰計畫。當然，這並不影響他最終的失敗。於是，這個只有 60 個人的登陸部隊在黑暗中抵達了。短暫划行後，3 條小船在天亮前擱淺了 3 個小時。

❖

他們並沒有上岸。當第二天（星期六）太陽升起、海水退潮後，他們才發現船已經在暗礁上擱淺，此時距離海岸仍然很遠。麥哲倫意識到小船根本不可能穿過礁石，於是留下 11 個人在船上用大炮瞄準岸上，隨後率領其餘隊員搶灘登陸。皮加費塔指出，當時許多人都勸麥哲倫不要親自帶隊，「但是他就如同一名善良的牧羊人，不肯拋棄他的羊群」。

士兵們拖著笨重的盔甲在齊腰的海水中緩慢前行，其中一些戰鬥經驗相對豐富的士兵突然意識到他們沒有任何掩護。此外，暗礁太遠了，小船上的炮根本打不到敵人，雖然船隊的大炮可以，但沒參加這次行動的巴博薩和塞拉諾，現在正在甲板上生悶氣，而且麥哲倫此時也聯繫不到他們。

帶著所有進攻裝備艱難行進後，水手們顯得十分疲憊，甚至比登陸前還要累。他們除了疲憊，還感到困惑不解。因為他們所面對的是 3 支赤手空拳的軍隊，而且不像預想的那樣部署在岸邊，而是在內陸。根據皮加費塔的描述，拉普拉普採用了非常簡單的戰術，他把軍隊部署在三角形戰壕後面，形成了一個新月形的包圍網，他和士兵就駐扎在新月形最深處，那裡在西班牙人的炮火範圍之外。如果想要生擒他，必須帶領軍隊追擊。麥哲倫知道撤軍是較好的選項，但是畢竟已經誇下海口，一旦撤軍必定會顏面掃地。

所以他還是下令開火。受過長矛和弓箭訓練的船員曾誓言全力以赴，卻胡亂開鎗，什麼也沒打到。沒有一發炮彈、子彈和箭矢傷到酋長，而是打在了敵人的木製盾牌上。皮加費塔描述，島上的防禦者一聽到鎗聲就撤退，但很短暫，用安東尼奧的話說，儘管麥哲倫「想為接下

來的戰鬥保留足夠彈藥」，於是大喊「快停火」，「但是沒有人理會他的命令。當島上敵軍意識到炮火沒有絲毫殺傷力，他們便停止撤退。只見敵軍的吶喊聲愈來愈響亮，從四面八方湧來；敵軍一邊拿著盾牌前進，同時不斷用弓箭、標槍、石頭甚至穢物攻擊，有的甚至已經開始攻擊麥哲倫」。

登陸的士兵們不斷前進，直到麥哲倫意識到這是敵人的陷阱。

為了恐嚇敵軍，麥哲倫派遣了一小隊人馬放火燒掉附近的村莊。安東尼奧寫道：「這增加了敵人的憤怒。」隨後，這一小隊人馬被截斷，儘管有盔甲保護，但是包括塞諾拉的女婿在內的所有人都被刺死了。麥哲倫終於開始警覺，下令所有人撤回小船上。他運用了十分巧妙的撤退方法：將人馬分為兩路，一半在海灣抵抗持長矛的敵兵；另一半越過壕溝。一切都進展順利，直到穿越最後一條壕溝時，遇到了障礙物而被困住。拉普拉普看到了勝利的曙光，他分散兵力，從西班牙士兵的兩側夾擊，試圖在他們撤回到船上前截住他們。

這個時候，麥哲倫開始為他的決定付出慘重的代價。士兵們四處逃命，將近 40 人衝向大海，艱難地穿過珊瑚礁，躲回船上，留下他們的指揮官被團團包圍，戰鬥到最後一刻。麥哲倫身邊還有一群忠心的手下：安東尼奧和幾名士兵。這場戰鬥持續了一個多小時，場面混亂血腥，但是有許多觀戰者：宿霧島的酋長、魯麥王子、祖拉酋長、受洗過的其他酋長，以及船上那些尚未從驚恐中回神的士兵。剛歸順基督教的菲律賓人等待著聖瑪利亞、聖徒、勝利女神和耶穌出手相助，但是神蹟沒有出現。斐迪南‧麥哲倫，這個榮獲聖地牙哥勳章、西班牙基督教國王的使者，沒有等到奇蹟的到來。最後，新的基督徒、宿霧島上的士兵們也無法袖手旁觀了，紛紛趕去麥克坦，就在登陸時，停在海上的西班牙船隊發射了一枚炮彈，於是在卡斯提亞人視為幸運日的星期六，4 名趕去救援的人被炮彈擊中身亡，其餘人也被沖散。

為了殺死麥哲倫，敵軍也花費了很大的力氣。一枝毒箭射中了麥

哲倫裸露的右腳，他把箭拔出來繼續作戰。皮加費塔寫道，麥哲倫和他的戰友被包圍在水深及膝的海水中，受到石塊、弓箭和標槍攻擊，而敵軍會拾起同一根標槍攻擊五、六次。麥哲倫的頭盔被擊落兩次，最後他的臉被刺中，噴湧而出的鮮血擋住了他的視線。他用長矛刺中一個敵人，但是對方身體倒落的重量讓他拔不出長矛，想拔出佩劍又發現一時抽不出來，原來他的右臂受了傷，無法出力。拉普拉普的士兵眼見敵軍指揮官孤立無援，逐漸逼近。麥哲倫身邊只剩下 4 個人了，他們試圖用圓盾罩住他，但是一個土著揮舞著彎刀，朝圓盾下方砍去，砍中了麥哲倫的右腿。麥哲倫倒入海中，血流不止的皮加費塔看見 12 個土著「用鐵製和竹製的長矛刺穿了麥哲倫的身體，直到他們殺死了我們的明鏡，

★在麥克坦島，麥哲倫悲劇性地遭遇了滑鐵盧。1626 年發行的一幅地圖上描繪了麥克坦島之役。

我們的陽光和安慰，我們的嚮導」。唐·安東尼奧、埃里克和其他兩人則好不容易逃脫。「我們眼睜睜看著他死去，隨後竭盡全力地回到已經發動的船上。」

　　麥哲倫連完整的遺體都沒留下。那天下午，悲傷的酋長試圖贖回他的遺體，帶給麥克坦島首領價格不菲的銅和鐵作為贖金。拉普拉普非常高興，他一生從未見過那麼多的財富，但他也交不出屍體，因為連他自己也找不到。在宿霧島使者的陪同下，他們仔細搜尋麥哲倫死去的海域。戰場上散落著弓箭、折斷的長矛和盔甲碎片，屍橫遍野，這就是全部了──沒有碎肉、器官或碎骨。儘管聽上去令人毛骨悚然，但唯一可能的解釋是，凶殘的敵人殺紅了眼，直接撕碎了他，讓海水沖走了他的

★這幅十九世紀的版畫描繪了麥哲倫最後的生死關頭：幾名拉普拉普的戰士包圍住人單勢孤的麥哲倫，正如皮加費塔所描寫的，他們「用鐵製和竹製的長矛刺穿了麥哲倫的身體，直到他們殺死了我們的明鏡，我們的陽光和安慰，我們的嚮導」。

血與骨。倖存的探險者回到西班牙之前，麥哲倫的妻子和孩子都已在塞維亞過世，似乎在此之後，所有關於斐迪南‧麥哲倫在這個世上存在過的證據，就此統統消失。

❖

　　麥哲倫的生命終結了，但是他的航行還沒有結束。可以肯定的是，船隊在風雨飄搖中度過了接下來的幾天，西班牙人頭上的榮耀光環消失了，如同他們的指揮官一樣。那些拋棄指揮官逃回船隊的士兵，他們的行為在菲律賓人心目中留下了可恥的印象。而在麥哲倫的葬禮結束後，好色的船員們依舊與菲律賓女子尋歡作樂，導致當地人厭惡感日生。很久以後，船隊的一名熱那亞船員被問及為什麼菲律賓的維薩亞斯人會對其如此反感時，他說：「最大的原因是船員侵犯了當地的女人。」

　　他們感覺到了當地居民的反感，宿霧島的首領也恢復了以往的異教信仰和狡詐。在這場悲慘而又毫無意義的戰鬥後的星期四，他恢復了胡馬邦的名字，並向船隊送去一封信，邀請 29 名西班牙人（最優秀的指揮員和經驗豐富的領航員）在海邊一起用餐。唐‧安東尼奧拒絕赴宴，根據他的記載，另外兩人也心生懷疑，中途逃離宴會回到船上，因此活了下來；其餘的人，包括杜亞特‧巴博薩和塞拉諾，都被殘忍殺害。船員們恐懼萬分。他們登上了「特立尼達號」、「維多利亞號」和「康塞普森號」，借著潮水，漫無目標地逃離了島嶼。在駛離宿霧島和民答那峨島之間的保和島（Island of Bohol）後，三艘船隻剩下了兩艘。「康塞普森號」嚴重進水，而且沒有足夠的船員駕駛它——自從離開聖路卡後，船隊已經損失了 150 名船員，於是他們放火燒燬它，將其沉入海底。

　　1521 年 11 月 6 日，在印度洋群島航行 4 個月後，「維多利亞號」抵達摩鹿加群島，隨後「特立尼達號」——麥哲倫船隊的旗艦——也到了。不過，「特立尼達號」卻沒能回到歐洲，這是它的最後一程。這艘船現在的船長是戈麥斯‧德‧埃斯皮諾薩，他曾是 9 個月前麥哲倫鎮壓

聖胡利安灣叛亂的得力幹將。但這一次，他沒那麼幸運了。他在向北打算行駛到北海道的途中（並嘗試前進巴拿馬），「特立尼達號」先是被大風吹到了南方，隨後又碰上了一支葡萄牙艦隊，艦隊指揮官安東尼奧・德・布里托（Antonio de Brito）聽說是麥哲倫的船隊，在摩鹿加群島的特爾納特島（Ternate Island）包圍「特立尼達號」，扣押相關文件，拆除了船帆和其他設備。莫里森指出，在此次風暴中，它「四分五裂了」、「變成了一堆廢品」。布里托後來呈給里斯本的報告證實了那個年代的殘忍，他砍掉了「特立尼達」號上一個船員的頭，因為那是一個葡萄牙人，是一個背叛者，他甚至打算燒光船上所有物品，最後他說：「我在馬六甲扣押了他們，因為這是個對人無益的國家，很適合在這裡殺死他們。」於是船上只有 4 個人倖存下來回到歐洲。

相比之下，「維多利亞號」則幸運得多，它運回了 26 噸香料。頗具諷刺意味的是，這艘船的船長是胡安・塞巴斯蒂安・德・卡諾，他是一年半前聖胡利安灣叛亂的策反者之一，他和他的領航員弗蘭西斯科・阿爾波（Francisco Albo）出色完成了環球航行。與麥哲倫不同的是，他們沒有經過不知名的海域，他們碰到的都是熟悉且在地圖上已被標注的海域。然而，他們還面臨到另一個挑戰，由於船帆印著卡斯提亞和阿拉貢的十字架，這為葡萄牙人搶劫「維多利亞號」提供了合理的藉口。曼努埃爾一世的帝國幅員遼闊，環遊半個多世界的卡諾和阿爾波只得繞過馬六甲海峽、東印度群島、非洲（如莫三比克）。如果可能的話，還要避開維德角群島，因為這座群島早在 1495 年就成為葡萄牙的殖民地。根據皮加費塔的記載，全體船員發誓，寧死也不願落入葡萄牙人之手。

對於領航員來說，這意味著他要引導一艘搖搖晃晃、破爛不堪且正逐漸被蟲吞噬的船，完成一條漫長的繞行路線。從船身裂縫中湧入的海水，似乎加重了這些破碎木板發出的痛苦呻吟。極度虛弱的船員們仔細修補木板，謹慎地渡過印度洋，繞過非洲最南端，並在船報廢前夕到達非洲的西海岸──他們備受煎熬地繞行了 17800 英

★「維多利亞號」雖然不是麥哲倫探險船隊的主船，卻是船隊中唯一完成環球航行並回到西班牙的海船。照片中為智利港口城市蓬塔阿雷納斯的「維多利亞號」複製品。

里，是 39300 英里的環球航行中最長的一段[9]。在這極度痛苦的 8 個月中，19 名船員死去。3 年前離開西班牙時，船隊共有 265 人，現在只剩下 18 名瘦骨嶙峋如幽靈般的船員。他們在維德角群島的聖地亞哥島遭遇伊比利半島的敵人，於是他們裝作剛從美洲返航，僥倖逃脫。1522 年 9 月 4 日，觀察員看見了聖文森特角（Cape St. Vincent）。4 天後，「維多利亞號」抵達聖路卡，順利完成環球航行，之後沿瓜達幾維河航行至塞維亞。

西班牙人原已對這支船隊不抱任何期望。現在，倖存者們回來了，受到熱烈歡迎，用他們同胞的話來說：「這是上帝創造世界以來最偉大、不可思議之事」。當大炮向塞維亞的吉拉達[10]致敬的同時，也是在慶祝環球航行中發現了麥哲倫海峽、太平洋和菲律賓。碼頭上的

---

9. 哥倫布第一次航行了 3900 英里；從利物浦到紐約的距離是 3576 英里；從舊金山到橫濱的距離是 5221 英里。

10. La Giralda，為西班牙塞維亞大教堂的一部分，高 975 米，建於 1184 年，是塞維亞的地標性建築，塔頂的 28 座大鐘至今仍以優美的音色為當地居民服務。

★約於 1800 年代創作的版畫，藍本是西班牙藝術家傑西‧洛佩茲‧恩吉達諾斯（José López Enguídanos）為卡諾畫的肖像。

水手們都在嘗試理解這些骨瘦如柴的船員所說的話。船隊返航生還的消息迅速傳遍整座城市、西班牙和歐洲。這段時間，還發生了一件殘酷又諷刺的事情。在巴伐利亞的查理五世已經走出路德革命的陰影，非常高興地接見了船隊中唯一倖存的船長——這個曾在 1520 年 4 月 2 日聖胡利安灣發動叛亂、差點在船隊還沒到達海峽前就顛覆麥哲倫所有努力的人。

　　當然，對胡安‧塞巴斯蒂安‧德‧卡諾的推崇是來自誤解。一年前，「聖安東尼奧號」在叛徒艾斯特瓦‧高莫斯和同夥的駕駛下回到了塞維亞，在這裡，西班牙組建了一個皇家調查委員會。叛徒們為了脫罪，聲稱船隊中所有船員都已喪生，剩餘的船隻也沉到了海底。他們還宣稱之所以與麥哲倫分道揚鑣，是因為發現麥哲倫計畫投靠葡萄牙。他們發誓，為了抵抗麥哲倫因此制伏船長——麥哲倫的表哥阿爾瓦羅‧迪梅斯基塔，拯救「聖安東尼奧號」。他們絲毫沒有提到麥哲倫發現海峽一事，提到船隊進入海灣時也僅輕描淡寫，同時強調麥哲倫對航道的探索完全徒勞無功。

　　政府官員不相信他們，並指出在獲得更多船隊資訊之前，暫時不做出最終的裁決——同時把所有相關人員關進監獄，包括船長迪梅斯基塔。如今真相大白，迪梅斯基塔獲釋，並得到賠償；叛徒的下場就不言而喻了。按理說，委員會的下一步應該是調查整個叛亂事件，而卡諾就是其中一個共犯。但當局沒有進行調查。西班牙法官們正面臨抉擇：應該把麥哲倫奉為聖人，還是尊崇生還的船長。他們迅速做出了決定，死去的麥哲倫不過是一個葡萄牙人；卡諾不僅僅是西班牙人，還活著回來。此外，他還是貴族巴斯克家族成員。因此他的名字迅速傳開，受到廣泛甚至過譽的讚揚。

　　此時，皇帝的表現如同他在沃姆斯的愚蠢一樣滑稽可笑。他召卡諾進宮，封為爵士，賜予他每年 500 金幣，頒給他一枚榮譽盾徽，上面刻著「你第一次環遊我」幾個字，環繞在地球圖案周圍，麥哲倫的所有功勞就此變成了他的榮譽。而使這一切變得無恥的就是弗朗蘭西斯科・阿爾波，其實他在航海日誌中記下了所有事實，沒有他，「維多利亞號」也不會找到安全的港灣，他和卡諾也不會一起到達瓦拉多利德。不久之後，安東尼奧・皮加費塔也受到了接見，他擁有威尼斯貴族血統，所以不會被遺忘。期間，他愚蠢地向查理五世呈遞了親筆記錄的航海日誌。從此之後，他就再也沒見過這本日誌，幸運的是，他留存了一份副本。

　　當時人們提到麥哲倫，口氣都流露出一絲嘲諷。他在啟航之前，留下了一份遺囑，但是它的受益人（窮人、囚犯，以及待在修道院和醫院的人）沒有獲得任何一枚西班牙金幣。他的岳父迪爾戈・巴博薩仍在世，卻因失去了兩個孩子和一個外孫（麥哲倫的兒子）一直在詛咒遇見麥哲倫的那一天。卡諾的崇拜者們似乎大獲全勝，他們從來沒有如此輕易就掌控了歷史，但是最終，唐・安東尼奧、其他的倖存者，以及現存的航海紀錄將會揭露他們。然而，如果社會上的輿論和偏見能讓滿口謊言的人獲得既得利益，那麼最厚顏無恥的謊言也難以被戳破。即使麥哲

倫 3 年航海的真相經披露和證實後，人們還是抱持深深的懷疑。在西班牙，人們依舊不承認世界上最偉大探險家的功績，還貶低他的成就，並歸功於他人，一如他生命最後幾天的傳教執念，備受嘲笑。據說，麥哲倫發現菲律賓人時，他們是異教徒；離開時，他們還是異教徒。在西班牙，人們早在十六世紀末之前就遺忘了此次突襲行動的殘酷記憶；菲律賓群島的牧師則盡情「享受」著對麥哲倫的揶揄。不過，麥哲倫送給胡馬邦第一任妻子胡安娜的聖母瑪利亞及聖嬰的木製雕像，仍被完整保存並受人尊敬，而且菲律賓有 6 千萬（占總人口的 85％）的天主教徒。

在南半球，可以肉眼清楚看見一大一小兩個翠綠的雲霧狀天體在夜空中旋轉，它們就是麥哲倫雲。一長串的星輝讓人心生敬畏，更顯現出宇宙的浩瀚。這兩個伴星系太遠，人們只能用豐富的想像力來推估它們和地球間的距離。星雲中一顆星星發出的光在真空中一秒鐘所走過的距離超過 186291 英里，一年走過的距離是 6 萬億英里，要經過 16 萬年，人們才能在地球上看見它。因此，這個星雲的光輝在麥哲倫從麥哲倫海峽出發、穿過太平洋時發出，還要經過 1595 個世紀才能到達地球。這個宇宙觀念或許會讓他感到安慰，但美國宇航局噴射推進實驗室的「麥哲倫項目」則恰好相反：這位船隊指揮官相信神的力量，他只會對這些試圖侵犯上帝領土的科學家們感到厭煩。

在那個時代，麥哲倫並不是最聰明的人，伊拉斯謨才是；他也不是天賦異稟的人，達文西才是，但麥哲倫成了後世人們兒時渴望成為的人物──最偉大的時代英雄。這位英雄獨自前行，沒有任何鼓勵，僅僅依靠自己的信念和內心的力量。恥辱和謾罵沒有讓他洩氣，他不在意他人的認可、聲譽、財富或愛，只在乎自己的榮譽感，也不允許任何人進行評判。拉羅希福可（La Rochefoucauld）並不一直是個批判者，他這樣評論麥哲倫：「他做到了我們只有在他人監督或注視下才能做到的事。」

★葡萄牙里斯本有一處著名的地標：航海紀念碑。圖為其中麥哲倫的雕像。

他跟隨內心陀螺儀的指引，一心一意追尋夢想，不管別人的排斥和失敗，即使面對即將到來的死亡也毫不畏懼，沒有人能理解這種堅韌的意志。事實上，所有人都希望得到來自外部的激勵：同代人的認可、寬恕、愛與承諾、報酬、掌聲或勳章，這些激勵能滿足精神需求，而且也再正常不過，只有人格力量強大者才能抑制這些需求。

　　在漫長的歷史長河中，很難找到能超越麥哲倫的英雄行為。對於大多數十六世紀的歐洲人來說，環遊世界的夢想是不可思議的。為了實現這個夢想，他背棄了祖國，背負著叛國的罪名。他剛開始接手的船原本都不適合航海，出發之前，葡萄牙的間諜更蓄意破壞航行。出發之後，船隊中的水手來自世界各地，無法用同一種語言交流，幾位懷抱敵意的船長幾乎導致叛亂，而且叛亂也確實發生了。他在拉布拉他河極度沮喪時，無法向任何人訴苦，只能以意志力繼續尋找信念中的海峽。當他最後就要成功了，背叛者們卻帶著他最大的船和大量食物叛逃。而剩下4條船中，有3條沒能完成航行，在穿越太平洋史詩般的壯舉中，他堅韌不拔的意志提升了船員們的鬥志和耐力。他發現菲律賓反而比他最初的目標——摩鹿加群島——更有意義，他臨死前都想著把這裡的人帶

入現代社會。

　　他不太光彩的死亡有損其聲名，甚至對他是一種抹黑。這個結果一方面可能來自他在完成環球航行後過於興奮所致；另一方面是因為他生活在一個信仰上帝的時代。但和當時的一些重要人物相比，他對信仰的扭曲算是輕微的了。教宗、國王和改革者的雙手無不沾滿了無辜者的鮮血，他的手卻是乾淨的。對麥克坦島的誤判讓他失足，而且付出如此巨大的代價：他失去的不僅是生命，還有夢想和名聲。

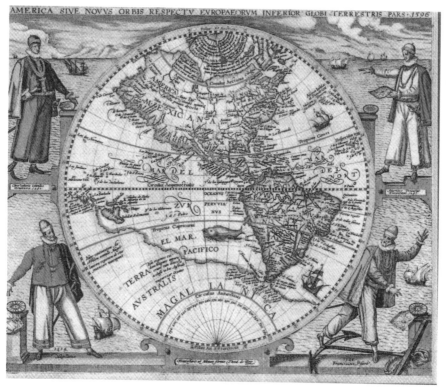

★直到十六世紀晚期，人們重新提起麥哲倫的名字，麥哲倫海峽被標注在世界地圖上，人們將這個重大發現歸功於他。這是由比利時刻版師在 1596 年製作的版畫，在這幅特殊的世界地圖四個角落，分別畫有麥哲倫（左下）、哥倫布、義大利探險家亞美利哥‧維斯普奇、西班牙探險家法蘭西斯克‧皮薩羅，他們被認為是錨定地球邊界最重要的四位探險家。

他的性格當然有缺陷。但是英雄通常不是完人，很多英雄成功背後的性格就證明了這一點，那些有驚人之舉的人物，不管是英雄或十惡不赦之徒，通常不善梳理人際關係，也因此掩蓋了他們的光芒。因此，許多著名的政治家、作家、畫家、作曲家都成了不受歡迎的兒子、丈夫、父親和朋友，林肯的婚姻是一場災難，說得委婉一些，富蘭克林·羅斯福也是一個偽善者。

但他們都很成功。真正的聖鬥士甚至可能更令人反感。雖然他們的缺點令人失望，但最後，他們的壯舉照亮了黑暗。如果麥哲倫遇見耶穌，也許耶穌會對他感到失望；但他和耶穌一樣，都是英雄。他現在是，而且將一直都是。因此在所有緬懷他的事物中，麥哲倫雲最合適不過了；他和這個星雲一樣，照耀著他的船隊所開闢的新世界，從現在直到永遠。

天堂與地獄的信使：一個時代的落幕

星辰在天空閃耀，點亮浩瀚無窮的藍色蒼穹，它們似乎在對信徒許諾，儘管生活可能苦痛，但人們可以獲得救贖，因為在這神奇的天空之外就是天堂，上帝在那裡等待祂的選民。處在天堂、凡世和地獄的信徒們都知道，所有靈魂若非在死後墮入地獄，遭受永罰，就是穿過《聖經》裡沒有提到的煉獄之後，獲得永恆的榮耀。

在當時，這些想法都被認為是真實的。公眾輿論還未出現，但人們知道該怎麼做；他們珍視信念，因為在大多數情況下，信念是唯一的遺產。皇帝、國王和諸侯有權力判決，弱者只能忍受，溫順而謙卑地感激上帝，因為祂會拯救身分低微的罪人。耶穌曾在水上行走、救活死者、治癒病人、驅走魔鬼、變出麵包和魚、將水變成酒……耶穌是人們的救世主，全能上帝的獨子，與上帝、聖靈共同構成了「三位一體」，守護人們純潔的心靈。雖然祂們的形象朦朧，但仍深受人們喜愛。仁慈是耶穌的母親聖母瑪利亞帶給人們的安慰，祂可能隨時出現在凡人身

邊。所有質疑瑪利亞貞潔的人、懷疑死後世界是否存在的人、懷疑基督仁慈與和善的人,都會在翌日黎明時分遭受火刑,他在死亡前的祈求也會被拒絕。

在那個時候,上帝不像今天君主立憲制的國王那樣慈祥且遙不可及。祂一直在人們附近,無所不能,不時發怒,直接懲罰人們。一旦農作物豐收,那是上帝在獎勵無過之人;反之歉收,那是上帝在懲罰自認

★這張照片是 2005 年哈伯太空望遠鏡所拍攝的小麥哲倫雲。

無過的農民。星辰是祂的神祕寶石，是祂在夜間警戒與無所不在的證明。東邊的星星指引智者找到了聖母瑪利亞放置聖嬰的馬槽，那些看懂並闡釋星星變化的人能夠預測人的命運。

約翰尼斯·克卜勒（Johannes Kepler）是文藝復興時期偉大的天文學家，他發現了行星運動的 3 個規律，在古代天文學和現代天文學之間搭建了一座橋梁。1601 年，他在布拉格由神聖羅馬帝國皇帝任命為帝國數學家時，出版了第一部作品《關於占星術更堅實的基礎》（*The More Certain Fundamentals of Astrology*），反對神造人的觀點，當時人們都對他的「占星術」備感敬畏。他還為皇帝魯道夫二世占星。儘管如此，在一個受迷信統治的世界，信仰科學的人難免被質疑。他在 40 歲事業達到頂峰時，母親被誣指為女巫。他騎馬匆忙地趕到她身邊——毫無疑問是出於子女的孝心，同時他也是在拯救自己，因為折磨和火刑通常會隨之而來。如果他的介入未能拯救母親，他也將蒙受羞恥、失去官職，還可能進入宗教審判所接受審判。

與修道士科斯馬斯一樣，巴比倫的天文學家堅信地球是平的；荷馬認為地球是一個浮在水面上的扁平圓盤，四周被海洋包圍，上方籠罩著拱形天空；畢達哥拉斯是第一個提出地球是一個

★這是由一位不知名的畫家於 1610 年為德國數學家、天文學家克卜勒繪製的肖像。

球體觀點的人；亞里斯多德和之後的喜帕恰斯也贊同這種說法。他們都曾經猜測太陽是宇宙的中心，地球在一個軌道上圍繞太陽旋轉，後來又放棄了這個想法。亞里斯多德也堅信宇宙是一個球體，地球就固定在這個球體的中心。他們沒有意識到發光的星星是恆星，而不是行星；托勒密繼承了喜帕恰斯的觀點，提出了革命性的觀點：地心說。即地球的位置固定不動，是宇宙的中心，太陽、星星和其他天體都圍繞著地球轉動。他設計了一個精密的宇宙模型，由大大小小的圓圈組成，每個圓圈都是一個天體運行的軌道。地心以及亞里斯多德對地球固定不動的假設，被基督教教義奉為經典。托勒密的觀點雖然是錯誤的，但他的天文學觀點統治了歐洲 1300 多年，在地理學上也產生深遠的影響。

　　哥白尼雖然認識到托勒密的精美宇宙模型的不足，但他的天賦並沒有在此時獲得認可。他似乎太過謹慎。24 歲時，他發表了第一篇科學論文；40 多歲時，梵蒂岡才意識到他許多學者對哥白尼的尊敬。然而，1514 年，當他受邀於拉特蘭會議上發表曆法改革的演講，當時他尚未準備好，於是拒絕了。經過多年的數學計算，他最終確信了自己關於太陽系的觀點是正確的，但他並不打算公開這個觀點。他很猶豫，甚至直到教宗詢問他最終結論時也沒有開口，最終是他的友人推動了這場「哥白尼革命」。1543 年 5 月 24 日，當他奄奄一息地躺在弗勞恩堡，他的朋友帶來了他的著作《天體運行論》。

　　聰明的歷史學家們對博學之士所得出的想法和結論一直有濃厚的興趣，

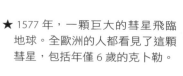

★ 1577 年，一顆巨大的彗星飛臨地球。全歐洲的人都看見了這顆彗星，包括年僅 6 歲的克卜勒。

但是大多數人（不管資歷深淺）都不會對新想法有太多印象。很多人不相信新的事物，但這些不可抗拒的觀點遲早會形成行動，隨後獲得巨大的力量。對於不了解愛因斯坦相對論的人來說，它就是一個笑話，但是這些人一聽說原子彈，笑聲就隨著廣島一同消失了。麥哲倫的航行在20多年後成為舉世皆知的大事，不僅引起了人們的關注，侍從還特地快馬加鞭進宮向皇帝和教宗報告。

　　驚疑隨之而來。在這場漫長的航行中，從「1519年9月20日」開始，皮加費塔每天都一絲不苟地在日記中記錄所有發生的事。他指出回到西班牙的日期是「9月6日星期六」，但是岸上的西班牙人卻堅持是「9月7日星期日」；唐・安東尼奧與阿爾波核實過，阿爾波依照麥哲倫的命令，也寫了一份航海日誌，他也認為是9月6日。顯然地，不可能所有人都搞錯了這樣一個簡單的事實，因此，他們陷入困惑：為什麼兩艘船隊到達日的說法會相差整整24個小時？儘管他們剛剛證明了地球是一個球體，但還沒有認真思考過這個球體所帶來的影響。

　　一旦歐洲人意識到了，那麼問題就開始了。一個想法完全可以成為現實也可以通過辯證排除，或被其他貌似合理的說法取代。但事實的

★與上帝直接展開對話的哥白尼。

可改變性就小很多了，因為每個答案都會牽引出新的問題。環球航行的倖存者們發現世界的另一端有人居住，並改變了他們的信仰，帶給他們救贖的希望。但是，哪裡才是他們的天堂，哪裡又是歐洲人的天堂？地獄又在哪裡？隨著航行的延續，其餘的航海員返國後不斷訴說著異國他鄉的故事：那裡的人從沒聽說過《聖經》，信仰著不同的天堂；穆斯林是歐洲人眼中的異教徒，但《古蘭經》中有一只令人熟悉的戒指。他們相信，人在死後、獲得極樂之前，所有靈魂都要經過煉獄般的悲慘國度；中國人也有天堂，每個佛教徒心中都有一個極樂世界；印度教徒心中混雜著各種各樣的天堂。所有天堂裡都沒有恐懼、痛苦和黑暗。基督教和這些陌生的信仰看似有很多相同之處，甚至連童貞生子也非其獨有。

基督教的領袖，不論是天主教還是新教，都未能及時意識到來勢洶洶的「威脅」。同時間，隨著十六世紀結束、十七世紀到來，科學帶來的「威脅」如同九頭

★ 1610 年，伽利略出版了具有里程碑意義的著作《星際信使》（*Sidereus Nuncius*），這是第一本建立在用望遠鏡觀測天體運轉的著作，它的出版標誌著地心說的破滅。圖為《星際信使》1610 年初版時的封面。

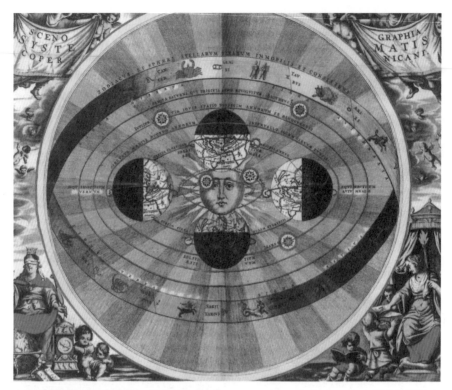

★這是製圖師安德烈亞斯·塞拉里烏斯（Andreas Cellarius）在 1660 年出版的地圖集中的插圖，他用透視畫法描繪了哥白尼的天體運行理論。

蛇[11] 一樣無法根除。數學家們開始向幾千年的信仰發出挑戰。蒂賓根大學的米歇爾·梅斯特林（Michael Mäestlin）教授是哥白尼的學生，而克卜勒又是馬斯特林的學生，他用數學的方法證明了地球繞太陽向東運行，自轉一周就是一天。人們之前一直認為行星是永恆靜止不動的，但克卜勒發現了一顆超新星，當它爆炸後，他連續 17 個月觀察到它爆炸的景象，之後才漸漸消失。他還指出，火星的軌道是橢圓形，但這種說法甚至在天文學界都是異端學說，因為天文學家所了解的行星都是完美的，它們只在圓形或圓形組合的軌道上運行。

---

11. 一種希臘神話提到的怪獸，牠被砍去一個頭會再長出兩個頭，之後被大力神海格力斯殺死。

　　日心說和地心說同時存在，即便是科學家之間也爭論不休，直到伽利略發明了望遠鏡，才證明地心說完全錯誤，天體靜止的觀點也隨之消失。地球不是宇宙的中心，宇宙無邊無際，沒有中心，它一直在擴張，還有無數的星系。1576 年，有人意識到太陽就是一顆恆星；焦爾達諾‧布魯諾和托馬斯‧迪格斯（Thomas Digges）也贊同這種觀點，但是我們無從知曉是誰最先提出這種觀點。天文學家阿圖‧厄格倫（Arthur Upgren）認為：「意識到太陽是一顆恆星，一定是所有科學中最偉大也是最不受歡迎的發現之一。」

　　然而，當托勒密的宇宙觀已經不足以讓人們相信，這個發現是遲早的。皇家天文學會的科林‧羅南（Colin A.Ronan）表示：「地心說的推翻帶給人們巨大的心理震撼：地球不再是世界的中心……過去，人們一直相信人類是微觀和宏觀宇宙聯繫的紐帶，現在這種紐帶不復存在了。要否定古代社會的整個體系，就必須完全改變人們對宇宙的哲學觀。」

　　事實上，那個時代取得的輝煌成就對過去的觀念形成了最後也是致命的打擊。那些因此遭受嚴重損失的人否認一切對地球和世界的新發現，將所有承認新觀念的人抨擊為異教徒，以教宗為首進行反擊，如果他不這麼做反而不正常，因為等同背叛了之前的 256 任教宗。教會一直認為，新發現的事物和《聖經》發生衝突時，前者必須屈從，而且《聖經》的所有權威闡釋一直否認日心說。

　　因此，羅馬的宗教法庭宣稱地球繞太陽旋轉的觀點「在哲學上是愚蠢的、荒謬的，是澈底的異端邪說。因為它違背了《聖經》的許多教義，不論是字義，還是與教宗和博學多才的神學家的闡釋，都相互衝突」。後來的 28 任教宗也贊同了此一判決。到了 300 年後。教會才改變看法。哥白尼的《天體運行論》在 1758 年前一直被列為禁書，又過了 70 年才解禁；而伽利略的《關於托勒密和哥白尼兩大世界體系的對話》（*Dialogue Concerning the Two Chief World Systems*）直到 1822 年才解禁，此時，距羅馬教廷獲得阿爾波和安東尼奧的航海日誌，已經過了

★伽利略給威尼斯總督演示如何使用望遠鏡。

300 年。

然而，教宗的固執無法恢復那些不受歡迎的神話故事。中世紀的思維已經澈底瓦解，它的武斷、絕對權威和絕對正確一去不復返，並陷入絕境。文藝復興、民族主義、人文主義，以及不斷提升的受教育水準和新開啟的貿易領域……在在對 1 千多年來人們盲目遵從的虛構神話發出了巨大的挑戰。歐洲不再是整個世界，世界也不再是宇宙的中心。地球每天都會自轉和公轉，天堂和地獄不會出現在我們想像之所，人們開始理性分析這兩個地方是否真的存在。如果沒有地獄，撒旦就不存在；如果沒有天堂，上帝也是虛構的──至少中世紀的上帝如此。但是自此之後，人們的理性就停了下來。基督徒們發現，他們無法忍受沒有上帝的世界，因為人們需要更高權力的信仰，於是編造了一個創世主、一個王中之王、神中之神來作為信仰，正如伏爾泰在 1770 年所寫的：「即使沒有上帝，也要造出一個上帝來。」

不過，伏爾泰認為這是不必要的，他強調教會的存在，而非上帝。伏爾泰的觀點過於激進，因而受到廣泛質疑。強大、熱情又虔誠的基督徒們和他的觀點鬥爭了近 500 年，取得了不同程度的勝利。現在，全世界的基督教信仰者多達 10 億，然而。他們當中並非所有人都相信來世，懷疑的幽靈一直在聖殿和聖餐周圍盤桓。信徒們希望相信，而且

大多數時候他們都能說服自己去相信上帝，然而要止住懷疑非常困難，尤其世俗社會更擴大了信仰的難度。最煎熬的是一股龐大的失落感，即中世紀信仰的寧靜，和對那個時代永恆榮耀的確信一去不復返。

致謝

---◆---

　　對於想要了解更多知識的讀者來說，人物傳記是有用的指南，但這些傳記可能帶有欺瞞。傳統的人物傳記有時會誤導讀者。首先，傳記中引用的作品順序是按照原作者姓氏的首字母順序排列；其次，所有引用的參考書籍地位是相同的，這明顯不符合常識。歷史作家可能只從其中一本書中引用了一則奇聞軼事，而是另一本撐起了他的整部作品。

　　讓我先指出那些支撐起我這本書的作品。首先是威爾·杜蘭寫的十一卷《文明的故事》的其中三卷：第四卷《信仰的時代》、第五卷《文藝復興》、第六卷《宗教改革》。它們兼具宏大的敘事視角和豐富細節。從西元 410 年羅馬城淪陷到 1536 年安妮·博林被砍頭，這之間 1200 多年所發生的歷史事件，在杜蘭的書中依循宏大的敘事逐一展開。

　　另一本歷史學著作是八卷本《新編劍橋中世紀史》，尤其是第一卷《羅馬帝國和日耳曼王國的建立》、第五卷《皇權和教宗權力的競爭》、第六卷《教宗的勝利》、第七卷《皇權和教宗權力的衰落》和第八卷《中世紀的落幕》；還有十四卷的《新編劍橋世界近代史》，尤其是第一卷《文藝復興：1493~1520》和第二卷《宗教改革：1520~1559》。其他引用的作品還包括西德尼·潘特的《中世紀簡史，284~1500》、詹姆斯·韋斯特福爾·托馬森的兩卷《中世紀，300~1500》、戴維的《從康斯坦丁到聖路易斯的中世紀歐洲史》和《從最早時代到二十世紀國家人物傳記詞典》。

　　那些研究歷史的人在解讀歷史時，很少相互認同。然而，儘管所有作家皆透過截然不同的稜鏡觀看歷史，但他們所面對的都是相同的史實。在搜索史實時，我主要借助於最新的研究成果：最偉大的百科全

書——第十五版《新編大英百科全書》。正如編輯在序言中所評論的，這類書的精采「取決於寫出這些文章的學者的權威性」，因此他們聘請了最好的學者。《新編大英百科全書》的大部分文章字數都在 3 萬字以上，而且作者聲名顯赫，在這些作者中，對我幫助最大的有史特拉斯堡大學研究人文主義歷史的喬治・保爾・古斯多爾夫、耶魯大學研究宗教改革的羅蘭特・拜頓、奧克蘭大學研究中世紀的馬丁・布萊特、劍橋大學研究馬丁・路德和德西德里烏斯・伊拉斯謨的歐內斯特・魯普及他的同事（研究亨利八世）的喬佛雷・愛爾頓、皇家天文學會研究哥白尼的科林・愛麗斯特爾・羅娜、威斯康辛大學研究約翰・喀爾文的羅伯特・金登、來自波多黎各大學研究查理五世的米歇爾・斐迪南、羅馬大學研究亞歷山大六世的雷福蘭特，弗蘭克斯・阿維爾・墨菲和慕尼黑大學研究李奧納多・達文西的魯特維・海恩里奇・海登里奇。

《一個中世紀子爵的生活》一書於 1924 年問世，由威廉・斯坦恩斯・戴維斯創作，當時他是威斯康辛州大學的歷史學教授。戴維斯寫的是十三世紀，但他選擇的中世紀圖片同樣可以用來描繪 15 和十六世紀，如果沒有這本書，我可能無法重新描述一個中世紀歐洲。這本書是我 50 多年來最喜愛的一本書。

兩本便捷的參考書——只要稍微謹慎使用——按照時間順序重新描述了歷史事件。這兩本書分別是伯納德・格倫的《歷史事件表》和詹姆斯・特拉格的《人物年表》。

我的助理格洛麗亞・科納不辭辛苦，盡職盡責；同時，對羅伯特・阿達姆斯、卡勒博・溫徹斯特領導的衛斯理大學奧林紀念圖書館提供的幫助和支持，我再次由衷感謝；首席參考圖書管理員約翰・朱娜勒（她在這一要求嚴苛的職業中表現得相當出色）對我的幫助尤其巨大；還要感謝參考圖書管理員艾德蒙・魯巴查、藝術圖書管理員蘇珊

妮‧雅沃斯基、文檔管理員額哈德‧科尼丁和館際互借主任史蒂文‧勒貝格特；其他幫助我很多的奧林紀念圖書館職員還有傳記家阿蘭‧納塔松和安妮‧弗蘭克斯‧瓦克菲爾德。

　　最後，我要感謝我的著作代理、和我有著 43 年交情的好友唐‧康頓；充滿魅力、17 年來一直不辭辛苦工作的編輯羅格‧唐納德；以及在我漫長寫作生涯中無可替代的我的文字編輯佩吉‧賴斯‧安德森。

威廉‧曼徹斯特

參考文獻

Abram, A. *English Life and Manners in the Later Middle Ages*. London, 1913.

Allen, J. W. *History of Political Thought in the Sixteenth Century*. London, 1951.

Ammianus Marcellinus. Works. 2 vols. Trans. John C. Rolfe. Cambridge, Mass, 1935~36.

Armstrong, Edward. *The Emperor Charles V.2* vols. London, 1910.

Atkinson, J. *Martin Luther and the Birth of Protestantism*. Baltimore, 1968.

Bainton, R. H. *Erasmus of Christendom*. New York, 1969.

——. *Here I Stand: A Life of Martin Luther*. New York,1950.

——. *Hunted Heretic: The Life of Michael Servetus*. Boston.1953.

——. *The Reformation of the Sixteenth Century*. Boston, 1953.

——. *The Travail of Religious Liberty*. Philadelphia, 1951.

Bax, Belfort. *German Society at the Close of the Middle Ages*. London,1894.

Beard, Charles. *Martin Luther and the Reformation*. London, 1896.

——. *The Reformation of the Sixteenth Century in Relation to Modern Thought and Knowledge*. London, 1885.

Beazley, C. Raymond. *Prince Henry the Navigator: The Hero of Portugal and of Modern Discovery, 1394~1460 A.D.* London, 1901.

Bedoyére, Michel de la. *The Meddlesome Friar and the Wayward Pope: The Story of the Conflict Between Savonarola and Alexander VI.* London, 1958.

Beer, Max. *Social Struggles in the Middle Ages*. London, 1924.

Belloc, Hilaire. *How the Reformation Happened*. London, 1950.

Benesch, Otto. *The Art of the Renaissance in Northern Europe. Rev. ed.* London, 1965.

Benzing, Josef, and Helmut Claus. Lutherbibliographie. *Verzeichnis der gedruckten Schriften Martin Luthers bis zu dessen Tod.* Baden-Baden, 1989.

Berenee, Fred. Lucréce *Borgia*. Paris, 1951.

Beuf, Carlo. *Cesare Borgia, the Machiavellian Prince*. Toronto, 1942.

Boissonnade, Prosper. *Life and Work in Medieval Europe*. New York, 1927.

Bornkamm, Heinrich. *Luthers geistige Welt*. Gütersloh, Germany, 1953.

Brandi, Karl. *The Emperor Charles V: The Growth and Destiny of a Man and a World Empire*. New York, 1939.

Brion, Marcel. *The Medici: A Great Florentine Family*. New York, 1969.

Brown, Norman O. *Life Against Death: The Psychoanalytical Meaning of History*. Middletown, Conn.,1959.

Bruce, Marie Louise. *Anne Boleyn*. New York, 1972.

Bryce, James. *The Holy Roman Empire*. New York, 1921.

Burchard, John. "Pope Aexander VI and His Court." Extracts from the *Latin Diary of the Papal Master of Ceremonies, 1484~1506*. Ed. F. L. Glaser. New York, 1921.

Burckhardt, Jacob. *The Civilization of the Renaissance in Italy*. New York, 1952.

Burnet, Gilbert. *History of the Reformation of the Church of England*. 2 vols. London, 1841.

Burtt, E. A. *A Critical and Comparative Analysis of Copernicus, Kepler, and Descartes*. London, 1924, 1987.

Bury, J. B. *History of the Later Roman Empire*. 2 vols. London, 1923.

Calvesi, Maurizio. *Treasures of the Vatican*. Trans. J. Emmons. Geneva, 1962.

Cambridge Medieval History. 8 vols. New York, 1924~36.

Carlyle, Thomas. *Heroes and Hero Worship*. New York, 1901.

Catholic Encyclopedia, 1907~12, and New Catholic Encyclopedia, 1967. New York.

Cellini, Benvenuto. *Autobiography*. New York, 1948.

Chadwick, Owen. *The Reformation*. London, 1964.

Chamberlin, E. R. *The Bad Popes*. New York, 1969.

Chambers, David Sanderson. "The Economic Predicament of Renaissance Cardinals." In W. M. Bowsky, ed., *Studies in Medieval and Renaissance History*, vol. 3. Lincoln, Nebr. 1966.

Clément, H. *Les Borgia. Histoire du pape Alexandre VI, de César et de Lurcrèce Borgia*. Paris, 1882.

Cloulas, Ivan. *The Borgias*. Trans. Gilda Roberts. New York, 1989.

Comines, Philippe de. *Memoirs*. 2 vols. London, 1900.

Coughlan, Robert. *The World of Michelangelo:1475~1564*. NewYork, 1966.

Coulton, G. G. *The Black Death*. New York, 1930.

——. *Chaucer and His England*. London, 1921.

——. *Inquisition and Liberty*. London, 1938.

——. *Life in the Middle Ages*. 4 vols. Cambridge, England, 1930.

——. *The Medieval Scene*. Cambridge, England, 1930.

——. *The Medieval Village*. Cambridge, England, 1925.

——. *Social Life in Britain from the Conquest to the Reformation*. Cambridge, England, 1938.

Creighton, Mandell. *Cardinal Wolsey*. London, 1888.

——. *History of the Papacy During the Reformation*. 5 vols. London, 1882~94.

Crump, C. G., and Jacob, E. F. *The Legacy of the Middle Ages*. Oxford, 1926. David, Maurice. *Who Was Columbus?* New York, 1933.

Davis, Wlliam Stearns. *Life on a Medieval Barony: A Picture of a Typical Feudal Community in the Thirteenth Century*. New York, 1923.

DeRoo, Peter. *Material for a History of Pope Alexander VI*. 5 vols. Bruges, Belgium, 1924.

DeWulf, Maurice. *History of Medieval Philosophy*. 2 vols. London, 1925.

Dickens, A. G. *The English Reformation*. New York, 1964.

——. *Reformation and Society in Sixteenth-Century Europe*. New York, 1966. *The Dictionary of National Biography, From the Earliest Times to 1900*. 22 vols.

London,1967~68.

Dictionnaire de Biographie Française. Paris, 1967.

Dill, John. *Roman Society in the Last Century of the Western Empire*. London, 1905.

Dllenberger, John. *Martin Luther: Selections from His Writings*. New York, 1961.

Dillenberger, John, and Claude Welch. *Protestant Christianity Interpreted Through Its Development*. New York, 1954.

Dizionario Biografico degli Italiani. Rome, 1962.

Dodge, Bertha S. *Quests for Spices and New Worlds*. Hamden, Conn., 1988.

D'Orliac, Jehanne. *The Moon Mistress: Diane de Poitiers*. Philadelphia, 1930.

Duby, Georges. *L'Économic rurale et la vie des campagnes dans l'occident médiéval*. 2vols. Paris, 1962.

Duhem, Pierre. *Études sur Leonardo de Vinci*. 3 vols. Paris, 1906 f.

Durant, Will. *The Age of Faith*. New York, 1950.

——. *The Reformation*. New York, 1957.

——. *The Renaissance*. New York, 1953.

Ebeling, G. *Luther: An Introduction to His Thought*. Philadelphia, 1970.

Ehrenberg, Richard. *Das Zeitalter der Fugger*. 2 vols. Jena, Germany, 1896.

Enciclopedia Italiana. Rome, 1962.

Erasmus, Desiderius. *Colloquies*. 2 vols. London, 1878.

——. *Education of a Christian Prince*. New York, 1936.

——. *Epistles*. 3 vols. London, 1901.

——. *The Praise of Folly*. Trans. with an introduction and commentary by Clarence H. Miller. New Haven, 1979

Erikson, E. H. *Young Man Luther: A Study in Psychoanalysis and History*. New York, 1958.

Erianger, Rachel. *Lucrezia Borgia: A Biography*. New York, 1978.

Farner, O. *Zwingli the Reformer: His Life and Work*. Hamden, Conn., 1964.

Febvre, Lucien, and Henri-Jean Martin. *The Coming of the Book: The Impact of Printing, 1450~1800*. London, 1976.

Ferguson, Wallace. *The Renaissance in Historical Thought*. Boston, 1948.

Ferrara, Oreste. *The Borgia Pope*. Trans. from Spanish. London.1942.

Flick, A. C. *The Decline of the Medieval Church*. New York, 1930.

Fosdick, H. E. *Great Voices of the Reformation*. New York, 1952.

France, Anatole. *Rabelais*. New York, 1928.

Freeman-Grenville, G.S.P. *Chronology of World History: A Calendar of Principal Events from 3000 B.C. to A.D. 1973*. London, 1975.

Froissart, Sir John. *Chronicles*. 2 vols. London, 1848.

Froude, J. A. *The Divorce of Catherine of Aragon*. New York, 1891.

——. *Life and Letters of Erasmus*. New York, 1894.

——. *Reign of Mary Tudor*. New York, 1910.

Funck-Brentano, Frantz. *Lucrèce Borgia*. Paris, 1932.

——. *The Renaissance*. Trans. New York, 1936.

Fusero, Clemente. *The Borgias*. Trans. Peter Green. New York, 1972.

Gallier, Anatole de. "César Borgia. Documents sur son séjour en France." *Bulletin de la*

Société d'Archéologie de la Drôme (Valence, France), vol. 29 (1895).

Gasquet, Francis Cardinal. *Eve of the Reformation*. London,1927.

———. *Henry VIII and the English Monasteries*. 2 vols. London, 1888.

Gastine, Louis. *César Borgia*. Paris, 1911.

Gibbon, Edward. *Decline and Fall of the Roman Empire*. 6 vols. London, 1900.

Gilbert, W. *Lucrezia Borgia, Duchess of Ferrara*. London, 1869.

Gilmore, Myron P. *The World of Humanism, 1453~1517*. New York, 1958.

Gilson, Étienne. *History of Christian Philosophy in the. Middle Ages*. New York, 1955.

———. *Reason and Revelations in the Middle Ages*. New York, 1938.

Glück, Gustav. *Die Kunst der Renaissance in Deutschland*. Berlin, 1928.

Gordon, A. *The Lives of Pope Alexander VI and His Son Cesare Borgia*. Philadelphia, 1844.

Graff, Harvey J., ed. *Literacy and Social Development in the West: A Reader*. Cambridge, England, 1981.

Graves, F. P. *Peter Ramus*. New York, 1912.

Green, Mrs. J. R. *Town Life in the Fifteenth Century*. 2 vols. New York, 1907.

Grun, Bernhard. *The Timetables of History*. New York, 1975.

Guicciardini, Francesco. *The History of Italy*. Trans. S. Alexander. New York, 1969.

Guillemard, Francis Henry Hill. *The Life of Ferdinand Magellan and the First Circumnavigation of the Globe*. London, 1890.

Hackett, Francis. *Francis I*. New York.1935.

Hale, J. R. *Machiavelli and Renaissance Italy*. New York, 1960.

———. *Renaissance Europe: 1480~1520*. Berkeley, 1971.

Haller, Johannes. Die *Epochen der deutschen Geschichte*. Stuttgart, 1928.

Hanson, Earl P., ed. *South from the Spanish Main: South America Seen Through the Eyes of Its Discoverers*. New York, 1967.

Hearnshaw, F. J., ed. *Medieval Contributions to Modern Civilization*. New York, 1922.

Henderson, E. F. *History of Germany in the Middle Ages*. London, 1894.

Heydenreich, L. H. *Leonardo da Vinci*. 2 vols. New York, 1954.

Hildebrand, Arthur Sturges. *Magellan*. New York, 1924.

Hillerbrand, Hans J. *The World of the Reformation*. New York, 1973.

Hughes, Philip. *A History of the Church*. Vol. 3. New York, 1947.

———. *The Reformation in England*. 2 vols. London, 1950~54.

Huizinga, Johan. *Erasmus*. Trans., 3rd ed. New York, 1952.

———. *Erasmus and the Age of the Reformation*. Trans. New York, 1957.

———. *Men and Ideas*. New York, 1959.

———. *The Waning of the Middle Ages*. New York, 1954.

James, William. *Varieties of Religious Experience*. New York, 1935.

Janelle, Pierre. *La crise religieuse du XVIe siècle*. Paris, 1950.

Janssen, Johannes. *History of the German People at the Close of the Middle Ages*. 16 vols. St. Louis, n.d.

Jordanes. Gothic *History of Jordanes in English Version* [*De origine actibus Getarum, sixth century*]. Princeton,1915.

Joyner, Timothy. *Magellan*. Camden, Maine, 1992.

Jusserand, J. J. *English Wayfaring Life in the Middle Ages*. London, 1891.

Kamen, H. *The Spanish Inquisition*. London,1965.

Kern, Fritz. *Kingship and Law in the Middle Ages*. Oxford, 1939.

Kesten, Hermann. *Copernicus and His World*. New York, 1945.

Knowles, David. *The Christian Centuries*. Vol. 2 in The Middle Ages. New York, 1968.

———. *The Monastic Order in England*. 2nd ed. Cambridge, England, 1963.

Lacroix, Paul. *Histoire de la prostitution....* 4 vols. Brussels, 1861.

———. *Manners, Customs, and Dress During the Middle Ages*. New York, 1876.

Landes, David. *Revolution in Time*. Cambridge, Mass., 1983.

La Sizeranne, R. de. *César Borgia et le duc d'Urbino*. Paris, 1924.

Lea, Henry C. *History of the Inquisition of the Middle Ages*. 3 vols. New York, l888.

———. *Studies in Church History*. Philadelphia, 1883.

Ledderhose, C. F. *Life of Philip Melanchthon*. Philadelphia, 1855.

Lehmann-Haupt, Hellmut. *Gutenberg und der Meister der Spielkarten*. New Haven, Conn. 1962.

Lester, Charles Edwards. *The Life and Voyages of Americus Vespucius*. New York, 1846.

Levy, R. *César Borgia*. Paris, 1930.

Lortz, J. *Die Reformation in Deutschland.*2 vols. Freiburg im Breisgau, Germany, 1965.

———. *How the Reformation Came*. Trans. New York, 1964.

Louis, Paul. *Ancient Rome at Work*. New York, 1927.

Luther, Martin. *An den christlichen Adel deutscher Nation von des christlichen standes besserung*. Halle, Germany, 1847.

———. *Works of Martin Luther*. The Philadelphia Edition, with an introduction and notes. Philadelphia, 1930.

McCabe, Joseph. *Crises in the History of the Papacy*. New York, 1916.

McCurdy, Edward, ed. *The Notebooks of Leonardo da Vinci*. 2 vols. New York, 1938.

Machiavelli, Niccolò. *Il principe*. Trans. with an introduction by Harvey C. Mansfield Jr. Chicago, 1985.

McNally, Robert E., S.J. *Reform of the Church*. New York, 1963.

Madariaga, Salvador de. *Christopher Columbus*. London, 1949.

Maitland, S. R. *Essays on the Reformation*. London, 1849.

Mallett, Mchael. *The Borgias: The Rise and Fall of a Renaissance Dynasty*. New York, 1969.

Malory, Sir Thomas. *Le morte d'Arthur*. London, 1927.

Manschreck, C. L. *Melanchthon: The Quiet Reformer*. New York, 1958.

Mattingly, Garret. *Catherine of Aragon*. London, 1942.

Maulde La Claviére, R. De. *The Women of the Renaissance*. New York, 1905.

Meyer, Conrad F. *Huttens letzte Tage*. Vol. 8. Bern, Switzerland, 1871.

Michelet, Jules. *History of France*. 2 vols. New York, 1880.

Monter, E. William. *Calvin's Geneva*. New York, 1967.

Morison, Samuel Eliot. *Admiral of the Ocean Sea: A Life of Christopher Columbus*. 2 vols. Boston, 1942.

———. *The European Discovery of America: The Northern Voyages*. New York, 1971.

——. *The European Discovery of America: The Southern Voyages*. New York, 1974.

Müntz, Eugéne. *Leonardo da Vinci*. 2 vols. London, 1898.

Murray, Robert H. *Erasmus and Luther*. London, 1920.

The New Cambridge Medieval History. 8 vols. Cambridge, England, 1924~36.

The New Cambridge Modern History. 14 vols. Cambridge, England, 1957~79.

Nichols, J. H. *Primer for Protestants*. New York. 1947.

Oberman, Heiko Augustinus. *The Harvest of Medieval Theology: Gabriel Biel and Late Medieval Nominalism*. Cambridge, Mass., 1967.

Olin, John C. *The Catholic Reformation: Savonarola to Ignatius Loyola, 1495~1540*. New York, 1969.

Ollivier, M.I.H. *Le Pape Alexander VI et les Borgia*. Paris, 1870.

O'Malley, John. *Praise and Blame in Rome: Renaissance Rhetoric, Doctrine and Reform in the Sacred Orators of the Papal Court, 1450~1521*. Durham, N.C., 1972.

Painter, Sidney. *A History of the Middle Ages, 284~1500*. New York, 1953.

Panofsky, Erwin. *Albrecht Dürer*. 2 vols. Princeton, 1948.

Parr, Charles McKew. *So Noble a Captain: The Life and Times of Ferdinand Magellan*. New York, 1953.

Parry, J. H. *The Age of Reconnaissance*. London, 1963.

Partner, Peter. "The Budget of the Roman Church in the Renaissance Period." In E. F. Jacob, ed., *Italian Renaissance Studies*. London, 1960.

Pastor, Ludwig von. *The. History of the Popes, from the Close of the Middle Ages*. 2nd ed., vols. 5~9. Ed. by F. I. Antrobus and R. F. Kerr. Trans. from German. St. Louis, 1902~10.

Penrose, Boies. *Travel and Discovery in the Renaissance*, 1420~1620. Cambridge, Mass., 1963.

Philips, J.R.S. *The Medieval Expansion of Europe*. New York, 1988.

Pigafetta, Antonio. *Le voyage et navigation faict par les Espaignols*. Trans. Paula Spurlin Paige. Ann Arbor, Mich., 1969.

Pirenne, Henri. *Medieval Cities*. Princeton, 1925.

Pollard, A. F. *Henry VIII*. London, 1925.

Polnitz, Gotz Von. *Die Fugger*. 3d ed. Frankfurt am Main, Germany, 1970.

Poole, R. L. *Illustrations of the History of Medieval Thought and Learning*. New York, 1920.

Portigliatti, Giuseppe. *The Borgias. Alexander VI, Cesare and Lucrezia*. Trans. from Italian. London, 1928.

Post, Regnerus Richardus. *The Modern Devotion: Confrontation with Reformation and Humanism*, Leiden, Holland, 1968.

Prescott, W. H. *History of the Reign of Ferdinand and Isabella, the Catholic*. 2 vols. Philadelphia, 1890.

Prezzolini, Giuseppe. *Machiavelli*. New York, 1967.

Rabelais, François. *Gargantua Pantagruel*. Paris, 1939.

Ranke, Leopold von. *History of the Popes... in the Sixteenth and Seventeenth Centuries*. 3 vols. Trans. London, 1847.

——. *History of the Reformation in Germany*. London, 1905.

Rashdall, Hastings. *Universities of Europe in the Middle Ages*. 3 vols. Oxford, 1936.

Reynolds, E. E. *The Field Is Won: The Life and Death of Saint Thomas More*. London and New York, 1968.

Richard, Ernst. *History of German Civilization*. New York, 1911.

Richepin, Jean. *Les debuts de César Borgia*. Paris, 1891.

Richter, Jean P. *The Literary Works of Leonardo da Vinci*. 2 vols. London, 1970.

Robertson, Sir Charles G. *Caesar Borgia*. Oxford, 1891.

Robertson, J. M. *Short History of Freethought*. 2 vols. London, 1914.

Robertson, William. *History of the Reign of Charles V*. 2 vols. London, 1878.

Roper, William. *Life of Sir Thomas More*. In More, Utopia. New York, n.d.

Roscoe, William. *The Life and Pontificate of Leo X*. 2 vols. London, 1853.

Rosen, Edward, ed. *Three Copernican Treatises*. New York, 1939.

Rostovtzeff, M. *History of the Ancient World*. Vol. 2 in Social and Economic History of *the Roman Empire*. Oxford, 1926.

Routh, C.R.N., ed. *They Saw It Happen in Europe, 1450~1600*. Oxford, 1965.

Rupp, E. G., and B. Drewery, eds. *Martin Luther*. London, 1970.

Rupp, E. G., and P. S. Watson, eds. *Luther and Erasmus*. Philadelphia, 1969.

Ruppel, Aloys Leonhard. *Johannes Gutenberg: Sein Lehen und sein Werk*. Nieuwkoop, Netherlands, 1967.

Russell, Josiah Cox. *The Control of Late Ancient and Medieval Population*. Philadelphia, 1985.

Sabatini, Rafael. *The Life of Cesare Borgia*. London, 1912.

Scarisbrick, J. J. *Henry VIII*. London, 1968.

Schatf, David S. *History of the Christian Church*. Vol. 6. Grand Rapids, Mich., 1910.

Schoenhof, Jacob. *History of Money and Prices*. New York, 1896.

Scholderer, Victor. *Johann Gutenberg*. London, 1963.

Scott, William B. *Albert Dürer*. London, 1869.

Smith, Preserved. *The Age of the Reformation*. New York, 1920.

——. *Erasmus: A Study of His Life, Ideals and Place in History*. New York, 1923.

——. *The Life and Letters of Martin Luther*. Boston and New York, 1911.

Southern, Richard W. *The Making of the Middle Ages*. London and New York, 1953.

——. *Western Society and the Church in the Middle Ages*. England, 1970.

Spinka, Matthew. *John Hus: A Biography*. Princeton, 1968.

Stanley, Henry Edway John of Alderley, Lord, ed. *The First Voyage Around the World by Magellan*. London, 1874.

——. *The Three Voyages of Vasco da Gama*. New York, 1963.

Stephen, Sir Leslie, and Sir Sidney Lee. *The Dictionary of National Biography*. Oxford, 1917-.

Strauss, D. F. *Ulrich von Hutten*. London, 1874.

Symonds, J. A. *The Catholic Reaction*. 2 vols. London, 1914.

Taylor, Henry Osbome. *The Mediaeval Mind: A History of the Development of Thought and Emotion in the Middle Ages*. 2 vols. 4th ed. Cambridge, Mass., 1959

Todd, John M. *The Reformation*. New York, 1971.

Trager, James, ed. *The People's Chronology*. New York, 1979.

Trevelyan, George M. *English Social History*. London, 1947.

Truc, G. *Rome et les Borgias*. Paris, 1939.

Tuchman, Barbara W. *The March of Folly: From Troy to Vietnam*. New York, 1984.

Turner, E. S. *History of Courting*. New York, 1955.

Tyler, Royall. *The Emperor Charles V*. Princeton, 1956.

Ullman, Walter. *The Growth of Papal Government in the Middle Ages*. London, 1965.

——. *A Short History of the Papacy in the Middle Ages*. London, 1972.

Usher, Abbot P. *History of Mechanical Inventions*. New York, 1929.

Vacandard, Elphège. *The Inquisition*. New York, 1908.

Vanderlinden, H. "Alexander VI and the Demarcation of the Maritime and Colonial Domains of Spain and Portugal." *American Historical Review*, vol. 22 (1917).

Villari, Pasquale. *Life and Times of Niccolò Machiavelli*. 2 vols. New York, n.d.

Waas, Glenn E. *The Legendary Character of Kaiser Maximilian*. New York, 1941.

Waliszewski, Kazimierz. *Ivan the Terrible*. Philadelphia, 1904.

Walker, Williston. *John Calvin*. New York, 1906.

——. *John Calvin: The Organizer of Reformed Protestantism, 1509~1564*. New York, 1969.

Weber, Max. *The Protestant Ethic and the Spirit of Capitalism*. London, 1948.

Wendel, François. *Calvin: The Origin and Development of His Religious Thought*. London and New York, 1963.

Williams, G. H. *The Radical Reformation*. Philadelphia, 1962.

Winchester, Simon. "The Strait—and Dire Straits—of Magellan." Smithsonian, vol. 22, no. 1 (April 1991).

Woltmann, Alfred. *Holbein and His Times*. London, 1872.

Woodward, W. H. *Cesare Borgia*. London, 1913.

Wright, Thomas. *History of Domestic Manners and Sentiments in England During the Middle Ages*. London, 1862.

Yriarte, Charles. *César Borgia*. Paris, 1889.

Zeeden, E. W. *Luther und die Reformation*. 2 vols. Freiburg, Germany, 1950~52.

Zweig, Stefan. *Conqueror of the Seas: The Story of Magellan*. Trans. Eden and Cedar Paul. New York, 1938.

光與黑暗的一千年：
中世紀思潮、大航海與現代歐洲的誕生
A World Lit Only by Fire: The Medieval Mind and the Renaissance: Portrait of an Age

作　　者	威廉‧曼徹斯特（William Manchester）
譯　　者	張曉璐、羅志強
社　　長	陳蕙慧
副總編輯	戴偉傑
主　　編	周奕君
行銷總監	李逸文
行銷主任	張元慧
封面設計	兒日設計
內頁排版	極翔企業有限公司
集團社長	郭重興
發行人兼 出版總監	曾大福
印　　務	黃禮賢、李孟儒
出　　版	木馬文化事業股份有限公司
發　　行	遠足文化事業股份有限公司
地　　址	231新北市新店區民權路108之4號8樓
電　　話	02-2218-1417
傳　　真	02-8667-1065
Email	service@bookrep.com.tw
郵撥帳號	19588272 木馬文化事業股份有限公司
客服專線	0800221029
法律顧問	華陽國際專利商標事務所　蘇文生律師
印　　刷	前進彩藝有限公司
初　　版	2019年4月
初版八刷	2022年7月
定　　價	新臺幣580元

ISBN 978-986-359-641-7

國家圖書館出版品預行編目(CIP)資料

光與黑暗的一千年：中世紀思潮、大航海與現代歐洲
的誕生 / 威廉‧曼徹斯特著. -- 初版. -- 新北市 : 木馬
文化出版 : 遠足文化發行, 2019.04
368 面 ; 17 x 23　公分
譯自：A World Lit Only by Fire: The Medieval
Mind and the Renaissance: Portrait of an Age
ISBN 978-986-359-641-7（平裝）

1.中世紀 2.文藝復興 3.文明史

740.23　　　　　　　　　　　　　108000529

特別聲明：
有關本書中的言論內容，不代表本公司/出版集團之立場與意見，文責由作者自行承擔